프로젝트 수업을 말하다

프로젝트 수업을 말하다

듀이, 킬패트릭 그리고 진보교육

미하엘 크놀 지음 | 윤미원 옮김

지식프레임

한국의 독자들에게

* * *

프로젝트의 역사를 다루고 있는 이 책의 목적은

교육자들에게 어떤 지시 사항이 아닌,

'실용적인 지식'을 전달하는 데 있다.

이를 통해 현재 직면한 교육 방식과 관련하여

여러 고민을 생각해볼 수 있는 기회가 되기를 바란다.

교육은 그것이 실행되는 실질적인 환경에서

개발되어야 하고, 재차 검토되고, 교정되고, 변화되어야 한다.

독단과 이데올로기적 확신에

교육의 자리를 내주어서는 안 된다.

교육은 곧 학생의 삶이다.

그리고 학생들의 삶은 매우 소중한 것이다.

프로젝트 수업은 오늘날 가장 많은 관심을 받고 있는 학습 방식이다. 매년 프로젝트 수업과 관련된 이론과 수업 사례가 담겨진 수많은 책들이 출간되고 있으며, 이는 프로젝트 수업이 그만큼 매우 중요한 수업 방식임을 방증한다. 근대 교육 혁신운동을 거치는 과정에서 프로젝트 수업은 모든 과정의 학교에서 커리큘럼을 실행하는 데 매우 중요한 기초가 되었다.

프로젝트 수업은 '프로젝트 워크Project Work', '프로젝트 학습'이라고도 불리며, 프로젝트 위크Project Week, 프로젝트 데이Project Day를 통해 특별한 수업 형식으로 실현된다. 학생들은 프로젝트 수업에서 배운 지식을 학습에 적용하고 이를 바탕으로 자립적인 생각과 판단을 하는 데 도움을 받는다. 또 이 수업은 학생들에게 동기부여가 가능한 매우 훌륭한 학습 방식으로, 학생들에게 자신감을 가질 수 있는 계기를 제공하고 사회적 책임에 대한 의식도 배울 수 있도록 돕는다.

프로젝트 수업의 궁극적인 목표는 학생들이 스스로 자신의 관심과 상상을 따르게 하는 것이다. 학생들은 이 과정을 거치는 동안 자신의 생각을 반영할 수 있으며, 이는 전형적인 학업 방식과는 큰 차이를 보인다.

프로젝트 학습 방식은 학생들에게 넓은 범위에서 독립적, 구조적 과제를 장려하는 방식으로 매우 특별한 수업임이 분명하다. 실험, 탐구, 실습, 비즈니스 게임과 같이 우리가 일반적으로 말하는 실질적인 학습 그 이상이라고 할 수 있다. 더불어 실제 삶과 매우 밀착되어 있는 방식의 수업이며, 학생들에게 독립성과 책임감을 길러주는 수업 방식이다. 틀에 박힌 형식이 없이 이루어지는 수업, 선생님의 직접적인 지시가 없는 학습이라고 표현할 수 있으며, 일반적인 학교 수업을 대체할 수 있는 가장 이상적인 수업이라고도 할 수 있다.

80년 전, 미국과 독일의 교육학자들은 이상적인 프로젝트 수업 방식을 어떻게 정의해야 하는지를 두고 많은 고민을 했다.

— 학생 모두에게 동시에 평등하게 지식을 전달하는 강의가 과연

이상적인 수업인가?

— 민주주의적 교육 방식을 가장 이상적인 수업으로 보아야 하는가?

— 프로젝트 수업에 참가하는 학생들이 얼마나 많은 자유를 누릴 수 있는가?

— 프로젝트 수업에서 교사의 역할은 무엇인가?

프로젝트의 개념 정의는 매우 어려운 과제였다. 교육학자들이나 현직 교사들의 이와 같은 궁금증을 해결해줄 구체적인 기준을 찾을 수가 없었다. 베르나르 수앵 드 부트마르Bernhard Suin de Boutemard, 카를 프라이Karl Frey, 루트비히 둥커Ludwig Duncker, 베른트 고츠Bernd Gotz, 다크마어 헨젤Dagmar Hänsel, 요하네스 바스티안Johannes Bastian, 에르베르 귀종Herbert Gudjons, 볼프강 에머Wolfgang Emer, 클라우스 디터 렌첸Klaus-Dieter Lenzen과 같은 독일의 대표적인 교육학자들은 프로젝트 수업을 단순하게는 '미국식 진보 교육'으로 정의했다.

이 학자들이 말하는 '미국식 진보 교육'과 관련해서는 세 명의 유명한 학자들이 거론된다. 바로 존 듀이John Dewey(1859~1952), 윌리엄 허드 킬패트릭William Heard Kilpatrick(1871~1965), 엘스워스 콜링스Ellsworth Collings(1887~1970)이다.

이들은 모두 프로젝트 수업 방식의 성립에 가장 중요한 역할을 한 학자들로, 이들을 빼놓고는 프로젝트라는 주제에 대해 절대 논할 수 없을 것이다. 이들 이후로 찰스 리처즈Charles R. Richards와 데이비드 스네든David S. Snedden이 따른다.

프로젝트 수업 방식을 '실용적 교육철학'의 관점에서 하나의 이론으로 완성한 것은 존 듀이이다. 킬패트릭은 1918년에 쓴 책에서 자신이 말하는 프로젝트 수업이 무엇인지 명백하게 정의했으며, 콜링스는 티푸스 프로젝트Typhus project에서 이상적인 프로젝트 수업이 무엇인지 보여주었다.

페터 페테르젠Peter Petersen의《프로젝트 계획. 존 듀이와 윌리엄 킬패트릭의 기초와 실행Der Projekt-Plan. Grundlegung und Praxis von John Dewey und William Heard Kilpatrick》(1935)은 독일 교육학자들에게 프로젝트에 대한 풍부한 기초를 제공했다.

테오도어 슈베르트Theodor Schwerdt는《수업 방식 예의 비판적 강의Kritische Didaktik in Unterrichtsbeispielen》에 티푸스 프로젝트에 대한 설명을 담았다. 그는 공교롭게도 티푸스 프로젝트를 주도한 콜링스는 전혀 언급하지 않고, 콘셉트 프로젝트와 관련이 없는 듀이에 대해서 설명하는 적극성을 보이기도 했다. 볼프강 샤이베Wolfgang Scheibe는 자신이 집필한《혁신 교육을 위한 운동Die reformpadagogische Bewegung》에서 프로젝트 역사에서 듀이의 역할은 킬패트릭을 훨씬 더 능가한다고 설명했다.

DER PROJEKT-PLAN
GRUNDLEGUNG UND PRAXIS

VON
JOHN DEWEY
UND
WILLIAM HEARD KILPATRICK

MIT 2 BILDTAFELN VON
JOHN DEWEY UND
WILLIAM HEARD KILPATRICK

WEIMAR 1935
HERMANN BÖHLAUS NACHFOLGER

페터 페테르젠의 책《프로젝트 계획. 존 듀이와 윌리엄 킬패트릭의 기초와 실행》

페테르젠은 프로젝트에 대한 해석이 매우 다양하다는 사실을 잘 알고 있었다. 그리고 여러 학자들의 이론을 냉정하게 비교하고 해석하는 것이 쉽지 않다는 것을 인식하고 있었다. 페테르젠은 프로젝트 수업 방식과 관련해 킬패트릭과 콜링스의 생각을 동시에 대변하는 입장을 가지고 있었다. 하지만 그는 1937년에 집필한《수업의 경영학Fhürungslehre des Unterrichts》에서 '수업에서 교사의 역할은 더 이상 필요하지 않다는 진보 교육자들의 생각'에는 전적으로 반대했다. 페테르젠은 수업을 총괄하는 교사의 입장과 역할, 새로운 교육에서 어린이가 가질 수 있는 자유에 대해 매우 고심했다.

프리츠 카르젠Fritz Karsen은 열성적인 직업학교 운동가였다. 그는 페테르젠보다 더 빠른 시기에 '프로젝트 계획Project-Plan'이라는 개념을 사용했고 듀이, 킬패트릭과 콜링스를 '프로젝트 사상의 아버지'라고 표현했다. 필자는 오랜 기간의 연구를 통해서 페테르젠, 카르젠을 포함한 많은 독일 교육학자들의 프로젝트에 대한 판단에 오류가 많다는 것을 찾아낼 수 있었다.

1. 프로젝트는 미국에서 일반교육 학교의 혁신으로 생겨난 교육 방식이 아니다. 사실은 유럽에서 직업교육 대학교 수업의 혁신을 통해 생겨난 교육 방식이다.

2. 듀이는 프로젝트의 기초를 만든 사람이 아니다. 그는 문제해결 방식의 기초를 만든 사람이다.

3. 킬패트릭의 프로젝트는 듀이의 프로젝트 개념을 그대로 응용해 개발해낸 것이 아니다. 듀이와의 경쟁을 통해 자신만의 프로젝트 이론을 개발한 것이었다.

4. 콜링스가 자신의 논문에 소개한 '프로젝트'는 실제가 아니다. 즉, 그의 논문을 그대로 믿는다면, 우리의 실수이다.

우리는 교육학자로서 프로젝트 방식을 정확하게 이해하기 위해서 이전 학자들의 연구 자료를 철저하게 조사할 필요가 있다.

지금까지 여러 학자들의 연구는 과거의 유명한 교육학자들의 문헌을 중심으로 이루어졌다. 제임스 스톡턴James Stockton, 릴리안 에릭슨Lillian K. Erickson, 로런스 애슐리Lawrence F. Ashley, 카트린 뒤샴 Catherine C. DuCharme, 플라톤Platon, 장 자크 루소Jean-Jacques Rousseau, 요한 하인리히 페스탈로치Johann Heinrich Pestalozzi, 프리드리히 프뢰벨Friedrich Fröbel, 페터 스트루크Peter Struck, 카를 프라이, 페터 호트 Peter Chott, 볼프강 에머, 클라우스 디터 렌첸, 베르톨트 오토Berthold Otto, 게오르크 케르셴슈타이너Georg Kerschensteiner에서 마리아 몬테소리Maria Montessori, 오비드 드크롤리Ovid Decroly, 안톤 마카렝코Anton S. Makarenko와 존 듀이까지 수많은 정통 교육학자들과 혁신 교육학자들의 관련 연구가 포함된다.

그중 독일 교육학자인 베르나르 수앵 드 부트마르는 프로젝트의 역사적 기원을 미국의 정치, 산업의 혁명으로 보았다. 프로젝트는 단순히 교육학적 관점으로만 토론할 수 있는 주제가 아니다. 그만큼 문화적, 정치적, 산업적 배경이 프로젝트의 성립에 상당한 영향을 미쳤다.

프로젝트를 어느 날 갑자기 등장한 현상처럼 바라봐서는 안 된다. 프로젝트가 가지고 있는 개념과 관련된 역사성도 간과하면 안 될 것이다. 이에 대한 상세한 설명은 본문에서 이루어지겠지만, 필자는 근대의 수업 이론이나 실습과 관련해 프로젝트라는 개념이 어떻게 학교에 적용이 될 수 있었는지를 단계적으로 설명하고자 한다. 이 책을 통해 여러분은 그동안 많은 교육학자들이 충분하지 않은 연구 자료를 토대로 짐작해왔던 내용들이 실제와 많은 차이가 있다는 것을 알 수 있을 것이다. 그동안의 사회적, 교육학적, 정치적 요소와 근거들을 살펴보고, 프로젝트가 실질적으로 어떻게 성립되고, 확대되었는지에 대해서도 알아보겠다.

명확한 의미의 프로젝트 개념이 최초로 사용되었던 것은 찰스 리처즈를 통해서이다. 리처즈는 1900년경에 프로젝트 개념을 교습 방식의 의미로 사용했던 학자이다.

그 이전의 프로젝트 역사를 살펴보자. 1880년 캘빈 우드워드 Calvin M. Woodward의 '수공예 훈련 운동'에 적용되었던 프로젝트, 윌리엄 로저스William B. Rogers가 시도했던 프로젝트 그리고 1865년에 매사추세츠 대학Massachusetts Institute of Technology의 공과대학과 건축대학에 적용되었던 프로젝트가 있다.

좀 더 시기를 거슬러 올라가면 1671년에 파리 왕립 건축 아카데미Académie Royale d'Architecture in Paris에서 실시되었던 프로젝트,

1593년 로마의 산 루카 아카데미Accademia di San Luca in Rom의 건축 프로젝트까지 확인할 수 있다.

1장에서는 프로젝트의 유래를 따라 과거로 여행을 할 것이다. 듀이와 콜링스가 어떤 계기로 프로젝트에 대한 사고를 시작했는지 살펴볼 것이다. 듀이는 킬패트릭의 교수였으며, 그다음을 이은 콜링스는 킬패트릭의 학생이었다.

듀이는 자신을 프로젝트 이론가라고 생각하지 않았다. 그는 단지 리처즈와 함께 '통합적 프로젝트'를 구상했을 뿐이었다. 또한 그는 '어린이 중심 프로젝트'를 주장했던 킬패트릭의 생각에 전적으로 반대한 사람 중 한 명이었다.

듀이는 프로젝트 개념이 기본적인 정의로서 그 어떤 해석과 방식도 추가되지 않은 상태 그대로의 원천적 개념으로 유지되어야 한다고 시종일관 주장했으며 실제 교육 현장에 적용하기에는 '문제해결방식'이 훨씬 더 유용하다고 생각했다. 만프레트 마크노어Manfred Magnor는 듀이를 '시종일관 방식만을 중시하는 경험주의자'라고 평가했다.

그에 비해 대부분의 독일학자들은 "콜링스는 듀이와 킬패트릭의 교육사상과 철학을 실제로 학교에 적용하고 실험했던 매우 훌륭한 학자"라고 평가했다.

많은 독일 교육학자들은 교사와 학생의 관계를 정의하는 데 듀이, 킬패트릭, 콜링스가 동일한 교육학적 사고를 하고 있다고 생각했다. 그래서 이 세 사람의 사고를 종합하면 프로젝트에 대한 일관적인 설명을 얻을 수 있을 것이라고 생각했다. 하지만 이 가정은 옳지 않다.

물론 이와 다른 해석도 있었다. 헤르만 뢰르스Hermann Röhrs는 "킬패트릭은 듀이의 사상을 따른 사람이 아니며, 듀이의 사상을 유명하게 만든 사람도 아니다. 킬패트릭은 자신의 생각으로 자신만의 교육학적 사상을 만들어낸 사람이다."라고 했다. 프란츠 코스트Franz Kost도 킬패트릭의 프로젝트 방식은 '독립적으로 하나의 완벽한 교수법'이며, 듀이의 이론은 일반 학습 개념에 적용이 가능한 일반적 양식으로 설명했다.

사실 킬패트릭과 듀이의 사상이 동일하다는 주장은 마치 공상과학소설처럼 전혀 근거 없는 사실이다. 그리고 안타깝게도 많은 학자들이 감탄하고 신뢰했던, 콜링스의 콘셉트 프로젝트는 사실 존재하지 않았다(콜링스의 연구와 관련해서는 본문에서 충분히 설명하도록 하겠다).

5장에서는 독일을 대표하는 프로젝트 교육학자인 베르나르 수앵 드 부트마르, 카를 프라이, 다크마어 헨젤에 대해 설명하며 당시 프로젝트와 관련된 토론들에 대해 정리해보았다. 미국에서 프로젝트 방식이 발전한 과정에 대한 설명과 이제까지 연구되지 않은 세 가지 중심적 주제에 대해서도 설명할 생각이다. 미국의 실제 수업에서 프로젝트 방식이라는 학습 방법은 어느 정도 수용되었을까? 킬패트릭은 진보 교육과 프로젝트 운동에 얼마나 큰 영향을 미쳤을까? '러닝 바이 두잉Learning by Doing'이라는 사고의 성립과 확대를 위해 듀이는 얼마나 큰 역할을 했을까? 프로젝트 방식의 성립과 발전을 설명하면서 그동안 해결되지 않는 질문들에 대한 해답을 찾아보겠다.

프로젝트 학습 방식은 '일반적인 학습 방식'과는 달리 아직까지 충분히 연구되지 않은 분야이다. 필자는 이 연구를 위해 역사적인 연관성을 살펴보면서 수업 방식의 사회적 기원을 찾아야 한다고 생각한다. 특히 프로젝트 학습 방식은 대학교에서 시작해 중고등학교, 초등학교, 유치원으로 점차 하위 단계 학교로 전달되어 내려온 특별한 케이스이다.

프로젝트는 임의적인 교육학적 철학의 노력으로 생겨난 방식이 아니다. 프로젝트는 어떤 구체적인 이론에도 얽매이지 않았고, 실제적 상황과 실제적 필요성을 기반으로 개발된 것이었다. 이 방식은 건축가, 엔지니어, 법학자, 사관학교 학생, 자연과학자들의 교육에서 중요한 역할을 했고, 20세기의 혁신 교육학에서 절대 빠져서는 안 되는 중요한 요소였다.

아울러 이 연구서는 단순히 역사적 사실만을 전달하기 위함이 아니다. 오늘날의 교육학 연구의 현주소에 대한 비평도 함께 담았다. 오랫동안 학교에서 교사와 교장으로 재직했던 필자는 프로젝트 개념에 대한 명백한 설명을 찾고, "프로젝트는 학교와 수업에서 어떤 목적을 이루고자 하는가?"에 대한 답변을 찾기 위해 노력했다.

필라델피아의 고등학교에 근무하고 있는 앨리스 로웬그런드Alice Lowengrund는 미국이 프로젝트에 열광할 때 다음과 같이 자신의 생각을 설명했다.

"사전 지식에 대한 사용과 반복을 위한 수단으로서, 보충적 연습으로서, 개인화의 한 요소로서, 사회적 학습의 수단으로서, 흥미를 깨우는 방법으로서, 프로젝트는 나에게 방식 이상의 의미를 준다. 하지만 하나의 완벽한 커리큘럼으로서 충분한 기반이 있는지에 대해서는 확신이 서지 않는다."

한 미국인 교사가 표현한 프로젝트에 대한 이러한 생각은 프로젝트의 전체적인 성격을 담고 있다. 그리고 프로젝트가 가진 한계 역시 엿볼 수 있다.

카를 프라이에게 매우 고맙다. 필자의 프로젝트 역사에 대한 관심을 응원하고 지원해주었다. 그의 도움 없이는 이 연구를 시작하지도 못했을 것이며 마무리도 하지 못했을 것이다.

나의 동료인 오토 자이델Otto Seydel에게도 고맙다. 나는 자이델과 수 년 동안 프로젝트 수업을 직접 경험하고 또 함께 프로젝트 수업을 진행하기도 했다.

그 외에 도움을 준 루돌프 퀼츨리Rudolf Künzli, 게르하르트 벨레Gerhard Wehle, 하인츠 엘마어 테노르트Heinz-Elmar Tenorth, 한스 위르겐 아펠Hans Jürgen Apel, 구드룬 안네 에케를레Gudrun-Anne Eckerle, 프란츠 미하엘 콘라트Franz-Michael Konrad, 울리히 셰퍼Ulrich Schäfer, 한스 토르푀른손Hans Thorbjörnsson, 크레이크 크리델Craig Kridel, 로베르트 린회프트Robert Lienhöft, 발부르가 마인트루프Walburga Meintrup에게 감사의 뜻을 전한다.

이 연구는 매우 긴 시간 동안 해외에서 이루어졌고, 이를 위해 장학금을 지원해준 독일 연구공동체Forschungsgemeinschaft에 특별한 감사를 드린다. 특히 전 세계의 많은 도서관과 문헌 자료실에서 연구의 기초가 되는 중요한 자료들을 찾는 데 도움을 준 분들께도 감사의 뜻을 전한다. 도움을 주신 많은 다양한 기관을 통해 수많은 연구서와 잡지, 국제적 연구서 및 사회적 연구서들을 검토할 수 있는 기회를 얻었다. 이 참고 문헌을 통해 과거의 수업 모습에 대한 느낌을 생생하게 전달하기 위해 노력했다.

프로젝트 개념과 관련하여 교사와 학생의 역할에 대한 해석에는 오랫동안 교사로서 경험을 쌓은 필자의 감성적인 부분이 포함되어 있으나, 그 부분은 독자들이 이해해주실 것으로 믿는다.

Contents

Part 3 존 듀이 :
"이것은 정말 바보 같은 방식이다."

Part 4 엘스워스 콜링스 :
"티푸스 프로젝트는 꾸며낸 이야기이다."

Part 5 원칙 대 방식

로빈슨과 그의 동료들에게 프로젝트는
단순히 '민주적인 방식'만이 아니라
'민주주의화를 실현할 수 있는 방식'이었다.
그들의 목표는 수업과 교육의 경계를 없애고,
학생들에게 실용적인 학문을 배울 수 있는 기회를 주며,
민주적인 시민을 만드는 것이었다.

Part I

잊혀진 프로젝트의
역사

일 반적으로 프로젝트 수업 방식은 미국의 교육 혁명을 거쳐 존 듀이John Dewey와 윌리엄 허드 킬패트릭William Heard Kilpatrick을 통해 완성되었다고 알려져 있다. 하지만 프로젝트는 이보다 훨씬 더 오랜 역사를 지니고 있다. 프로젝트가 처음 시작된 것은 16세기 이탈리아였으며, 아이디어를 낸 이들은 이탈리아 건축가들이었다.

당시 건축물은 기술적, 미학적, 실용적 완벽성을 갖추어야 했는데, 벽돌공이나 석공들과 같은 수공업자들이 이를 충족시키기에는 역부족이었다. 건축가들은 건축과 관련된 지식이 풍부했고 당대의 전통에 이해가 깊은 전문가들이었다. 그들은 건축물을 창조함으로써 막강한 사회적 지위와 명성을 얻을 수 있었다. 건축을 통해 얻게 된 사회적 명성과 지위는 그들을 길드guild의 제약이나 권력으로부터 자유롭게 해주었으며, 이는 굉장한 특권이었다. 당시 건축가들은 건축가로서 갖추어야 할 조건과 충분한 실력을 쌓기 위해 상당히 노력해야 했다. 건축은 단순 수공업보다 훨씬 더 고차원적인 학문이었고, 예술적인 결과물이어야 했다.

1577년, 교황 그레고리우스 13세Gregorius XIII의 허가로 로마에는 '산 루카 아카데미Accademia di San Luca'라는 예술학교가 설립되었다. 하지만 이 학교는 공간과 자금, 커리큘럼이 부족해 큰 어려움에 봉착하고 만다. 이후 16년이 지난 1593년이 되어서야 학교 수업이 가능해졌고, 그것도 단지 일요일과 공휴일에만 수업이 진행될 수 있었다. 학교의 목표는 기본적인 건축 이론 제공과 기초 학문 교육이었고, 추가로 '실제적인 기술'도 가르쳤다.

이 수업을 통해 학생들은 건축 역사와 건축 이론을 배울 수 있었다. 이를 위해 수학과 기하학, 원근법 수업이 도입됐다. 후에 학교는 '대회' 제도를 도입하면서 완벽한 건축학교로 완성된다. 당시 건축가들은 프리랜서로 활동하는 예술가였으며, 르네상스 시대부터 건축가들이 서로 실력을 겨룰 수 있는 '대회'를 여는 전통이 있었다. 이는 건축가들의 활동을 장려하기 위한 매우 뜻 깊은 행사였다. 또한 '콘코르소 아카데미코Concorso Accademico'라는 학술대회를 통해 학생들이 예술가로서 능력을 발휘할 수 있도록 기회를 주는 것도 이 학교의 목표였다.

교수들은 학생들에게 성당, 기념비적 건축물, 궁전과 같은 건축물에 대한 설계도를 만드는 과제를 주었다. 이러한 과제는 학생들에게 건축가로서 직업 수행을 위한 자신감을 키워주는 역할을 했다. 그 외에도 학생들은 강의나 워크숍을 통해 건축의 구성과 구조에 대해 배웠고, 수업에서 배운 지식은 학생들의 창의력에 힘입어 한 단계 더 업그레이드될 수 있었다.

이 건축학교에서 개최되는 학술대회에는 이 학교의 학생뿐만 아니라 유럽의 모든 국가에서 건축가들이 참여할 수 있었다. 이 대회는 1595년에 최초로 개최된 이후 80년간 지속되었고 명성도 계속 유지되었다. 이후 1702년부터는 대회 설립자의 이름을 딴 콘코르소 클레멘티노Concorso Clementino라는 명칭으로 25년간 지속적으로 개최되었다.

근대로 들어오면서 학교의 존재 목적이 변하고 학교가 실행해야 할 과업과 비중이 달라지면서 교육은 새로운 방향성을 띠게 되었다. 이론적 학문과 철학은 점차 기초과학으로서의 위상이 낮아졌고, 학문적 논리와 교회 교리 역시 그 중요성을 잃게 되었다.

요하네스 케플러Johannes Kepler, 갈릴레오 갈릴레이Galileo Galilei, 아이작 뉴턴Isaac Newton, 프랜시스 베이컨Francis Bacon, 르네 데카르트René Descartes 같은 대표적인 인물들의 면면을 살펴보아도 알 수 있다. 이 시기 대학은 전통적인 과목을 확장해나갔지만 관찰과 경험을 중시하게 된다. 기사(騎士) 아카데미, 미술(예술) 아카데미, 군사 아카데미, 광업 아카데미와 같은 학교들이 생겨나는데, 이와 같은 학교들은 그들만의 특정한 콘텐츠와 수업 방식을 바탕으로 학교의 목적을 충족시키는 실습을 중요시하게 되었다.

전문적인 실습을 중시하는 새로운 교육기관들이 속속 생겨나면서, 이와 동시에 새로운 진보 교육도 등장했다. 예를 들어 물리학, 화학, 식물학, 동물학과 같은 자연과학 분야의 경우 실험 중심 수업이 각광을 받았으며, 학생들은 경험적 근거를 제시하고 재검토하는 과정을 거쳐 결과를 얻는 방법을 배우게 되었다.

법학부에서는 검사, 변호사의 실질적인 업무를 배우고 어떤 방식으로 법률과 규범이 사용되는지 배울 수 있게 되었다. 군사학교에서는 시뮬레이션 프로그램이 발명되어 신참 장교의 경우 위험의 유무를 미리 짐작하는 방법과 상황에 따라 어떤 구체적인 전략과 전술을 이용해야 하는지 실질적인 교육을 받게 되었다.

이를 프로젝트 교육이라고 직접적으로 말하지는 않지만, 역사적인 기원에 기초하여 해석한다면 이는 충분히 프로젝트 교육의 방식과 일치하는 점이 많다. 그만큼 이 방식은 실험, 사례 연구, 비즈니스 게임과 같은 프로젝트 수업 방식과 매우 비슷했다.

프로젝트 수업은 건축을 공부하는 건축학과 학생들뿐만 아니라 공과대학교 학생들에게도 독립적인 연구를 가능하게 하고, 문제가 발생하는 상황에서 학생 스스로가 문제를 독립적으로 해결하고 해답을 찾을 수 있는 기회를 제공했다.

I 프로젝트의 시작 : 유럽 건축학교

건축가를 전문적으로 교육해야 한다는 당시 사회적 분위기에 힘입어 1671년 로마 건축학교의 영향을 받아 프랑스에 '파리 왕립 건축 아카데미Académie Royale d'Architecture in Paris'가 설립되었다. 로마와 파리의 두 아카데미는 '학술대회'를 공동으로 주최하기도 할 정도로 매우 밀접한 관계를 맺고 있었다.

1702년 로마의 교황 클레멘스 6세Clemens VI가 '콘코르소 클레멘티노'를 지원하기 시작하자 프랑스의 루이 14세Louis XIV는 이를 따라 '건축 그랑프리Grand d'Architecture(줄여서 '그랑프리Grand Prix'라고도 부른다)'라는 대회를 신설했다. 그랑프리에서 우승한 건축가는 메달만 수여받는 것이 아니라 프랑스 왕의 장학금을 받아 로마에서 3년 동안 무료로 공부할 수 있는 기회를 얻을 수도 있었다(후에 당시 장학 프로그램은 3년에서 5년으로 연장되었다).

또한 1763년 '파리 건축 아카데미Paris Académie d'Architecture'는 '프리 데뮐라시옹Prix d'Emulation'이라는 대회를 신설했는데, 이는 그랑프리의 명성을 따라올 수는 없었어도 비교적 명예스러운 상에 속했다. 모든 학생들은 한 달에 한 번 이 대회에 출전할 수 있는 기회를 얻었고, 우승을 하면 상과 메달을 받았다. 우승을 한 한생들은 학년 승급이 가능했고, 후에 그랑프리에 출전할 수 있는 자격을 얻을 수도 있었다. 이 대회는 건축학 교육에서 매우 중요한 기능을 수행한 것으로 보인다.

그렇다면 대회의 과정은 어떠했을까?

학생들은 프리 데뮐라시옹 대회에 참가하기 위해 분수대, 오벨리스크, 예배당 같은 건축물의 설계안을 만들어 제출해야 했다. 정해진 열두 시간 안에 최초 스케치를 완성해야 했으며, 이 과정에서 동료와 이야기를 하거나 다른 자료를 참고하는 것은 철저하게 금지되었다. 스케치 다음 단계는 2개월 동안 상세 설계도를 완성하는 것이었다. 이때는 자신의 후원자Patron에게 조언을 구할 수 있었으며, 아틀리에의 후배가 대리로 설계 작성을 돕는 것도 허용되었다.

아카데미 대회를 진행하는 실무자는 학생이 제출한 도면에 임의의 알파벳 대문자로 표시를 했다. 이 표시는 참가 학생들의 익명성을 보장하기 위함이었다. 최초 스케치를 기준으로 심화 작업에서는 어느 정도의 변경이 가능했지만 최초 설계의 범위를 절대 넘어서는 안 되었다. 만약 그 범위를 넘어서면 실격 처리가 되었다.

'그랑프리Grand Prix'는 프리 데뮐라시옹 대회와 방식은 비슷했으나 좀 더 심화된 프로그램을 가지고 있었다. 최초 스케치에 총 24시간이 주어졌으며, 디테일한 설계를 위해 6개월의 긴 시간이 주어졌다. 참가자 수가 20명을 초과한 경우에는 허가심사제를 도입하기도 했다. 그랑프리에 참가한 작품들은 공식적인 행사를 통해 전시되었으며, 평가단은 수상작을 선별, 발표하고 이에 대해 상세하고 논리적이며 정당한 평가를 실시해야 하는 의무를 가지고 있었

PROJETS

D'ARCHITECTURE

ET

AUTRES PRODUCTIONS DE CET ART,

QUI ONT MERITES LES GRANDS PRIX

Accordés par l'Académie, par l'Institut national de France,
et par des Jurys du choix des Artistes ou du Gouvernement.

PRIX.

Papier ordinaire...................... 100 fr.
Papier grand Colombier d'Hollande........ 120
Le même lavé à l'encre de la Chine...... 300

A PARIS,

CHEZ DÉTOURNELLE, RUE DU THÉATRE-FRANÇAIS, F.-ST.-G. N° 38.
DE L'IMPRIMERIE DE J. CHARLES, RUE DE CRINE, F.-ST.-G. N° 16.

1806.

제목에 프로젝트 용어가 있는 가장 오래된 책 《건축 프로젝트와 그 이외의 예술 작품》

다. 그리고 시상식과 축하연 행사도 성대하게 진행되었다.

　그 당시 학생들이 제출한 설계도는 구상이라는 의미로 로마에서는 '디세니disegni' 파리에서는 '데상desseins'이라고 칭했다.

　16세기에 이미 이탈리아와 프랑스에서는 '프로제토progetto'와 '프로제projet'라는 용어가 사용되었다. 파리 아카데미에서 사용된 프로젝트의 개념은 교육학적 연관성이 있는, 세계 최초로 확인된 '프로젝트'의 개념이었다. 18세기 중반에 프랑스 건축가들 역시 '프로제토'와 '프로제'라는 용어를 사용했고, 이는 학생들이 대회에 참가했을 때 독립적으로 진행하는 작업을 의미했다.

'건축 아카데미'의 기록을 참고하면 1759년 그랑프리 대회의 모습을 엿볼 수 있다.

—— 오전 9시에 대회가 시작되면 그해의 그랑프리 주제가 발표되며, 다음과 같은 프로젝트 프로그램도 전달된다. 프로젝트가 열리는 장소는 50×100패덤**fathom**(깊이의 단위로 주로 바다의 깊이를 재는 데 사용되었던 길이의 단위. 1패덤은 6피트, 약 1.8미터에 해당됨) 크기에 해당하고, 프로젝트 작품은 총 세 장으로 제출이 가능하다. 이 프로젝트에서 가장 중요한 부분은 별관과 주택을 위한 주거용 건물이다. 그리고 경비병이 사용할 건물은 주 건물 전면에 위치해야 한다. 주요 건축물들은 중앙 또는 교차점에 위치해야 한다. 다른 두 방향의 공간은 외곽 도로로 사용되어야 한다.

위 기록은 1759년 5월 7일에 작성되었으며, 이 대회와 관련된 가장 오래된 기록이다. 이를 통해 학교와 수업에서 프로젝트라는 용어가 사용되었다는 것을 확인할 수 있다. 그 이후의 〈아카데미의 보고서〉와 〈학교 정관〉 등에서도 프로젝트라는 용어는 지속적으로 등장한다.

1790년 프랑스혁명 시기의 회고록에서는 '왕립 건축학교

L'Academie Royale d'Architecture a la ditte Academie'의 학생들이 혁명에 참가하여 학교를 혁명할 것을 요구했다는 내용을 찾을 수 있다. 학생들은 그랑프리 대회의 투명성을 적극적으로 요구했으며, 더 많은 학생들에게 참가할 수 있는 기회를 주어야 한다고 주장했다. 당시 이 내용과 관련해서도 '프로젝트'라는 용어가 명백히 사용되었다.

───── 그랑프리에 참가하기 위해서 신청을 했으나 허가를 받지 못한 학생들은 자신의 '프로젝트'를 제3의 일반 대회에 제출할 수 있다. (…) 학생들은 스케치한 종이에 참가 허가서를 꼭 첨부해야 한다. 이로써 저작권이 보호될 수 있다. 학생들은 깨끗한 종이에 스케치를 작성해 제출했다. 이것은 성 루이스 기념일에 다른 '프로젝트' 작품들과 함께 전시되었으며, 우수한 작품에는 메달이 수여되었다.

그랑프리에서 두 경쟁자가 치열한 경쟁을 벌이고 있을 때 평가단은 학생들을 직접 초대했다. 두 경쟁자가 참여한 자리에서 평가단은 그들이 이전에 참가했던 대회에서 제출했던 작품을 제출하라고 요구할 수 있었으며, 평가단은 이를 참고할 수 있었다.

1702년 콘코르소 클레멘티노 대회와 그랑프리 대회 도입 이후 학교에서는 지속적인 프로젝트 수업이 이루어졌다. 이 이후로 프로젝트라는 개념이 더욱 활발히 사용되었고, 이러한 형식의 수업은 1763년부터 매월 모든 학생들이 참여하는 정규 교육으로 전환되었다. 프로젝트 수업의 적용과 관련해서 교사와 학생 사이에 이견은 없었고, 그만큼 프로젝트는 더 이상 특별한 형태의 수업이 아니었던 것이다.

'건축 아카데미Academie d'Architecture'의 교수들은 학생들이 대회 참가의 목적으로 작품을 제출할 때 스케치라는 의미의 '데생dessin' 이라는 용어 대신 명백하게 '프로젝트 작품'이라는 용어를 사용했다. 전문 건축가들이 건축학적 과제를 수행하듯, 학생들 역시 똑같은 과정을 거쳐 계획을 세우고 '프로젝트'를 수행했던 것이다. 그 당시에도 지금과 같이 거주 주택 프로젝트, 궁전 건설 프로젝트, 교회 건설 프로젝트, 구조 프로젝트, 확장 프로젝트, 개선 프로젝트라는 용어를 사용했으며, 이는 공공 프로젝트뿐만 아니라 개인 프로젝트의 개념에서도 사용되었다.

학교에서의 프로젝트는 실질적인 프로젝트와 동일한 형태였다. 중세의 프로젝트는 건축 아카데미에서 실행된 '학생의 과업 실행'이었고, 근대의 건축학교는 말 그대로 '실제 프로젝트를 수행'한 것이다. '그랑프리'와 '프리 데밀라시옹'이라는 두 대회를 통해서 알 수 있는 프로젝트에 대한 명백한 특성 세 가지는 다음과 같다.

1. **학생 중심** — 학생들은 교사로부터 과제를 받지만, 그 외의 기획이나 실행 부분에서는 각자가 책임을 진다.
2. **현실 중심** — 학생들은 형이상학적인 이론이나 기술을 아는 것

으로 충분치 않다. 삶과 직업에서 실제 벌어지는 상황을 정확하게 파악하고 이에 맞게 구체적으로 이론이나 기술을 적용할 수 있어야 한다.

3. **생산성 중심** — 학생들은 단순히 문제의 해법을 찾아내는 것이 아니다. 프로젝트는 자신들이 상상하는 대상을 설계하되, 실질적인 방식으로 평가가 가능한 형태로 만들어야 한다.

당시 아카데미의 교사들 그리고 이후 일반 교사들에게도 프로젝트 수업은 이론과 실습, 학교와 실질적 삶, 학문과 실제를 연결하는 고리를 만들어내는 이상적인 교육 방식으로 여겨졌다.

프로젝트는 이론 수업을 보충할 수 있는 장점이 있고, 다른 한편으로는 학생의 지식과 능력을 검토할 수 있는 좋은 방법이 된다. 실제로 현재 독일의 여러 대학에서는 프로젝트를 시험의 형식으로 적용하고 있다. 1832년에 프로젝트를 통해 학생을 평가했던 시험의 형태는 현재 독일 대학들이 사용하는 프로젝트 시험 방식과 매우 유사하다.

——— 모든 전공과목은 프로젝트를 의무로 한다. 최초 계획 작업은 여덟 시간을 기준으로 한다. 이때 제출된 계획 내용은 학교 행정부가 보관한다. 그 후 모든 학생들은 휴식 시간을 가질 수 있고, 자신의 계획 작업에 대한 사본을 돌려받는다. 사본을 돌려받은 후 1개

월이라는 시간 동안 학생들은 프로젝트를 수행한다. 깨끗한 용지에 스케치해야 하며, 그 내용에 대해 보고서를 작성해야 한다. 그리고 11월 1일에 학생들은 자신들의 프로젝트를 다른 동료 학생들과 교수가 있는 자리에서 공개적으로 발표한다. 90분에서 두 시간가량 진행되는 토론에서 교수는 학생들에게 질문을 할 수 있었으며, 이는 전공과 관련된 여러 가지 사항을 체크하기 위해 꼭 필요한 과정으로 볼 수 있다.

옛날에도 프로젝트의 결과는 발표를 하거나 전시를 통해 대중에게 공개되었다. 또는《건축 프로젝트와 그 이외의 예술 작품Projets d'architecture et autres productions de cet art》(1806)처럼 한 권의 책으로 출판하기도 했다.

다만 옛날과 오늘날의 프로젝트에는 두 가지 차이점이 있다. 오늘날에는 한 가지가 아닌 여러 개의 주제가 제시되고 그중에서 학생이 스스로 한 가지를 선택할 수 있다. 또 과거 중세시대와 달리 프로젝트를 진행하고 완수할 수 있는 기술과 역량을 평가 주체에게 미리 증명할 필요가 없다는 점도 과거와의 큰 차이점이다.

2 미국식 프로젝트 : 작업장인가, 학교인가?

프로젝트가 건축학 학생들만을 위한 특권이던 시기는 그리 오래가지 않았다. 18세기 후반에 공학 수업이 점차 전문화되면서 여러 공과대학에서도 프로젝트를 도입하기 시작했다.

프랑스의 에콜 상트랄 파리Ecole Centrale Paris(1829. 공식 명칭은 중앙공과학교Ecole Centrale des Arts et Manufactures), 독일의 카를스루에 그로헤르츠글리히 폴리테크닉 학교Großherzglich Polytechnischen Schule in Karlsruhe(1831), 취리히 연방 공과대학교Eidgenossischen Technischen Hochschule in Zurich(1854)를 비롯해, 대서양을 건너 미국 보스턴의 매사추세츠 공과대학교Massachusetts Institute of Technology(MIT)까지 전파되었다.

MIT의 창립자 윌리엄 로저스William B. Rogers는 이미 1865년과 1866년 학기의 '1차 연간 목록First Annual Catalogue'에서 건축학, 건축공학, 화학, 기계공학 등 학과에 상관없이 '설계와 프로젝트'를 모두 실행할 것을 의무화했다. 〈수업 방식과 방법〉이라는 글에서 로저스는 다음과 같이 설명했다.

수업은 다음 사항으로 구성되어야 한다.
1. 강의와 자유 발표
2. 구두 및 필기시험

3. 물리적, 화학적 기구를 사용하는 방법 배우기

4. 화학 분석, 금속학, 산업, 화학을 통한 연구 연습

5. 건축학, 기계공학 : 구조물에 대해 특수한 계획과 프로젝트/스케치 및 구조화

MIT에서 사용한 프로젝트 수업의 의미를 이해하기 위해서는 1872년 당시 기계공학 교수였던 윌리엄 왓슨William Watson의 강의를 참고해볼 수 있다.

—— 학생들은 압력을 통해 재료의 강도와 저항력, 회전도와 굴곡도가 변하는 것을 이해하게 된다. 이후 학생들은 기계와 모터의 구조와 관련된 프로젝트 과제를 받는다. 올해에는 매우 독창적인 연구를 요구하는 방식으로 진행할 계획이다. (…)

석조다리 건설 시 필요한 오버헤드크레인 만들기 프로젝트, 작업장에서 충분한 전력을 생산할 수 있는 존발 터빈Jonval Turbin 만들기 프로젝트. (…) 제분소에서 사용이 가능한 폰셀렛 시스템Poncelet System을 기초로 한 수차 프로젝트. (…)

이러한 프로젝트를 위해서는 1. 프로젝트 계획, 기계의 부품 스케치 2. 디테일한 구조 스케치 3. 기계와 관련된 이론과 설명이 담긴 보고서(저항, 강도, 부품의 크기 계산, 상이한 방식이 존재함에도 자신이 실행한 방식을 선택한 이유에 대한 설명)가 첨부되어야 한다.

로저스와 왓슨은 실질적인 경험과 지식이 전혀 없이 학생들이 종이에만 스케치하며 공학을 공부하는 것을 원치 않았다. 또한 그들은 자신의 학생들이 일반 기술자들처럼 '러닝 바이 두잉Learning by Doing(경험 중심 교육과정의 대표 철학자 존 듀이가 강조한 교육 원칙으로, 새로운 지식이 현재 상황에 맞는지를 증명해보고 이를 반복하면서 지식이 적합한 새로운 환경을 탐구해나가는 방법 — 역주)'으로만 그들의 수업을 제한하고자 하지 않았다.

"공학대학에서 학생들은 단순히 기술자들이 할 수 있는 최소한의 디테일과 기술을 배우는 것이 아니라, 학문과 연결된 과정과 프로세스를 익힐 수 있어야 한다. 학생들은 건축가 또는 공학자가 될 것이다. 단순히 석공예가나 기술자로 만족하지 않을 것이다. 우리는 단순히 모방에 그치는 수공업자를 위한 교육이 아닌, 실험과 학문을 기초로 한 교육을 필요로 한다."라고 로저스는 강조했다.

로저스는 또한 오직 전문화 교육만이 공학도의 자격과 건축가의 역량을 개선할 수 있으며, 유럽을 비롯한 그 외 다른 국가들과의 경쟁에서도 이길 수 있다고 말했다.

이때 로저스의 교육 방식과는 조금 다른 생각을 가진 교수가 등장했다. 바로 일리노이 공과대학교Illinois Industrial University의 기계공학과 교수인 스틸먼 로빈슨Stillman W. Robinson이다. 로빈슨에게 작업장 실습shop practice은 공학의 매우 중요한 요소이며 장소였다.

로빈슨은 1838년에 버몬트Vermont에서 평범한 농부의 아들로

건축 아카데미가 주최한 그랑프리 대회에서 프로젝트를 제출하는 모습

태어났다. 그는 전형적인 일반 교육을 받고 성장했으며, 직접 기계를 만드는 능력도 가지고 있었다. 그는 기계를 발명해 특허를 낼 정도로 재능이 있었다.

1871년과 1872년 일리노이 공과대학교 연간 보고서에서 로빈슨은 "실질적으로 배우고 이론적으로 익히는 것도 중요하다. 하지만 기계를 발명하고 설계하고 구성하는 과정을 거쳐야 완벽한 공학도라고 할 수 있다."라고 말했다. 그는 수공예 교육을 받지 않고서는 기계공학을 전공하는 것이 절대 불가능하다고 생각했다. 첫 번째로 기술자여야 하며, 추가적으로 공학자여야 한다는 것이 로빈스의 생각이었다. 물론 일반 기술자들이 배우는 교육과정을 대학교에 적용하는 것은 대학교 제도상 쉽지 않은 일이었고 그 교육과정도 길고 지루했다.

로빈슨는 자신의 생각을 대학에 실질적으로 적용하기 위해 일리노이 공과대학교에 수공업장을 만들었다. 그곳에서 학생들은 재료를 손으로 다듬고 기계를 완성하는 기술을 직접 배웠다. 물론 미국이나 그 외의 국가들이 했던 것처럼 필수적인 이론 교육도 제공했다. 로빈슨은 이렇게 말했다.

"실질적 작업은 프로젝트를 통해 가능하다. 학생들은 기계와 부품을 자신이 고안해낸 설계와 수공업 계획을 통해 스스로 완성한다. 학생들은 전문 교사의 교육을 받고 기계 공장, 주조 공장, 대장간에서 공인된 방식을 기초로 현대적인 수공업 실습을 받는다."

로빈슨의 아이디어는 프랑스의 파리, 독일의 카를스루에, 미국의 보스턴에서 적용한 프로젝트 방식보다 훨씬 더 확장된 내용이었다. 설계와 보고서를 만드는 일 이외에 프로젝트의 '실질적 실현'이 추가되었기 때문이다. 로빈슨은 학생이 모든 과정을 진행하고 자신들이 설계한 내용을 '실질적으로 창조하는 과정'까지 포함해 프로젝트로 보았다. 그에겐 학생들이 직접 만들지 않는다면 아무런 의미가 없었다.

로빈슨에게 작업장은 학업에서 필수적인 장소였다. 프로젝트를 위해서 학생들은 다양한 기계를 사용했다. 학생들은 플라스크에서 실린더까지, 선반에서 커피분쇄기, 보일러까지 다양한 기계를 만들 수 있었다. 학생들은 또 매우 독창적이고 유용한 기계들을 창조했다. 그들은 마른 풀을 압축하는 기계, 온도계, 스케일링 기계, 사진 전송 기계 등 이전에는 상상도 못 했던 흥미로운 기능을 가진 기계들을 만들어냈다. 그리고 사진 전송 기계는 실제로 대량으로 생산되어 시장에 판매되기도 했다.

판매되는 제품에 로빈슨은 가격을 책정하기도 했다. 이렇게 실제로 시장에 진출하는 기계들의 설계와 생산이 이루어졌기 때문에 모든 프로젝트는 완벽하게 진행될 수밖에 없었다. 로빈슨은 학생들에게 품질의 중요성을 항상 강조했다.

"프로젝트 작업이 매우 쉬울 수도 있고 어려울 수도 있습니다. 하지만 제품을 제작할 때는 정해진 품질 수준에 도달할 수 있도록 노력해주십시오."

1872년과 1873년, 로빈슨은 학생들과 진행한 프로젝트를 통해 8,000달러에 해당하는 수익을 냈고, 그 수익금으로 학교에서 사용할 새로운 기계를 구입할 수 있었다. 학생들은 시간당 10센트의 인건비를 받았으며, 이 금액은 당시 학생들에게 매우 큰 액수였다. 학생들은 이 돈을 학비에 충당하기도 했다.

이처럼 MIT에서는 프로젝트를 오직 교육 목적으로만 적용한 데 비해, 일리노이 공과대학교의 프로젝트는 상업적인 목적을 가지고 있었다. MIT가 학문과 연구에 집중했다면, 일리노이 공과대학교는 실질적인 경험과 수공업에 집중했다.

그렇다고 로빈슨이 교육과 학문을 중요시하지 않은 것은 아니었다. 단지 로빈슨은 로저스보다 더 '실질적으로 행해지는 공학'을 선호했을 뿐이다. 학생들은 실질적인 작업을 통해 수공업자들의 입장을 직접 경험하고 체험할 수 있었다. 로저스에게 설계하는 작업이 중요했다면, 로빈슨에게는 학생들이 직접 기계를 만들고 생산할 수 있는 작업장이 더 중요했다. 몬테 칼버트Monte A. Calvert는 로빈슨의 프로젝트를 '작업장 문화shop culture'라고 표현했고, 로저스의 이론과 학문의 프로젝트를 '학교 문화school culture'라고 불렀다. 몬테 칼버트는 로빈슨의 프로젝트 방식이 당시 시장이 요구하는 필수적인 기초를 제공한다고 언급하기도 했다.

MIT의 건축학과 학생들

PART1. 잊혀진 프로젝트의 역사

로빈슨이 작업장 중심의 학습을 중시했던 이유는 단순히 그가 '작업장 문화'를 선호해서가 아니다. 그의 결정은 자신이 근무했던 대학교의 철학과 연관성이 있다. 일리노이 공과대학교는 국가가 운영하는 농업, 기계공학 중심의 대학교였으며, 이는 1862년의 랜드 그랜트 법Land Grant Act(미국 상하원 의원을 지낸 정치가 저스틴 모릴Justin S. Morrill이 1862년과 1890년에 제안한 두 개의 법률을 말함. 특히 1862년에 제정한 모릴법은 주립대학에 국유지를 무상으로 불하하고 그 혜택을 받은 대학은 일반 과학과 고전 과목을 가르치면서 농업 및 기계공업에 관련된 과목을 주로 가르치도록 규정했다 — 역주)의 결과였다. 이때 설립된 학교들은 기존의 귀족 대학들과 차별된 민주주의적 성향을 가지고 있었다. 일리노이 출신의 역사학자 앨런 네빈스Allan Nevins는 당시의 대학 환경을 다음과 같이 설명했다.

"근대 대학의 설립자들은 구식의 교육 방식에 대항했으며, 그들은 교육의 민주주의에 대한 큰 열망을 가지고 있었다."

실제로 일리노이 공과대학교는 국민의 대학으로 성장했다. 예일 대학교와 컬럼비아 대학교 역시 기존의 방식을 버리고 산업적, 생산적 교육을 추구했으며, 실제적이며 유용한 학문을 장려함으로써 더 수준 높은 교육을 제공할 수 있었다.

앨런 네빈스는 "19세기 중반의 민주주의 교육 콘셉트를 바탕으로 인간은 '행함'을 통해 배울 수 있게 되었다."고 했다. 즉, 프로젝트는 '민주주의적인 교육 방식'이었다. 이는 미국 대통령 앤드루 잭슨Andrew Jackson의 민주주의에 대한 생각과 일치했다. 네빈스는 "이러한 방식의 교육 방법은 경험을 바탕으로 한 생산적 수업과 연관시킬 수 있으며, 이를 통해 실질적 역량을 가진 젊은이들을 키워낼 수 있었다. 또한 교육은 젊은이들에게 경제적, 사회적 신분 상승의 계기를 제공할 수 있었다."고 했다.

당시 중요한 과제는 대학교의 확대뿐만 아니라 '민주화'였다. 존그레고리John M. Gregory는 총장으로 취임하면서 "일리노이 공과대학교는 미국의 서부 산업 중심지이다. 우리 학교는 부와 명예를 창조하고 삶의 수준을 개선하는 데 공헌할 것이다."라고 말했다.

프로젝트 수업 방식과 민주주의가 서로 상통하는 부분이 있다는 것은 1830년에 이미 프랑스에서도 언급된 적이 있었다. 하지만 로빈슨 교수와 그의 동료들 생각은 1830년 프랑스의 경우보다 더욱 진보적이었다. 로빈슨과 그의 동료들에게 프로젝트는 단순히 '민주적인 방식'만이 아니라 '민주주의화를 실현할 수 있는 방식'이었다. 그들의 목표는 수업과 교육의 경계를 없애고, 학생들에게 실용적인 학문을 배울 수 있는 기회를 주며, 민주적인 시민을 만드는 것이었다. MIT 총장 프랜시스 워커Francis A. Walker는 1887년에 다음과 같이 말했다.

"프로젝트를 실행하고 설계할 줄 아는 젊은이들 앞에서는 어느유능한 학자들도 자신의 명예로운 이름과 권위를 내세울 수 없다.

(…) 프로젝트는 직업적, 정치적 교육 양쪽을 동시에 충족시킨다.”

로빈슨과 그의 동료 교수들은 “프로젝트는 교육과 민주화의 훌륭한 도구이다.”라고 했던 킬패트릭의 철학을 충분히 공감하고 있었다.

3 학교와 삶이 너무 다르다 : 수공 교육의 등장

학생들이 직접 설계한 프로젝트를 생산으로 연결시키는 로빈슨의 콘셉트는 한 가지 문제점을 안고 있었다. 생산에 소요되는 시간이 너무 길었던 것이다. 이로써 학생들이 학문에 집중할 수 있는 시간이 줄어들 수밖에 없었다. 이 문제를 해결하기 위해 방법을 찾아야 했다.

로저스의 뒤를 이어 MIT 총장으로 선임된 존 런클John D. Runkle은 혁신적인 구상을 하게 된다. 그 계기는 필라델피아 센테니얼 박람회Centennial Exposition에서였다. 이 박람회에서 모스크바의 왕궁 기술대학 총장인 빅터 델라 보스Viktor K. Della-Voss는 학생들의 설계도와 모델, 기계를 전시했는데, 런클은 이에 큰 자극을 받게 된다. 전시된 내용은 수공예를 체계적으로 학습했을 때 얻을 수 있는 학생들의 훌륭한 역량의 결과였다. 이에 런클은 산업기술에서 필요한 수공예 훈련Manual Training이 직업 고등교육을 넘어서 일반 학교 교육의 한 부분이 되어야 한다는 생각을 갖게 된다.

런클은 매사추세츠주의 교육이사회에서 자신의 보고서를 통해 다음과 같이 설명했다.

—— 수공예 학습 요소를 일반 학교에서 도입할 수 있는 방법을 찾아야 한다. 학생들은 실제 삶과 관련이 없는 추상적인 지식만을 배우고 있다. 델라 보스가 만든 러시안 시스템Russian System처럼 어린이들이 기술적인 지식과 역량을 배울 수 있는 방법을 도입해야 한다.

이에 대부분의 동료 학자들이 그다지 관심을 갖지 않는 분위기였지만, 유일하게 한 교수가 관심을 보였다. 바로 세인트루이스의 워싱턴 대학교Washington University in St. Louis의 수학과 교수인 캘빈 우드워드Calvin M. Woodward였다. 우드워드는 1837년에 매사추세츠주의 피치버그Fitchburg에서 태어났으며 하버드 대학교를 졸업했다. 그리고 고등학교에서 라틴어와 그리스어를 가르쳤다. 미국 남북전쟁에서 북군 장교로 전쟁에 참가하기도 했으며, 후에 미국 중서부로 돌아와 1868년부터 워싱턴 대학교에서 공학부 교수로서 학생들을 가르쳤다. 그는 오팰론 폴리테크닉 인스티튜트O'Fallon Polytechnic Institute를 설립하기도 했으며, 이곳에서 학장과 총장을 역임했다.

당시 '진보 교육'을 지지하는 학자들이었던 로저스, 로빈슨, 런클을 비롯해 하버드 대학교의 총장인 찰스 엘리엇Charles W. Eliot, 코넬 대학교의 총장인 앤드루 화이트Andrew D. White 그리고 신학자인 호러스 부슈넬Horace Bushnell과 함께 우드워드는 교육과 학교가 사회와 함께 발전하고 변화하며 성장해야 한다고 생각했다.

문명의 발전은 단계마다 새로운 교육의 장을 마련한다. 교육적 혁신은 사회 문명 혁신의 결과이며 미래의 혁신을 위한 동기와 자극을 제공하기도 한다. 또한 혁신과 발전은 교육 환경에 위협을 가하기도 한다. 당시 정치적 상황과 빠른 산업화 속에서 일반교육의 의무화는 여전히 영국의 귀족 문화적인 관점에 기초하고 있었다. 영국의 귀족 문화는 수공업을 수준이 낮은 노동이라고 멸시했고, 그에 따라 수공업 교육은 경제적, 교육 정책적 면에서 전혀 존중받지 못했다. 우드워드는 이런 현실을 이렇게 지적했다.

"우리들은 젊은이들이 철학자, 언어학자 그리고 또는 특정 학문에서 박사학위까지 받을 수 있도록 교육해왔다. (…) 학문에 관심을 두지 않는 젊은이들은 학교에서 배움에 대한 즐거움과 만족감을 찾지 못한다. 그렇게 학교를 포기하면 그들은 할 수 있는 것도, 갈 곳도 없다."

우드워드는 이런 상황을 매우 안타깝게 여겼다. 이렇게 학업을 포기하는 젊은이들이 많아지면 현대 산업사회에서 사회적 불안감과 불신을 야기할 수 있다고 생각했기 때문이다.

경제가 발전하고 기술이 확장되면서 인간들은 더 많은 응용학문과 정치적 시스템, 자유와 혁신에 대한 기초 지식을 필요로 한다. 열등한 계급 출신의 젊은이들마저도 고등교육을 받을 수 있는 기회가 제공되는 곳이 바로 미국이었다. 더구나 미국에는 유럽과 달리 이미 민주주의가 도입되었으며, 모든 사회계층에게 동등한 교육의 기회가 부여되었고, 유럽처럼 계급투쟁의 필요성도 없었다.

"미국에서는 모든 꿈을 실현할 수 있습니다. 미국은 자유로운 성과를 장려하는 사회입니다. 자신이 어떤 계층의 출신일지라도 높은 계급에 오를 수 있고, 대통령이 될 수도 있습니다. 어떤 꿈도 방해하는 장벽이 존재하지 않는 곳입니다."

우드워드는 매사추세츠 교육 혁명가인 호러스 맨Horace Mann과 영국 교육철학자 허버트 스펜서Herbert Spencer와 생각을 같이하면서, 학교가 실제의 삶과 너무 다르다는 것을 비판했다. 그는 "학교와 실제와의 '조화의 부족'이 문제이다."라며 윌리엄 해리스William T. Harris가 주장했던 고등교육에 대해 비판을 아끼지 않았다.

해리스는 세인트루이스의 시청 교육을 담당했으며, 미국의 대표적인 교육학자 중 한 명이었다. 그는 자신의 책을 통해서 "학교의 중심은 교과서이다. 바로 교과서 수업이 해답이다."라며, 교과서 중심 교육을 주장한 사람이다. 해리스는 "교과서 중심의 학교 수업은 인간의 깊은 본능을 기초로 한 현대사회를 포괄하고 있으며, 가장 직접적이고 효과적인 방식이다. 물론 개인의 정신적 삶에도 매우 도움이 된다."고 했다.

실천과 발견을 중심으로 하는 장 자크 루소Jean-Jacques Rousseau의 방식에 따르자면 어린이들은 경험을 통해 학습한다. 하지만 해리스는 학교에서 이루어지는 교과 계획에 수학, 자연과학, 역사, 고대 언어와 문학을 필수적으로 포함했다. 그는 이런 교과 주제를 '영혼의 다섯 창문'이라고 불렀다. 이 교과목은 문화에 해당하는 모든 영역과 모든 학문 영역의 문을 열어주는 역할을 한다. 그는 "순수한 학문을 공부하는 것은 어떤 응용과학보다 훨씬 더 교육적 효과가 있다."라고 설명했다. 또 "실질적으로 직업과 관련된 과목은 고등교육에 속하지 않으며, 절대 고등교육과정에 속해서도 안 된다."고 했다. 해리스는 그 이유로, '고등' 역량을 기르는 교육장에서 '낮은' 역량을 장려할 수 없다는 사실을 들었다.

해리스는 '산업적이고 실용적인 것'으로 보이는 모든 교육 혁명에 반대했다. 하지만 컬럼비아 대학교의 총장이며 노벨평화상 수여자인 니콜러스 머리 버틀러Nicholas Murray Butler는 이러한 주장에 절대 동의하지 않았다. 버틀러는 정신적 민주화를 위해서는 수공업 훈련은 필수라고 보았다. 그리고 "인간은 스스로 멸시받음을 허락하지 않는다면 인간은 절대 스스로 멸시받을 수 없는 존재"라고 말했다.

우드워드도 해리스의 생각이 매우 비민주적이며 비자유적이라고 생각한다며 이렇게 말했다.

"교육은 자유를 바탕으로 해야 한다. 그는 명예로운 직업을 혐오하고 있다. 누군가는 좋아하는 것을 그는 하찮게 보고 있다. 수공예 능력을 배우고자 하는 학생들에게 이것에 대해 선택할 여지를 주지 않는 것은 절대로 있을 수 없는 일이다. 진정한 자유로운 교육은 모든 실용 분야에 대해 다른 학문과 동등한 가치를 부여하는 것이다."

실제로 미국 고등교육의 실패는 바로 '삶과 직결된 교육의 부족'이었다. 1880년에 11만 명의 청소년들만이 고등학교를 졸업하는 데 성공했으며, 이는 일반 고등학교 기준에서 14~16세의 청소년 모두를 대상으로 볼 때 5퍼센트도 안 되는 수치였다.

우드워드는 이렇게 많은 학생들이 일찍이 학업을 중단하는 사태를 교육의 실패로 본다고 말했다.

"학교의 수업은 지나치게 단순화되어 있다. 지적 능력의 발전을 저해하는 요소들이 가득하다. 학생들은 이로 인해 공부에 무관심해지고 무감각해진다. 학생들이 학업을 포기하지 않고 끝까지 공부할 수 있도록 돕기 위해서 학교는 학생들이 실제적 삶을 준비하는 인간으로 성장할 수 있도록 적절한 교육을 제공해야 한다."

런클의 후계자로서 우드워드가 구체적으로 요구했던 바는 '전통적인 기술 수업의 커리큘럼을 확장하는 혁명'이었다. '수공업 없

이는 인간의 영혼이 온전하고, 완벽하게 발전할 수 없다.'는 가정이
었다. 해리스가 주장했던 것과 달리 직관과 경험은 책과 글을 통해
얻어지는 것이 아니라 실제 현상과 소통할 때 생겨나기 때문이다.

"우리가 정말 알아야 하는 것들은 우리가 귀로 듣거나 눈으로
읽은 것이 아니다. 우리가 실제 경험하고 느낀 것들이다."

우드워드는 구체적인 것이 추상적인 것보다 우선이며, '경험을
통해 배울 수 있는 학교'를 만들고자 했다. 기술적인 작업에서는 기
존 수업의 단순함을 없애고자 했다. 대학이나 유치원에서 이미 사용
되고 있는 '러닝 바이 두잉'을 고등학교에서 가능하도록 추진했다.
"수공예 훈련은 이상적인 수업 방식이며, 청소년의 현재와 미래를
가능하게 하는 교육이다."라는 것이 바로 우드워드의 생각이었다.

우드워드는 수공예 훈련의 장점을 이렇게 강조했다.

"수공예적 학습 요소는 학교에 생기를 불어넣어주는 훌륭한 연
습과 실습이며, 영혼을 건강하게 만들어주고 도덕적 인식까지 심어
준다. 살아 있는 실제를 배우도록 해주는 것이다. 이렇게 형성된 분
위기는 청소년들이 학교를 떠나지 않고 지속적으로 머물며, 학업을
중단하지 않도록 이끌어준다. 청소년들은 이렇게 지적 능력을 개발
할 수 있는 기회를 얻게 되며, 학업을 마무리한 후 더 좋은 직업을
선택할 수 있는 조건을 갖추게 된다."

4 캘빈 우드워드와 프로젝트 모델 : 작업장 강의는 곧 연구실 수업이다

1897년 가을, 우드워드는 세인트루이스의 워싱턴 대학교 내에 수공예 훈련 학교Manual Training High School를 설립했다. 이 학교는 전문 기술자를 양성하는 일반적인 '직업기술학교'가 아니었다. 오늘날 독일에서 볼 수 있는 직업전문고등학교 또는 직업교육이 포함된 김나지움과 유사한 학교였으며 고등교육이 함께 이루어졌다. 또한 이 고등학교를 졸업하면 대학교 입시 자격도 얻을 수 있었다. 이 학교와 일반 고등학교의 차이를 우드워드는 다음과 같이 설명했다.

1. 고등기술교육을 위해 필요한 기초를 완성하는 학교
2. 학생들이 자연스럽게 학습을 좋아할 수 있도록 이끌고, 자신의 능력을 발견할 수 있는 자기계발이 가능한 학교
3. 졸업생들이 산업계로 진출할 수 있도록 지원하는 학교

이 학교는 열네 살에서 열여덟 살 아이들에게 커리큘럼을 진행했으며 해리스의 다섯 가지 필수 교과 계획 가운데 두 가지를 바꾸어 커리큘럼으로 채택했다. 즉, 고대어와 고대문학 대신 미술과 기술 공작을 포함하고 수공예를 주요 전공과목으로 선정한 것이다. 학생들은 매일 두 시간 정도 필수적으로 수공예 수업을 받아야 했

으며, 전체 수업 시간의 3분의 1은 작업장에서 시간을 보냈다. 그들은 매일 목공업, 세공업, 철공, 주조, 철주조 작업을 해야 했으며, 작업장은 학교의 '심장'과 같은 장소였다. 물론 수학, 화학, 물리에서 배운 내용을 응용하는 방법도 배웠다. 학교는 '실제적인 실험'과 '책에 담긴 지식'이 공존하는 '연구소'였다. 설계실과 작업장은 학생들에게는 '자신감'을 키울 수 있는 장소였고, 사회적 연관성에 대한 '직관'을 얻을 수 있는 공간이었으며, '모험에 대한 동경'을 해소할 수 있는 곳이었다.

기술 수업을 어떻게 진행해야 할지에 대한 고민은 매우 중요했다. 하지만 이미 런클이 '러시안 시스템'을 도입한 이후였기 때문에 우드워드에게는 어려운 문제가 아니었다. 러시안 시스템은 기존의 수업 방식보다 실제적이었고, 기술적 지식의 완성에 훨씬 더 효과적인 방법이었다. 우드워드는 수공예 훈련 학교에서 기술 수업을 달리 진행하게 된 배경을 이렇게 설명했다.

"일반적으로 작업 훈련 기술자들은 자신의 작업에 대해서 깊은 사고를 하려 들지 않는다. 그들은 무조건 일을 해야 하는 의무가 있다고 생각한다. 물론 누군가로부터 격려도 받지도 못한다. 기술학교의 커리큘럼은 기업의 생산적 요구 사항을 기초로 결정되기 때문이다."

하지만 고등교육이 포함된 우드워드의 기술고등학교에서는 사뭇 달랐다. 일상적인 소소한 작업으로 시간을 낭비하지 않았다. 끊

스틸먼 로빈슨, 1838~1910

캘빈 우드워드, 1837~1914

찰스 리처즈, 1865~1936

존 우드헐, 1857~1941

임없는 생각과 고민이 필요했으며, 체계적인 행동 지식이 필요했다. 실제로 직업 기술 훈련자들이 보통 3년을 필요로 하는 교육을 모스크바에 있는 러시안 시스템을 기초로 한 기술학교에서는 단 1년이면 완성할 수 있었다. 델라 보스와 그의 동료들은 그동안 수공예 교육에서 발생될 수 있는 문제를 한 번에 해결하는 방법을 알았던 것이다. 우드워드는 델라 보스를 통해 '기술교육은 하나의 과학'으로 태어났다고 말했다.

수공예학교의 기술 수업에서 사용된 러시안 시스템을 설명하면서, 우드워드는 이 수업 방식을 초등학교의 글씨 쓰기 수업과 비교했다. 초등학교에서 학생들이 처음 글씨를 쓰는 방법을 배우기 전에 직선 그리기, 꺾어 그리기, 아치 그리기와 동그라미 그리기 연습을 한다. 이런 훈련이 글씨 쓰기의 기초가 되는 것이다. 이런 훈련을 훌륭하게 완성한 후 26개의 알파벳을 배우고 직접 알파벳을 필기할 수 있게 된다. 그 후 알파벳을 모아 단어를 완성하고 문장을 쓸 수 있게 된다.

우드워드는 글씨 쓰는 연습과 기술 수업을 동일한 것으로 보았다. 기술 또한 글씨를 배우는 것과 같이 기계적 과정을 기초 요소로 분리하여 하나씩 배워 나간다고 생각했다. 교사는 강의 수업을 통해 매우 쉬운 것부터 차근차근 학생들을 가르치면 되었다.

우드워드는 러시안 시스템을 자신의 학교에 적용하기 위해 '기계적 구성을 완성하는 수업' 이전에 실행되어야 할 '필수적으로 수

강해야 하는 강의 수업'을 만들었다. 이 수업에서 학생들은 기술적 과업을 실행하기 이전에 사용하게 되는 도구의 명칭과 재료의 명칭 그리고 작업 과정을 이론적으로 배워야 했다. 그다음 단계로서 기술적 설계를 하기 위해 설계와 관련된 지식을 배워야 한다. 그런 다음에야 학생들은 각 단계와 작업의 과정에서 실제로 설계를 할 수 있게 된다. 이 과정이 완성되지 않으면 학생들은 작업장에 들어갈 수 없었다.

우드워드는 작업장의 사전 수업을 강조하며 이렇게 말했다.

"작업장에서의 강의는 마치 연구실에서 이루어지는 수업과 같다. 교사는 작업장에서 학생들에게 작업이 이루어지는 작업 테이블과 기계 시설, 모루와 화로를 보여주고 설명한다. 그리고 그날의 과제를 알려준다. 교사는 필수적인 설명을 학생들에게 충분히 해주어야 하며, 이때 칠판을 사용해 필기를 할 수도 있다. 상황에 따라 학생들은 공책에 필기를 하거나 스케치를 한다. 학생들은 언제나 질문을 할 수 있으며, 이에 대해 교사는 충분한 답변을 주어야 한다."

모든 준비가 끝나면 학생들은 작업을 시작한다. 교사는 필요할 경우 학생들에게 추가적인 도움을 준다. 학생들이 작업한 내용을 발표하고, 이에 대해 토론을 하는 것으로 수업 시간은 마무리된다. 이후 학생들은 성적 점수를 받게 된다.

우드워드는 작업 관련 수업의 경우 강의가 수업 시간의 4분의 1 이상을 넘어서는 안 된다고 규정했다. 이로써 작업장 수업이 지나치게 강의 위주가 되는 것을 방지할 수 있었다. 물론 작업이 시작되기 이전의 사전 준비 강의는 작업을 체계적으로 할 수 있도록 도움을 주고, 학생들에게 열성과 동기를 일깨워주는 매우 의미 있는 시간이라고 우드워드는 강조했다.

가구 제조업과 관련된 수공예학교 수업 과정의 예를 소개해보겠다.

1. 스크레이퍼와 앵글 아이언을 사용하여 통나무를 사각으로 만들기
2. 톱을 사용하기. 목재는 소나무판을 사용하며 이를 눕혀놓고 40센티미터에 길이 10센티미터 너비로 자르기
3. 폐품과 긴 톱 사용
4. (a) 반폐쇄 조인트 (b) 오픈 조인트 (C) 폐쇄 조인트 (d) 연귀 맞춤
5. 오픈 슬립 조인트
6. 오픈 슬립 쌍조인트
7. (a) 하나의 폐쇄된 이중 슬라이트 조인트 (b) 이중 폐쇄 이중 슬라이딩 조인트

스물한 단계로 이루어진 수업을 거친 후에는 실제로 기계를 조립하는 학업 과정이 이루어졌다. 이러한 과정을 통해 학생들의 상상력과 발명 능력이 계발되고 발휘될 수 있었다.

학생들은 이러한 단계적인 수업 과정을 통해 기술적 완성품을

만드는 데 충분한 시간적 여유를 가질 수 있었다. 우드워드는 이러한 '창조적 활동'에 대해서 다음과 같이 말했다.

1. 생각은 머릿속에서 설계되고 구상된다.
2. 생각과 아이디어는 언어와 스케치, 모방, 모델 제작과 같은 활동을 통해 그 이상 또는 이하로 표현될 수 있다.
3. 이를 통해 실질적인 구성 객체로 완벽하게 실현된다. 교사는 위 단계를 철저하게 지켜야 한다. 바로 이러한 단계가 성공적인 학습의 기초가 되기 때문이다.

가구 제조업을 예로 들어보겠다. 우드워드는 수업의 마지막 과정은 '작업대 프로젝트'라고 했다.

"작업대는 상자나 박스일 수 있고, 아니면 테이블 또는 사다리가 될 수도 있다."

우드워드는 로빈슨이 말하는 프로젝트의 의미와 계념에 대해 매우 잘 파악하고 있었다. 우드워드는 추상적인 설계만은 의미가 없으며 구체적인 객체를 완성하는 것이 매우 중요하다고 보았다.

"갈고, 회전시키고, 구멍 뚫는 작업을 통해 학생들의 훈련이 완성된다면 학생들은 여러 가지 기술적 작품을 만들 수 있는 능력을 획득하게 된다. 이러한 훈련은 그룹 단위로, 또는 독립적으로 진행이 가능하다. 이 프로젝트는 매우 신중하게 계획되어야 한다. 모든 부품들은 상세한 스케치를 통해 구상되어야 하고, 금속으로 만들어진 부품들은 주형틀로 견고하게 만들어져야 한다. 자동차용 잭과 공학 선반 등 그 외의 교육에 제공되는 전자 용품들은 학습을 더욱 흥미진진하게 만들어준다. 이런 혁신적은 기계들은 새로운 형태의 작업이 가능할 수 있도록 해주기 때문이다."

우드워드는 또한 구성 단계와 프로젝트 단계를 학생들만의 자유로운 독립적 활동으로 본다고 말했다.

"본 과정은 교사가 매우 신중하게 계획해야 한다. 적절한 상황과 적절한 정도를 선택해야 할 것이다. 시기가 너무 이르거나 횟수가 지나치게 잦아도 좋지 않다. 학생은 독창적인 아이디어를 개발하고 실행할 수 있어야 한다."

이 외에도 우드워드는 학생들의 작업 활동에 관해 몇 가지 조건을 제시했다. 예를 들면, 노동의 투자와 성과의 정도가 균형을 이루어야 했다. 즉, 노동의 정도가 성과에 비해 지나쳐도 안 되고 프로젝트 기간이 너무 길어도 안 되었다. 우드워드는 프로젝트 비율로서 전체 수업의 10퍼센트 정도가 좋다고 보았다. 더 많은 분량의 프로젝트는 필요하지 않다고 보았다. 프로젝트는 학생들이 일반 수업에서 배운 기술과 원칙을 서로 연관시키고 응용하는 작업이기 때문이다. 또한 프로젝트는 너무 간단해서도 안 되고, 너무 복잡하고 어려워도 안 되었다. 학생들에게는 구성의 설계, 시간의 설계, 재료에 대한 판단도 중요했지만 프로젝트를 지나치게 상세하고 완벽한 작업으로 보아서는 안 되었다.

프로젝트 작업은 그야말로 기술 수업의 가장 중요한 부분이라고 할 수 있었다. 프로젝트는 오랜 동안 진행되는 강의 수업과 준비 과정의 마지막을 장식하기도 했다. 3학년에게는 더욱더 큰 의미가 있었는데, 몇 주에 걸쳐 학생들은 압력 기계, 화로, 물 펌프 등 자신들이 선택한 기계를 완성해야 했기 때문이다. 공학 프로젝트는 마치 도제 졸업시험과 비슷했고, 이는 영어, 수학, 물리에서의 졸업시험과 동일한 수준의 중요 과목이었다. 우드워드는 말했다.

"학생이 고등학교 졸업장을 받기 위해서는 과학기술 과목에서 하나의 프로젝트를 수행해야만 한다. 이 프로젝트는 기계를 실제로 스스로 구성하는 과제이다. 완성된 기계를 제출할 때 이와 더불어 완벽한 상세 스케치를 함께 제출해야 한다. 설계와 관련된 설명 또한 잊어서는 안 된다. 프로젝트는 제출되면 학교의 소유가 된다."

오펠론 폴리테크닉 인스티튜트에서는 졸업 프로젝트를 진행할 때 학교 외부에 임의로 설치된 시험위원회가 감수하도록 했다. 학기가 시작하면 학생들은 프로젝트 제안서를 제출하고, 제안한 내용을 기초로 프로젝트를 완성해야 했다. 지나치게 어려운 기계를 만드는 것은 제외시켰다. 이는 학생들이 자신들의 풍부한 아이디어와 상상력을 충분히 사용할 수 있도록 하기 위한 배려 차원이었다.

미국 역사학자들은 수공업학교에 대해 관심을 가졌고 우드워드의 수많은 연구와 관련해 언급하기도 했다. 하지만 미국의 역사학자들은 우드워드의 가치를 제대로 이해하지 못한 것 같다. 찰스 베넷Chales A. Bennett도 우드워드가 기술교육 면에서 실용주의자이며 미국 학교에서 프로젝트 학습의 개척자라는 것을 간과하고 있었다. 베넷은 오직 1927년만이 미국 프로젝트의 전성기라고 칭했고, 진보 교육의 독자성이 강조되면서 1876년에 러시안 시스템이 필라델피아에 소개되었을 때 프로젝트라는 말이 사용되기 시작했다고 설명했다.

5 반복되는 프로젝트에 반대한다

우드워드는 델라 보스의 러시안 시스템 학습 방식을 과학교육을 위한 최고의 방식으로 보았다. 러시안 시스템이야말로 모든 현대 교육 방식에 조화롭게 응용될 수 있었기 때문이다. 그는 델라 보스식 학습법에 포함된 모델을 만들고 스케치하는 것이 요한 하인리히 페스탈로치Johann Heinrich Pestalozzi의 교육학적 견해를 담고 있으며 기술교육에 굉장히 큰 역할을 한다고 생각했다.

자연과학계에 적용되었던 연구실 수업 방식은 실험적이고도 실질적인 경험을 얻기 위해 적극 활용되었던 방법이었으며, 그 수업 방식의 범위 안에서 학생들은 스스로의 프로젝트를 실행하며 자신들의 창조 능력을 개발할 수 있었다. 이에는 프리드리히 프뢰벨 Friedrich Fröbel의 철학도 반영되었다. 우드워드는 자신만의 매우 특별한 방식으로 서로 분리되어 있는 개념인 '객체', '사고', '행동', '학교 삶'의 거리감을 극복하고 연관을 지어가는 방법을 찾아나갔다. 우드워드는 프로젝트가 기술 수업의 핵심이라고 말했지만, 프로젝트가 전 학업 과정의 중심이라는 점에는 동의하지 않았다. 우드워드는 다음과 같이 강조했다.

"효율적인 학습의 가장 중요한 원칙은 '수업의 논리성'이다. 기초적인 원칙들이 실질적인 응용에 사용된다."

우드워드는 자신의 수업을 '종합적'이라고 표현했는데, 이는 각각의 학습 요소들이 서로 연관성을 가지고 있다는 것을 의미했다. 기초적인 요소들이 연습을 통해 훈련되면서 함께 조합되고 구성되기 때문이었다. 그래서 우드워드는 프로젝트를 종합적인 연습과 훈련이라고 보았다. 프로젝트는 수업에서 배운 지식들이 총괄적으로 사용되는 기회였다. 물론 그 과정에서 배운 지식이 변형되거나 단순화되어서는 안 되었다.

"강의 수업을 통해 학생들이 도구의 사용 방법과 사용 순서를 배울 수 있다. 그래서 강의 수업은 매우 중요하다. 도구의 사용 방법을 모른다면 프로젝트를 위한 준비가 되어 있지 않은 것이다."

즉, 수업은 체계적이어야 하며 논리적이어야 한다는 것이 우드워드의 중심 생각이었다.

그는 이로써 학생들의 분석적인 사고가 가능하며, 분석적 사고 능력은 단순히 기술 작업에만 도움이 되는 것이 아니라, 인생을 살아가는 데도 매우 중요한 능력이라고 보았다.

"정확한 계획을 수립하고 작업하기 위해서는 다음과 같은 과정이 필요하다. 복잡해 보이는 과정을 간단한 단계로 분리하여 열거한다. 이로써 복잡해 보이는 과정은 단순하게 정리될 수 있으며 작업 진행은 더욱 쉬워진다. 이런 습관은 항시 발생하는 새로운 문제들을 쉽게 해결할 수 있도록 해준다."

우드워드는 당시에 러시안 시스템을 대체할 수 있는 방법이 없다고 생각했다.

우드워드와 해리스는 서로 매우 상이한 생각을 가지고 있었지만, 우드워드도 해리스처럼 루소의 교육 방식이 지닌 취약점을 언급한 적이 있다. 그는 루소가 말하는 "'어린이의 발견'이라는 논리는 어린이들의 배우고자 하는 학습 동기까지 파괴할 것이다."라며 비판했다. 우드워드는 수공업학교에 재학하고 있는 학생들이 14~18세 정도로 스스로 원하는 것이 무엇인지 알고, 스스로의 결정과 행동을 통해 자신의 생각을 실현할 수 있는 충분한 능력을 가지고 있다고 보았다. 또한 우드워드는 실행 이전에 충분히 생각하지 않는 습관 그리고 오류가 있음을 확신함에도 시도하는 것은 무모하다고 보았다. "프로젝트는 단순히 시스템만 갖춰져야 하는 것

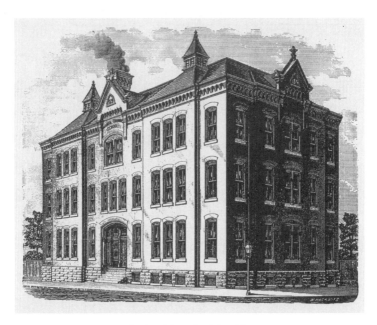

미주리주 세인트루이스의 수공예학교

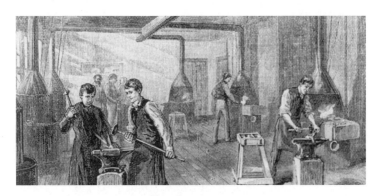

기술 작업실에서 주조 작업에 참여하는 학생들

이 아니라, 근본적이며 꼼꼼해야 한다."라고 그는 말했다.

우드워드는 특정 내용의 전달이 수업의 전부가 되어서는 안 되며 기억, 판단과 같은 정신적 능력을 훈련하는 것이 중요하다고 보는 '정신적 훈련 이론'을 따랐다. 우드워드가 말하는 교육 목표는 객관적인 작업의 완성만이 아니었다. 그가 말하는 목표는 '지적 성장', '물리적 성장'이며, 이는 오직 훈련만을 통해 완성될 수 있는 것이었다. 우드워드는 형식적인 강의 방식에도 찬성하지 않았다. 형식적 강의 방식은 어렵고 지루한 과업을 통해 이루어지는데, 정신적 능력보다는 학생들이 공부를 해야 한다는 '암묵적 의지'만을 키워주기 때문이었다. 그는 이 점을 이렇게 지적했다.

"학생들에게 불필요한 과제를 주고, 반복적인 작업을 강요해서는 안 된다. 각 단계의 학생들 수준에 맞추어야 한다."

우드워드는 지적 능력을 사용하지 않는 단순한 반복적 훈련은 학생들에게 불필요한 지루함을 준다고 여겼다. 학생들이 스스로 충분하게 학습했다고 여길 경우에는 반복적인 연습을 중단하는 것이 옳다고 믿었다. 또한 교사는 학생들이 지루해하지 않도록 흥미진진한 수업을 진행해야 할 의무가 있다고 보았다. 이를 통해 학생들의 동기유발이 가능하기 때문이다. 우드워드에 따르면 모든 연습과 학습은 새로운 것을 경험하는 '즐거운 여정'이어야 했다.

그는 학습의 체계와 학습의 정확성도 매우 중시했으나 휴식 없이 지속적으로 강도 높게 진행되는 프로젝트에 대해서는 반대했다.

당시 프로젝트를 통해 만들어진 작품들은 일반 시장에서 판매가 가능한 수준의 훌륭한 제품이었다. 로빈슨의 아이디어처럼 모든 학생들의 프로젝트 작품이 시장에서 판매되어야 한다면, '배움의 장'이라는 학교 교육의 원칙과 기술보다 그 이외의 상업적인 이익이 더 중요하다는 이야기였다. 이처럼 학생들이 제품을 만들어 판매하는 것이 더 중요하다면, 학교는 학교가 아니라 공장일 뿐이었다. 우드워드는 로빈슨과 달리 수공업학교가 생산을 중시하는 학교가 되지 않도록 노력했다. 학교가 비용을 줄이기 위해 스스로 학교임을 망각하고 마치 공장처럼 물건을 생산하고 판매하는 것에 중점을 둔다면 그것은 교육의 윤리에 맞지 않다고 생각했다. 학교는 유용한 것을 가르치는 의무가 있으나 지나치게 실용적인 지식에 집착할 이유는 없으며, 산업적인 내용을 교육하되 학생들이 생산 기술자여서는 안 된다는 것이 그의 철학이었다. 우드워드에게 학교는 잘 만들어진 생산품을 시장에 제공하는 장소가 아니며, 잘 교육시킨 학생을 생산품처럼 만들어내는 곳도 절대 아니었다.

프로젝트는 학교 교육에서 절대 빠질 수 없는 것이지만, 모든 수업이 프로젝트로 진행되어야 하는 것은 아니다. 프로젝트는 필요한 경우에 적절하게 사용되어야 한다. 산업이 발전하면서 프로젝트에 사용될 수 있는 학습 내용도 동시에 증가했다. 이러한 트렌드에 맞추어 새로운 응용 방법을 개발하고, 실험할 수 있는 충분한 기회가 필요했다.

필자는 일반적인 진보 교육 운동의 슬로건이었던 '학교는 삶'은 우드워드의 생각이 아니었으며, 우드워드의 방식은 킬패트릭이 주장했던 '학생 중심 학교'와' 지속적인 경험 수업'과도 전혀 관련이 없었던 것이라고 생각한다.

6 프로젝트 작업은 실질적인 문제해결 능력을 준다

우드워드의 노력으로 기술 수업에 대해 같은 생각을 가진 교육자들의 활동이 활발해지기 시작했다. 우드워드의 수공예학교가 설립된 후 약 10년이 지난 뒤 미국의 15개 도시에 비슷한 성격을 가진 학교들이 신설되기 시작했고, 1900년 이후 그 숫자는 30배 이상 증가했다. 산업이 발달한 보스턴, 필라델피아, 볼티모어, 워싱턴 등의 여러 도시에서 사립학교나 공립학교의 형태로 설립되었고, 이를 기점으로 샌프란시스코, 신시내티, 시카고, 뉴올리언스 쪽으로 확대되는 경향을 보였다.

1894년에 이르렀을 때는 1만 명 이상의 남학생들이 기술교육을 받았고, 여성들은 요리나 재봉틀 기술, 섬유 생산 기술을 배웠다. 교과 과목만을 중시했던 해리스는 우드워드를 다음과 같은 이유로 비판했다.

"기술교육은 위험한 루소주의이다. 고등 능력이 아닌 저등 능력을 고등교육에 심어놓고 있다."

하지만 해리스의 비판이 있었음에도 미국 전역에서는 수공업 교육과 프로젝트 수업이 고등교육 커리큘럼에 매우 중요한 요소로 확고히 자리 잡았다.

1900년 이후에는 기술교육과 관련해 수많은 책들이 출간되었고, 기술교육이 아닌 다른 새로운 교과에 프로젝트의 사용 가능성 범위와 한계에 대한 토론이 시작되었다. 하지만 아쉽게도 교사들은 기술교육 수업의 진행 방법과 관련한 정보의 부족으로 어려움을 겪었다. 기술교육 수업의 활용 방법과 관련하여 그나마 약간이라도 교사에게 도움이 되었던 책은 1886년에 발행된 찰스 햄Charles H. Ham의《수공예 훈련. 사회와 산업 문제의 해결 방법Manual Training. The Solution of Social and Industrial Problems》이었다. 법학자이며 저널리스트였던 찰스 햄은 시카고 수공예학교Chicago Manual Training School에서 학생들이 이마에 땀을 흘리며 졸업시험을 치르는 모습을 아주 상세하게 묘사했다.

—— 증기 기계가 움직이고 있고 학생들은 모두 작업 테이블 옆에 서 있다. 학생들은 조바심을 내며 빨리 자신들의 과제를 시작하고 싶어 하는 모습이다. 이러한 광경은 졸업 프로젝트 시기가 되면 쉽게 볼 수 있는 모습이다. 학생들은 과제를 받고 과제에 알맞은 기

계를 완성해야 했다. 바로 이 과제가 학교를 졸업하기 전에 필수적으로 통과해야 하는 졸업 프로젝트였다. 교사는 학생들이 필요로 할 때 언제든지 도움을 줄 준비가 되어 있었다. 교사들은 자신의 지식과 경험을 바탕으로 학생들이 질문하는 사항에 대해 답변해줄 수 있었다. (…) 학생들은 자신들이 스케치한 설계도를 가지고 있었다. 여러 가지 종류의 증기 기계들, 증기 펌프, 회전 테이플, 전기 엔진, 증기 망치, 프레스기가 보였다. 프로젝트는 하루에 끝나지 않는다. 그룹이 아닌 독자적으로 수행하는 프로젝트는 훨씬 복잡하고 더 오래 걸릴 수도 있다. (…) 교사는 프로젝트 내내 학생들의 곁에서 학생들이 질문할 경우 이에 답변해준다. 하지만 학생들은 질문하는 것을 좋아하지 않았다. 혼자 힘으로 해냈을 때 스스로가 더 명예스럽다고 생각했기 때문이다.

학기 마지막 주는 학생들에게 가장 힘겨운 시기이다. 긴장감이 역력해 보인다. 하지만 매우 고요하다. 불안함과 두려움이 느껴진다. 교사들과 학생들은 지난 몇 년간 함께하면서 서로 친해졌음에도 대화하는 것을 좋아하지 않는 것 같다. 그만큼 교사나 학생들에게 큰 부담이었다. 프로젝트가 하나씩 마무리될 즈음, 분위기도 조금씩 나아진다. 자신의 프로젝트가 불합격이 아니라는 소식을 전달받았을 때 학생들의 얼굴도 편안해지는 것을 볼 수 있었다. 이제는 프로젝트와 관련해 선생님과 이야기를 나누는 것조차 부담스러워 보이지 않는다. 프로젝트로 인해 긴장된 분위기가 점차 풀린다. 모두

들 다가오는 졸업식을 기대하며 기뻐하고 있다.

1886년에 찰스 햄이 쓴 이 글을 통해 프로젝트가 학교에서 실질적으로 존재했다는 것을 알 수 있다. 또한 이 글은 학생과 교사의 이상적인 관계가 새로운 진보 교육 속에 존재하고 있다는 사실을 알려주기도 했다. 그동안 일반적이었던 교사의 모습은 '가르치는 사람', '지시하는 사람', '훈육하는 사람'이었으나, 이 글을 통해보이는 교사의 모습은 '알려주는 사람', '돕는 사람', '학자'였으며, 자신의 학생들을 '동료 학생Fellow Students'으로 표현할 만큼 전형적인 교사의 모습과는 다른 모습이었다. 교사들은 학생들이 어려운 과제와 문제가 있으면 그들과 협력해서 함께 해결해주는 역할을 했다. 이는 카를 빌헬름 훔볼트Karl Wilhelm Humboldt가 말하는 '배우는 사람과 가르치는 사람의 공동체'와도 일치한다. 교사는 학생들에게 자신의 지식을 전달하고, 학생들은 교사가 전달해주는 지식을 사용했던 것이다. 우드워드와 그의 동료들은 이 원칙을 매우 중요시했으며 엄격하게 준수했다.

강의에서도 교사는 '코치'와 같았고, 구성의 단계에서는 '상담자' 또는 '도움을 주는 사람'이었다. 학생들은 프로젝트에서 독립적으로 작업을 실행할 수 있어야 했다. 바로 이러한 규칙이 러시안 시스템의 이론과 일치한다. 수업 과정과 연습 속에서 학생들은 이미 필수적인 모든 지식을 배웠다. 이렇게 배운 지식으로 프로젝트를 실현할 수 있어야 한다. 그래서 가끔 예외는 있을 수 있으나, 교사의 도움이 필요 없는 경우가 흔했다.

코네티컷주 뉴헤이븐의 수공예학교 교장 토머스 매서Thomas Mather는 1897년에 〈기술교육 홍보연합Society for the Promotion of Engineering Education〉에서 그룹 프로젝트와 관련한 특성을 다음과 같이 언급했다.

—— 학생들은 기술 수업에서 물리, 체육 또는 기술 시간에 필요한 기계와 기구를 만들어냈다. 그룹을 이루어 작업이 이루어졌으며, 학생들은 자신의 상상과 아이디어를 스케치했다. 스케치는 후에 좀 더 디테일한 기술적인 설계도로 재작업되며 이 설계는 프로젝트에서 사용된다. 이 설계도는 모형을 만드는 기초가 된다. (…) 가구 제조, 주조, 철물 형태의 작업들이 이루어진다. 여러 학급이 이러한 작업에 참여했다. 학생들이 구상한 기계에 대해서는 이미 학교 신문을 통해 공개되었고, 학교의 전 학생들은 그 작업에 대해 매우 잘 알고 있었다. 고학년의 프로젝트는 저학년 학생들에게 소개되기도 했다.

우드워드와 비슷하게 매서 역시 프로젝트를 통해 학교에 필요한 물건을 만들게 함으로써 '팀워크'와 '다과목 통합 능력'을 장려했다. 우드워드와 한 가지 다른 점이라면 매서는 학급과 학년을 통

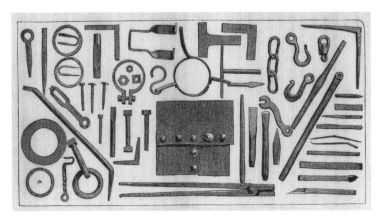

시카고 수공예학교의 연습 기구

WROUGHT IRON WORK. SECOND-YEAR PROJECTS.

세인트루이스 수공예학교의 프로젝트 작품

합해 나이와 학년에 상관없이 함께 작업할 수 있는 기회를 주었다는 것이다.

1890년에 미국 교육협회National Education Association에서 우드워드는 〈기술교육과 관련한 이론과 실습에 대한 보고서〉를 발표했다. 이 보고서에서 그는 프로젝트의 개념이 얼마나 다양한 조건들을 포함하는지에 대해 설명했다. 그는 〈수공업 훈련의 유형, 분류법, 실용적 세부 사항Report upon the Classification, Nomenclature, and Practical Details of Manual Training〉에서 자신이 실시한 설문조사의 결과를 언급하기도 했다. 그가 실시한 설문조사 15번 항목의 질문은 "기술교육에서 가장 중심이 되는 학습 방법은 프로젝트인가?"였고 열두 개의 대표적인 수공예학교에서 '그렇다.', '프로젝트는 대체적으로 괜찮은 방법이다.', '프로젝트는 많은 장점을 가지고 있다.', '흥미를 유발시키는 방법이다.', '학생들이 자신의 지식을 응용할 수 있는 방식이다.'와 같은 답변을 내놓았다. 하지만 당시 미네소타의 세인트 폴 학교에서 근무하고 있었던 찰스 베넷은 비교적 부정적으로 답변했다. 이에 대해 우드워드는 "베넷이 프로젝트를 일반적인 의미와 달리 해석했을 수도 있다."고 말했다.

각 학교들은 프로젝트의 개념을 이해하는 데 약간씩 차이를 보이곤 했다. 1897년 뉴욕시의 수공예학교 학습 계획서에는 다음과 같이 적혀 있다.

—— 모든 문제들Problems을 정확하게 파악하고 나열하는 것은 완벽한 작업을 위해 중요한 과정이다. (…) 첫 번째로 작업에 필수적인 재료와 도구에 관한 이론적인 강의가 이루어진다. (…) 두 번째로는 실질적 시범이다. 시범은 교사가 솔선수범해 작업 방식과 순서를 학생들에게 직접 보여준다. (…) 세 번째로는 학생들이 작업장에서 독립적으로 연습Exercise한다. (…)

이 학습 계획서에는 연습Exercise이라는 용어와 프로젝트라는 용어가 서로 혼용되곤 했다. 또한 '문제Problem'와 '프로젝트Project'라는 용어가 서로 대체되어 사용되기도 했다.

우드워드는 "문제Problem의 해결은 연습 과정 그리고 도구의 사용을 통해 가능하다."라는 그의 말에서처럼 이미 이전부터 '문제Problem'의 중요성을 강조하고 언급했다. 미국의 개혁 교육자들과 독일의 교육학자들이 주장하는 내용은 약간씩은 다르지만, 우드워드와 그의 추종자들은 수공업 수업을 통해 학생들이 수공업 자체만을 배우는 것이 아니며, 이 수업을 통해 실질적 문제Problem를 풀 수 있는 능력을 얻게 된다고 했다.

7 슬뢰이드 교육 :
초등학교에 적용된 최고의 학습 방식

9세기 미국에서는 중고등학교 교사들 사이에서 '러닝 바이 두잉' 원칙을 교육에서 실현하고 있는 분위기가 무르익고 있었고, 유치원에서도 점차 변화가 일고 있었다.

미국의 유아교육은 초기에 이렇다 할 만한 큰 성과를 보여주지 못했다. 에드워드 에머슨Edward C. Emerson의 친구였던 엘리자베스 피바디Elizabeth Peabody는 1860년에 동료들과 함께 초월론적 철학과 교육학을 기초로 하여 영어로 수업이 진행되는 유치원을 설립하고 '미국 프뢰벨 유니온'을 창립했다. 필라델피아의 세계 박람회에서 델라 보스의 러시안 시스템이 소개되었을 때 피바디는 이를 프뢰벨 교육 방식을 소개할 수 있는 기회로 삼았다. 피바디의 교육학적 이상은 '능동적 인간' 그리고 '표현하는 인간상'이었으며, '독립성, 자기표현 능력, 자기계발 능력이 보장되는 교육'이었다.

당시 미국은 산업화, 경제공황, 도시화, 이민자의 증가로 인해 큰 사회적 변화를 겪고 있었다. 특히 이민자의 증가는 교육 발전의 방향을 제시하는 데 중요한 요소였다. 이민자들이 늘어나면서 이민자 어린이들은 미국의 언어와 문화, 도덕성을 습득해야 할 필요성이 증가했고, 이때 도시나 지역 공동체 그리고 복지연맹들과 종교 공동체들은 이민자들을 위한 공립/사립 유치원을 설립하는 데 큰 열정을 보였다. 이로써 19세기 미국에서는 유치원 시스템의 원조인 독일보다 훨씬 더 많은 유치원이 설립되었다.

당시 초등학교의 교육은 '단조로움', '실용성과는 비교적 멀리 떨어져 있는 교육', '비효율적 교육'이라는 비판을 받고 있었다. 물론 유치원 교사들도 '러닝 바이 두잉'이라는 슬로건을 걸고 초등학교 교육과는 차별된 해법을 찾고 있는 중이었다.

진보적 교육 방식으로서 어린이 중심 교육으로 알려진 퀸시 방식Quincy Method을 개발한 프랜시스 파커Francis W. Parker와 밀워키의 독일 미국 아카데미German American Academy in Milwaukee 교장을 역임하고 신교육The New Education(1877)의 창립자이기도 한 빌리암 하일만William N. Hailmann은 이때 새로운 유치원 교육의 기초를 마련하게 된다. 하일만의 유치원 교육에 대한 새로운 구상은 "어린이들이 다양하고 조화로운 방식으로 교육받으며 성장해야 하고, 능동적, 자발적 성장을 장려해야 한다."는 프뢰벨의 생각을 기초로 했다.

하일만은 "어린이들에게 모든 분야의 지식, 능력과 관련해 쉽게 접근할 수 있는 환경을 제공해주어야 한다. 발견을 통해 행동하고 응용할 수 있는 능력을 키워주어야 한다. 이를 위한 자극은 항시 존재해야 한다."고 강조했다. 우드워드의 생각도 크게 다르지 않았다. 하일만과 유치원 교사들은 '러닝 바이 두잉'의 원칙을 도입하는 것 이외에도 '그림 그리기 수업'과 '수공예 수업'을 확대했다.

당시 존 듀이는 교육학 전공에 '어린이 심리학'과 관련된 과목을 추가하고자 했다. 또 하일만은 모든 학업 과정은 '어린이들'이 학교의 중심이라는 가정하에서 이루어져야 한다고 했다. 이는 1884년에 잡지《신교육The New Education》에 다음과 같은 기사로 소개되기도 했다.

—— 학교에서 이루어지는 모든 일들은 어린이들이 원하는 것이 무엇인가의 기준으로 결정되어야 한다. 물론 학습 내용은 어린이들의 요구와 희망 사항에 알맞게 조정되어야 한다.

이러한 분위기 속에서 1880년대 말에는 초등학교에도 '수공예 수업'을 도입해야 한다는 분위기가 무르익게 되었다. 이때 수공예 교육은 프뢰벨이 주장했던 '재능'과 '작업'보다 더 큰 의미를 가지고 있었다. 니콜러스 머리 버틀러는 "수공예는 '언어'와 '행동'이라는 중개자를 통해 '사고'하는 것을 표현하는 방식"이라고 했다.

수공예 수업에는 그림 그리기, 도자기 만들기, 나무 조각과 뜨개질, 실뽑기와 바구니 만들기가 포함되어 있었다. 초등학교에서 이루어지는 수공예 수업에서 우드워드가 주장했던 방식은 아쉽게도 거부되었고, 대신 새로운 방식이었던 '슬뢰이드Slöjd 방식'이 도입되었는데, 이는 스웨덴에서 개발된 어린이를 위한 수공예 수업 방식이었다.

슬뢰드는 오토 살로몬Otto Salomon이 스웨덴의 네에스Näas에서 어린이들을 가르치기 위해 개발한 것이다. 그리고 MIT의 화학 교수인 존 오드웨이John M. Ordway를 통해 1882년 미국에 처음으로 소개되었다.

1888년 보스턴에 슬뢰이드 수공예학교Slojd Manual Training School를 창립했던 구스타브 라르손Gustav Larsson은 미국에 스웨덴 시스템이 자리를 확고히 하는 데 큰 업적을 남긴 인물이다. 미국의 초등학교는 수공예 교육을 위해 슬뢰이드 방식을 적용하기 시작했고, 슬뢰이드 수업에서는 주로 나무, 종이, 천과 같은 재료가 사용되었다.

우드워드와 그의 동료들은 '정신적 교육 이론'으로의 전환을 주장했는데, 슬뢰이드는 그 전환기를 만드는 데 큰 역할을 한 것으로 보인다. 프뢰벨을 지지하던 스탠리 홀G. Stanley Hall, 얼 반스Earl Barnes, 제임스 볼드윈James M. Baldwin, 존 듀이 같은 교육학자들의 '어린이 심리학'은 당시 매우 중요한 교육학적 요소였다.

라르손은 수공예의 재료 선정을 매우 중시했다. 라르손은 "모든 어린이들에게는 자신의 생각을 표현하고 무엇인가를 손으로 조작하고자 하는 욕구, 즉 구성적인 행위에 대한 기본적인 욕구가 있다."고 보았다. 하지만 교사의 지시와 수업의 규정 그리고 전통적으로 이루어지는 추상적인 연습 과정은 어린이들의 이러한 구성적 욕구를 채워주지 못한다고 보았다. 그는 러시안 시스템이 보여주는 종합적 성격의 수업보다는 나무, 종이, 천 같은 재료로 물품을 만들

스웨덴 네에스 학교의 수공예 수업

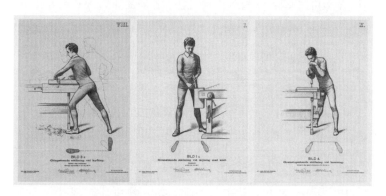

슬뢰이드는 수공예를 기반으로 한 교육 시스템을 말한다.
이 수업에서 학생들은 대패질을 할 때나 나무에 구멍을 뚫을 때 정확한 자세를 취해야 한다.

면서 접근하는 분석적인 수업을 하고자 했다. 이 수공예 교육에서 어린이들은 생활 속에서 자연스럽게 접할 수 있는 물건을 만들 수 있었다. 예를 들면 열쇠고리, 망치 손잡이, 옷걸이, 부엌에서 사용하는 요리 도구까지 다양했다. 수공예를 시작하기 이전에 어린이들은 항상 완성된 물건을 직접 볼 수 있었으며, 이는 동기유발에 큰 역할을 했다.

슬뢰이드 방식의 중요한 요소는 '어린이들의 흥미를 일깨우는 교사의 과제'이다. 슬뢰이드 방식은 어린이들에게 작업 단계를 이해할 수 있도록 설명하고, 이러한 작업 단계를 통해 어떤 결론에 이르게 되는지 보여준다. 그리고 이 작업이 어떤 목표를 가지고 있는지 알려준다. 슬뢰이드 방식은 프뢰벨 추종자들에게도 매우 환영받았다. 또한 어린이들의 상호유기체적 개발이 가능한 아이디어로서 각광받았다. 슬뢰이드 방식은 러시안 시스템보다 더 포괄적이고 확대된 형태로 발전이 가능했다. "어린이들은 단지 추상적인 무엇인가를 행하는 것을 배워서는 안 된다. 대신 실제로 존재하는 무엇인가를 만들 줄 아는 능력이 있어야 한다."고 라르손은 강조했다.

라르손의 교육 방식은 많은 초등학교 교사들에게 환영받았다. 또한 하버드 대학교의 실용주의학자이자 심리학자인 윌리엄 제임스William James는 라르손의 학습 방식이 '최고의 어린이 학습 방식'이라며 칭찬을 아끼지 않았다. 스텐리 홀은 이 방식을 '엄격함 속에 강해지며, 지성 속에서 단단해지는 방법'이라며 "슬뢰이드 모델은 러시안 시스템 못지않게 훌륭하다."고 말하기도 했다.

라르손은 보스턴에서 적용되는 슬뢰이드 방식을 다음과 같이 소개했다.

"마흔다섯 개의 도구로 서른한 개의 모델을 만들어낼 수 있도록 하는 것을 원칙으로 하고 있다. 72개의 연습 내용에는 열다섯 가지의 조립 방식이 존재한다."

하지만 몇몇 교사들은 슬뢰이드 방법이 몇 가지 중요한 사항을 간과하고 있다고 지적했다. 러시안 시스템의 경우에는 학생들이 자신의 행동 원인을 스스로 알아내고 자신만의 창조력을 수집할 수 있도록 기회를 주지만, 슬뢰이드 방식에서는 이러한 부분이 불충분했다. 샌프란시스코에서 발행되는《주립 사범학교 저널State Normal School》지의 월터 케니언Walter J. Kenyon은 다음과 같이 평가했다.

—— 슬뢰이드 방식은 어린이들이 학습 내용을 100퍼센트 흡수할 뿐 아니라, 최고 수준을 자랑하는 프로젝트 방식이라고 설명되고 있다. 그러나 한 가지 분명히 해야 할 것이 있다. 슬뢰이드는 프로젝트가 아니다. 슬뢰이드는 프로젝트 개념에서 아주 작은 부분에 지나지 않는다.

또 하일만, 파커, 듀이가 추구했던 '상상력', '영감', '창조력 계발'은 라르손의 수공예 학습에서는 실현되지 않았다. 이러한 비판의 목소리가 커지면서 초등학교 교육은 새로운 전환기를 맞게 된다. 뉴욕 컬럼비아 대학교Columbia University의 교육대학Teachers College 교수로 있던 찰스 리처즈Charles R. Richards는 슬뢰이드를 대체하는 모델을 제시하게 되고, 이는 프로젝트 수업과 수공예 수업을 지원하는 기본 모델로 완성된다.

8 찰스 리처즈의 통합 모델 : 수공예는 업그레이드가 필요하다

1865년 매사추세츠 록스베리에서 MIT 교수의 아들로 태어난 찰스 리처즈는 MIT에서 학업을 마치고 브루클린의 프랫 인스티튜트Pratt Institute에서 10년간 자연과학과 공학을 가르쳤다. 개혁 교육의 일인자였던 딘 제임스 얼 러셀Dean James Earl Russell의 눈에 띈 찰스 리처즈는 맨해튼에 있는 컬럼비아 대학교의 교육대학으로 초빙된다.

맨해튼의 교육대학은 1887년 그레이스 도지Grace H. Dodge와 니콜러스 머리 버틀러에 의해 창립되었으며, 당시만 해도 매우 작은 소규모의 교육기관이었다. 조직적으로나 경제적으로 완벽하게 독립된 교육기관이었으며, 간접적으로는 컬럼비아 대학교와 연관되어 있었다. 이 학교는 250년간 아이비리그 학교에 교육학과를 지원하는 역할을 하기도 했다.

당시 산업교육협회Industrial Education Association는 여성과 어린이들의 직업교육을 장려하기 위한 조직이었고, 교사들을 대상으로 수공예, 예술, 가정학을 교육하는 기관으로 자리 잡고 있었다. 그리고 호러스 맨 학교Horace Mann School와 함께 시범학교를 형성해 수공예, 프로젝트와 관련한 중요한 역할을 하게 된다.

러셀은 1894년에 라이프치히에서 요하네스 폴켈트Johannes Volkelt와 프리드리히 라첼Friedrich Ratzel에게서 박사학위를 받았으며, 1894년 교육대학 학장으로 선임되었다. 러셀은 53개의 교육대학을 미국 내에서뿐만 아니라 국제적인 교육학교로 만들고자 하는 포부를 가지고 있었다. 그리고 20년 후에 그의 계획은 실현된다. 러셀은 학습 내용을 확장하고 현대화하는 데 큰 역할을 했다. 러셀은 리처즈뿐만 아니라 에드워드 손다이크Edward L. Thorndike, 프랭크 맥머리Frank M. McMurry, 데이비드 스네든David S. Snedden, 존 듀이, 윌리엄 킬패트릭, 프레더릭 본서Frederick G. Bonser, 윌리엄 배글리William Bagley 등과 함께 프로젝트 교육학의 역사에 중요한 업적을 남긴 사람 중 한 명이다.

뉴욕 최초의 수공업 고등학교를 야심차게 설립했던 교육대학의 전임자였던 찰스 베넷과는 반대로 리처즈는 우드워드의 방식에 대해 시작부터 비판적인 입장을 보였다.

리처즈는 우드워드의 수공예 교육을 이렇게 지적했다.

"수공예 교육은 시기적으로 보면 더 이상 현재의 실정에 알맞지 않다. 이제 수공예 시절은 지나갔고 산업적 기계를 만드는 시기가 왔다. 수공예는 이제 낡은 전통이며, 이제 그리 중요하지 않은 분야로 전락했다. 지속적인 산업화 과정 속에서 생산의 개념은 달라졌다. 또한 '소비'라는 주제는 이전의 시기보다 훨씬 더 중요한 개념이 되었다. 제품을 형성하는 기술뿐만 아니라 제품의 예술적 감각도 더욱 중요해진 것이다.

'철학적으로 완벽한 삶'이 어린이들의 삶의 목표가 되어야 한다. 사회 규범의 환경 속에서 가능한 기본적인 활동과 이상을 이해할 수 있어야 한다."

러셀과 함께 리처즈는 우드워드의 수공예 기술교육에 업그레이드가 필요하다고 주장했다. 라르손의 슬뢰이드는 교육대학에서 상당한 인기를 얻었지만, '동기유발 요소'와 '교육적 내용' 부족으로 진전을 보지 못했다.

1900년, 리처즈는 수공예 능력 개발과 관련해 새로운 명칭이 필요하고 이에 따른 새로운 내용과 방식이 필요하다고 보았다. 이를 위해 세 가지의 견해를 제안했으며 이 모두를 실행하는 데 성공했다. 그 내용은 '수공예 훈련Manual Trainig'은 '산업 예술Industrial Art'로, '도구와 프로세스'는 '산업과 예술'로, '러시안 시스템'은 '자연스러운 교육'이라는 용어로 대체하는 것이었다. 여기서 '자연스러운 교육'이란 학생들이 학습과 자신의 삶에서 연관성을 찾을 수 있도록 하는 교육을 말한다. 이를 통해 자연스러운 방식으로 학생들의 동기유발이 가능하고 스스로의 독립성을 자극할 수 있다고 리처즈는 주장했다.

듀이는《윤리적 교육의 기본 원리Ethical Principles Underlying Education》(1897)와 《학교와 사회The School and Society》(1899)에서 '하고자 하는 욕구'와 '알고자 하는 욕구'를 학습의 시작점으로 보아야 한다고 했다. 그리고 어린이들의 객관적인 흥미와 사회적 경험을 수업 내용에 담아야 한다고 했다.

리처즈는 학생들 교육이 오직 미래에 직업을 얻기 위한 수단이 되어서는 안 된다는 입장이었다. 현재 상황에서 중요한 이슈들, 어린이들의 인성 계발을 위한 요소, 특히 개인성과 사회성을 계발할 수 있는 요소를 학교에서 제공할 의무가 있다고 보았다.

리처즈는 "학생들은 각자 자신들이 능력을 갖고 있으며, 또 이 능력을 스스로 가치 있다고 생각한다. 따라서 이를 기초로 수공예적 능력에 집중하는 것보다 인지 능력과 사회적 능력을 기르는 데 중점을 두어야 한다."고 말하면서 "진정한 학교의 과제란 '정신적 성장', '관습적 성장', '신체적 성장'을 돕고, 학생에게 '자기충족의 감정'과 '사회적 효율성의 역량을 강화'하는 '건강한 본능을 생산할 수 있는 기회'를 주는 것이다."라고 강조했다.

'사회적 효율성'이라는 개념은 하일만이 1884년에 잡지《신교육》에 발표한 자신의 글에서 사용한 바 있다. 그는 학생들이 스스로 흥미를 발견할 수 있게 도와줘야 하며, '인간의 삶 속에서 실용적으로 도달할 수 있는 영원성'을 가르쳐야 한다고 말했으며, 이기주의를 벗어난 '이타주의'를 강조했다.

듀이가 주장했던 것처럼 리처즈가 본 시급한 교육학적 목표는 '사회적 실효성의 훈련'이다. 학교와 사회에 퍼져 있는 이기심에 대응하고, 가치와 이상의 통용이 가능할 수 있어야 한다는 것이다. 리처즈는 무모한 경쟁, 자신의 이익을 위해 남을 이용하는 행위 대신 '공동 협력', '사회적 봉사'를 중요하다고 보았다. 지식의 교육이 아니라 '인성 교육', 기술적 능력의 교육이 아닌 '사회적 효율성'이 리처즈가 지향하는 '교육적 수공예 작업'의 목표였다.

듀이는 "학생들은 후에 사회에 진출했을 때를 준비해야 한다. 학교는 이를 위한 효율적인 준비 과정을 제공할 의무가 있다. 학교는 더욱더 실제적 삶과 관련된 연관성을 제공해야 한다."고 했다. "어린이들이 사회적 삶을 준비한다면 사회적 삶에 참여하는 기회도 제공해줘야 한다. 의심할 여지 없이 수공예 수업은 이러한 교육이 추구하는 목표를 위한 실질적인 기회를 제공할 수 있다."는 것이 듀이의 주장이었다.

프로젝트가 학생들에게 영감을 주고 사고와 행동에 영향을 주는 방식이라면, 수공예 수업은 학교에서 공동체를 경험할 수 있는 효율적이며 자연스러운 조건을 제공하는 방법이라고 할 수 있다. 리처즈는 라르손, 듀이와 마찬가지로 수공업 수업은 실질적인 완벽한 객체를 대상으로 해야 하며, 교사는 어린이가 느끼는 '삶의 흥미'를 주의 깊게 관찰해야 하는 과제를 갖는다고 보았다.

"학생들에게 실제 환경에서 쉽게 접할 수 있는 객체, 완벽한 객체를 시각적으로 확인할 수 있도록 해주어야 한다. 학생들이 각자의 생각을 기초로 논쟁을 할 수 있는 기회도 주어야 한다. 학생들은 전체적인 과업에 대해 이해하면 자신들이 배우는 지식과 능력에 대한 필수성도 이해하게 된다. 그리고 자신 스스로에게 동기를 부여할 수 있다. 이로써 프로젝트는 완벽해진다."고 리처즈는 말했다.

수공업 수업의 목표를 이렇게 정의한다면, 수공업 작업의 난이도 수준은 큰 의미가 없다. 프로젝트가 이루어지는 기간 동안 어린이들이 그 주제에 대한 실질적인 흥미를 갖느냐에 대한 점이 더 중요하기 때문이다. 그리고 어린이들의 동기와 활동은 매우 중요한 의미를 갖는다.

라르손을 비롯한 듀이와 프뢰벨의 생각과 가치를 따르는 교육학자들은 새로운 학과목인 '산업 예술'을 통해 그들의 교육적 이상을 이루고자 했다. 그리고 실용성과 더불어 미학에 대한 가치도 중시하게 된다.

존 러스킨John Ruskin과 윌리엄 모리스William Morris는 영국에서 창립된 '예술과 공예 운동Arts and Crafts Movement'을 매우 훌륭하다고 칭찬했다. 그리고 이들은 수공업을 예술로 바라보고, '실용성'과 더불어 '미적 가치'의 중요성을 인식하게 된다. 수공업을 단순히 기계적인 객체를 만드는 것으로 이해하고 '보기에 흉한' 물건을 만들거나 '영혼이 없는 작업'을 행하는 것으로 보는 것이 아니라, 예술적으로 구상하고 기능과 형태가 적절하게 조화된 '아름다운 객체'를 완성하는 것을 추구했다. 그래서 우드워드가 기술적 설계도 사용을 중시했다면 리처즈는 예술적 감각을 중시했다고 볼 수 있다. 한편 리처즈는 예술사와 산업 예술을 통합시킨 새로운 학업 과정을 마련한 사람이기도 하다.

요한 프리드리히 헤르바르트Johann Friedrich Herbart의 교육사상은 찰스 드가모Charles DeGarmo와 그의 형제들 그리고 프랭크 맥머리로부터 도입되었고 1890년대에 매우 중요한 토론 주제가 되었다.

리처즈는 '인간의 문화적/산업적 업적', '역사적/지리학적/문학적 포괄성'을 수공예 수업의 기초로 보았다. 이는 듀이가 같은 시기에 시카고에서 개발한 '능동적 사회 활동'이라는 교육 방식과 약간 일치하는 부분이 있다. 하지만 두 사람이 보는 관점은 동일하지 않았다. 듀이가 '활동' 또는 '작업'에 중점을 두는 것에 대해 리처즈는 동의하지 않았다. 리처즈에게는 '생산품을 만들어내는 것'이 '프로젝트의 목표'였기 때문이다.

리처즈는 수공업적/예술적 기능과 사회적/역사적 완성도를 기본 지식인 읽기, 쓰기, 수학처럼 중요하다고 보지는 않았다. 다문화적 접근과 집중도의 문제는 크게 중시하지 않았고, 전통적인 과목에 대해서는 기본적으로 존중하는 입장을 취했다.

리처즈가 직접 참여했던 교육대학 호러스 맨 학교의 산업 예술 과목 학습 내용은 다음과 같았다.

──── 옛날에 살던 원시인의 물질적인, 사회적인 관계를 관찰하고 현재 산업사회의 삶과 작업 환경에 대해 다루었다. 프로젝트에서는 로빈슨 크루소Robinson Crusoe, 아서 왕King Arthur 또는 에스키모나 바이킹, 식민지 주민을 주제로 다루고, 그 당시의 인간의 삶에 대해 생각하는 기회를 갖도록 해주거나 현대사회에서의 '운반 방식', '인쇄 예술', '통신'과 관련한 특정한 대상을 직접 만드는 과업을 주기도 했다.

리처즈의 프로젝트 중에 '인디언 프로젝트'가 있었다. 2학년의 어린이들은 헨리 워즈워스 롱펠로Henry Wadsworth Longfellow의 시 〈히아와타Hiawatha〉를 읊었다. 그리고 그들은 센트럴파크의 자연역사박물관Museum of Natural History을 방문해 당시의 관습과 의례에 대해서 이야기를 나누었다. 어린이들은 인디언 옷을 직접 만들기도 했으며, 도자기를 굽고 화살과 활을 직접 칼로 깎아 만들었다. 어린이들은 직접 만든 이 물건으로 전쟁놀이를 하고, 당시의 요리 기구를 이용해 음식을 만들기도 했다. 또는 당시의 담뱃대로 담배를 피우

인디언 마을의 모델

호러스 맨 학교의 인디언 학교

는 흉내도 내보았다. 이렇게 학생들은 인디언의 삶을 직접 경험할 수 있었다.

이 예를 통해서 리처즈의 프로젝트 방식이 우드워드를 능가한 다는 것을 증명해주는 두 가지 요소를 찾아볼 수 있다. 한 가지는 선생님과 소풍을 가고, 탐색을 하면서 경험을 넓히고, 학생들이 이미 알고 있던 특정 지식에 자극을 줄 수 있었다. 두 번째로는 자신이 이전에 배운 지식을 실현하면서, 새로운 추가적인 능력과 지식을 얻게 되었다. 학업 과정과 연습은 프로젝트의 통합된 부분을 완성해주었다.

우드워드의 프로젝트에서는 프로젝트를 시작 이전에 사전 지식을 준비하는 과정이 분리되어 있었으나, 리처즈의 경우에는 사전 지식의 준비 과정이 프로젝트에 포함되어 있었다.

이러한 예는 라르손과 듀이에서도 찾아볼 수 있는데, 라르손과 듀이의 프로젝트에도 사전 지식 학습이 프로젝트 자체의 학업 과정에 포함되어 있었다.

인디언 프로젝트처럼 커다란 프로젝트는 매우 특별한 프로젝트에 해당했다. 대부분의 프로젝트는 소규모로 실행되었다. '삶과 (집) 짓기Life and Build'라는 제목으로 모래 상자에 요새, 농장, 집을 만들고, 주변 환경은 자연 그대로 흉내 내어 만들기도 했다. 이러한 작업을 위해 그룹을 이루어 작업하는 것은 매우 중요했다. 학생들은 그리스 성전을 만들기도 했다. 점토를 이용하여 기둥을 만들고, 성당을 만들고, 성당 첨탑을 만들고 기반을 만들고 벽을 만들고 지붕을 만들었다. 학생들이 만든 모델 중 가장 우수한 모델을 선정한 뒤 학기말에는 이런 모델들이 전시회를 통해 소개되었다.

우드워드 이후 20년이 지난 뒤 리처즈는 산업 예술과 관련한 새로운 학습 모델을 개발하게 되었다. 우드워드의 수공예 수업 방식과 비교한다면 세 가지 차이점을 발견할 수 있다.

1. 어린이의 심리학을 이해하는 교육이 어린이를 정신적으로 훈육하는 데 집중하는 교육보다 훨씬 중요하다.
2. 전문적 이론은 최초에 제시되지 않고 마지막에 제시된다.
3. 학생들은 부분적 관점을 분석하기 이전에 전체적인 과제를 이해해야 한다.

이와 같이 리처즈가 제시한 과정은 종합적이기보다는 분석적이라고 볼 수 있다. 학생들이 필요성을 지각하는 과정을 통해 '학업 과정과 연습'이 프로젝트를 통해 성장한다. '구성 이전의 학습'이 아닌 '구성을 통한 학습'이라고 이해하는 것이 맞다.

9 학생은 자발적으로 참여하고
교사는 적극적으로 개입한다

리처즈는 학업 과정과 연습 과정이 포함된 수업에서 중심 요소에 프로젝트와 자율학습을 포함시켰다. 이로써 학생들의 결정과 행동의 범위가 크게 확대되었다. 학생들은 단순히 실질적인 객체를 모방하는 것이 아니었다. 학생들은 어떤 학업 과정의 결과물을 만들어낼지 결정해야 한다. 그들은 아이디어와 상상력을 지속적으로 개발해야 했다.

'자기표현selfexpression'이라는 말은 수전 블로Susan E. Blow가 처음 언급한 개념이다. 블로는 1890년 미국에서 최초의 공립 유치원을 창립한 사람이자 세인트루이스에서는 윌리엄 해리스의 동료이기도 했다. 그는 〈유치원에 대한 몇 가지 견해Some Aspects of the Kindergarten〉라는 글에서 프뢰벨의 교육학을 언급하고, 어린이의 재능과 행동의 자발성은 자아개발, 자아표현을 위한 매우 중요한 요소임을 강조했다.

그는 《의지와 관련된 흥미Interest as Related to Will》라는 에세이에서 "자발성과 자아표현을 위한 가능성은 동기를 유발하고, 이러한 동기유발은 어린이들이 행동에 박차를 가할 수 있도록 해준다. 그리고 이를 통해 어린이들은 자신들의 목표에 도달하기 위해 자발적인 노력을 하게 된다."고 했다.

함께 만든 그리스의 성전

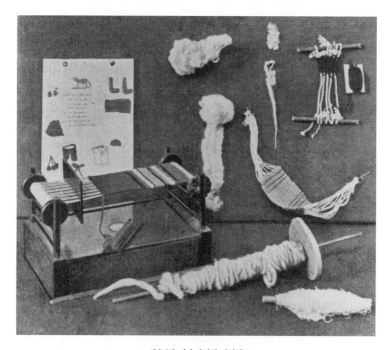

섬유 '양모'와 관련한 전시회

리처즈는 "프로젝트가 보여주는 가장 교육학적 결과는 '간단함(단순함) 속'에서 어린이들이 '자신들의 결과물'을 통해 '스스로 표현을 할 수 있는 기회'를 갖는 것"이라고 말했다.

그는 어린이들에게 최상의 동기유발 기회를 주기 위해서 교사가 학생들에게 선택권을 부여해야 하며, 프로젝트의 계획과 실현을 스스로 원할 수 있도록 어린이들을 유도해야 한다고 했다.

"교사가 계획한 프로젝트의 실행은 그 나름대로 의미가 있을 수 있다. 하지만 학생들이 스스로 생각해내고 계획한 프로젝트의 실행은 더더욱 큰 의미가 있다. 이로써 학생들의 감정과 생각, 행동이 자연스럽게 실현될 수 있다. 이러한 과정을 통해 학생들은 자신들의 성과에 대해 성취감을 가질 수 있는 기회를 얻는다."

리처즈는 학생들이 수업에 적극적으로 참여할 때 큰 기쁨과 만족감을 얻을 수 있다고 보았다. 이러한 조건이 갖추어진다면 행동성과 자발성뿐만 아니라 도덕성, 자신감, 인내성도 계발이 가능하다. 이러한 역량들은 학생들이 목표를 실현하고자 할 때 필수적인 '극복의 의지'도 키워줄 수 있다.

리처즈는 학생들이 본능적으로 책임감을 가지고 있다고 가정하지 않았다. 그래서 학생들이 모든 사항을 결정하고 조직하고 실현할 수는 없다고 보았다. 이러한 이유로 학생들은 그들을 보호하고 용기를 주며 지원과 칭찬을 아끼지 않는 어른이 필요한 것이다. 리처즈는 '자아표현'이라는 말을 사용했지만, '자기결정력'과 '자기실현'의 개념은 사용하지 않았다.

자아표현은 교사가 과제를 제시하는 동시에 학생들이 과제를 이해하고 흥미를 갖도록 유도함으로써 실현될 수 있다. 그래서 교사는 학생들에게 내용을 전달할 때 이해가 쉽도록 표현하고 설명하는 것이 중요하다. 이 때문에 주제로서 삶과 멀리 떨어진 주제보다 밀접한 주제를 찾는 것이 좋다. 지나치게 단순한 것도 배제해야 한다. 리처즈는 우드워드처럼 교사나 학업 계획과 가르침으로만 이루어진 프로젝트 작업은 효율적이지 않다고 보았다.

'자아표현'이라는 요소를 수공업 과목에 적용할 경우, 학생들이 자신이 원하는 대로 무엇이든 마음대로 만들어도 된다는 것은 절대 아니다. 교사의 지도와 자극은 필수이다. 학생들이 프로젝트 계획과 모든 과정을 스스로 이끌어나가도록 해서는 안 된다. 학생들에게 모든 것을 맡기게 될 경우에는 결과가 불충분할 수 있다. 교사는 학생들의 계획과 변경을 체계적으로 도와주고 목표를 향해 나아갈 수 있도록 이끌어야 한다.

학생들은 학습 계획의 범위 내에서 자신들의 의지를 학교 수업에 어느 정도 반영할 수 있고 또 조정할 수 있다. 학생들 스스로 생각을 반영할 수 있게 하면 그들이 지닌 내재적 목표에 도달할 수 있도록 적절한 자극을 부여할 수 있다. 분명한 것은 학생 각각의 생각과 의지가 학습 목표를 이루는 데 매우 중요한 요소라는 것이다.

리처즈는 교사의 역할과 학생의 역할 간 균형을 매우 강조했다.

하지만 이는 통합 프로젝트에서 매우 어려운 과제에 속한다. 우드워드는 교사의 역할을 다음과 같이 표현했다.

"교사는 학업 과정을 지시하는 '지시자', 프로젝트 안에서는 '관찰자'이며, '조언자'의 역할을 맡고 있다."

리처즈는 교사의 역할을 정의하는 데 매우 신중한 자세를 보였다. 그는 교사들이 교사로서의 권위를 포기하지 않고 자신의 역할을 수행할 것을 권장했으며 학생들이 공감할 수 있는 수업, 기억에 남는 감동 있는 수업을 진행할 수 있도록 교사들을 독려했다. 또 학생들이 자발적으로 수업과 연습 강의에 적극적으로 참여할 수 있도록 하는 것이 곧 교사의 역할이며, 학생들이 완성도에 이르지 못해 실패하는 일이 없도록 이끌어주는 일 또한 교사의 중요한 과업이라고 거듭 강조했다.

리처즈의 방식은 당시 미국 역사학자들 사이에서 그다지 주목받지 못했다. 아주 드물지만 소수의 독일 역사학자들만이 관심을 가졌을 뿐이다. 후에 쿠퍼 유니온Cooper Union과 미국 박물관협회 American Museum Association의 회장은 리처즈를 프로젝트 역사에서 매우 중요한 역할을 한 인물로 언급했다.

리처즈는 프로젝트 작업과 기술 수업이 지나치게 밀접한 연관성을 가지고 있는 것을 긍정적으로 바라보지 않았다. 그는 이 둘의 밀접한 연관성을 느슨하게 하고자 했으며, 이런 기본 입장을 토대로 자신의 기본적인 프로젝트 모델을 만들었다. 리처즈는 우드워드의 프로젝트 구상에 의존하지 않았다. 그의 모델은 통합적이었으며, 우드워드 모델보다 덜 엄격했다.

리처즈에 따르면 저학년 학생들에게는 강의와 구성 활동을 밀접하게 연결시키는 것이 학습에 유리하다. 이러한 방법은 어린이들의 동기유발에 유리하고, 학습의 주요 내용을 전달하는 데 매우 효과적이었다. 그가 보기에 고학년에게는 강의와 구성 활동을 따로 분리하는 것이 유리하며, 대형 프로젝트에서는 학생들에게 자발적으로 실행할 수 있는 기회를 주는 것이 좋았다. 이처럼 프로젝트에 대한 리처즈의 모델과 우드워드의 생각은 약간의 차이를 보인다.

10 직업교육의 박차 : 작업의 효율적인 분배가 발전을 가져온다

리처즈가 활발하게 자신만의 프로젝트 모델을 구현하고 있던 당시, 미국에서는 대학, 중고등학교, 유치원까지 다양한 혁신이 이루어지고 있었다. 초등학교 역시 미국의 산업과 경제의 요구 사항에 걸음을 맞춰나가야 할 수밖에 없는 상황에 처하게 되었다. 당시 미국의 산업과 경제는 어느 정도 활기를 띠고 있었다. 하지만 미래는 밝지 않았다. 유럽에서 밀려오는 이민자들의 숫자가 감소했고,

이로써 산업의 중추적 역할을 했던 전문가들의 부족 현상이 매우 심각했기 때문이다.

미국의 입장에서 독일은 배울 것이 매우 많은 나라였다. 1905년의 전미 제조업협회National Association of Manufacturers 보고서에는 "미국은 독일의 직업학교와 기술학교가 세계의 많은 국가들과 비교해 매우 훌륭했다고 보았지만, 한편으로 미국에게는 두려움의 대상이기도 했다."라고 적혀 있다. "다른 국가와의 경쟁력을 키우기 위해 우리는 독일의 교육 시스템을 수용해야 한다."는 생각은 미국 전역에 넓게 퍼져나갔다. 매사추세츠도 예외가 아니었다.

1906년, 보스턴의 의회에서는 산업, 기술교육의 문제를 검토하기 위해 위원회를 소집하게 된다. 주지사 더글러스Douglas가 소집한 위원회에서는 수공예 기술교육이 충분히 제공되지 않는 직업교육은 현재의 심각한 상황에 대한 해결 방법이 아니라고 보았다. 이와 관련해 우드워드와 그와 생각을 같이하는 교육학자들은 미국 내에 1,000개의 수공업학교를 설립해 이 문제를 해결하자고 제안했다. 위원회는 보고서에 다음과 같이 적었다.

—— 현재의 수공업 교육은 학생들의 미래에 대한 목표와 전혀 관련성이 없다. 기존의 다른 학과목처럼 실제 삶과 거리가 있다. 14~15세 학생들이 학교를 졸업하지 않고 쉽게 학교를 떠나는 것은 경제적인 문제 때문만이 아니다. 그들이 받는 교육이 실제의 삶

과 크게 관련성이 없는 직업교육에 치우쳐 있기 때문이다. 추가적인 도제 훈련조차 받을 수 없다는 현실은 심각한 문제이다.

매사추세츠 위원회의 잠정적 통계로는 25,000명의 청소년들이 직업교육 학교에서 졸업조차 하지 못했다. 그들은 더 나은 수준의 직업을 얻을지도 모른다는 희망조차 없는 곳에서 일하고 있다. 위원회는 청소년들이 고등학교 교육을 선택할 수 있도록 하기 위해 새로운 비전을 제시해야 한다고 촉구했다. 일반 학교와는 확연히 다른 직업교육의 기회를 제공하고, 독일에서 실행되는 직업교육 방식을 적용하는 것이 하나의 해결 방법이었다.

이 제안은 찰스 리처즈와 게오르크 케르셴슈타이너Georg Kerschensteiner가 고문으로 있는 미국 산업교육장려회National Society for the Promotion of Industrial Education의 적극적인 지지를 받았지만, 동시에 커다란 저항에도 맞서야 했다. 바로 존 듀이와 제인 애덤스Jane Addams가 이에 절대적인 반대 입장을 가지고 있었기 때문이다. 더욱이 이 두 학자의 주장은 함부로 무시할 수 없는 것이었다.

시카고 출신의 제인 애덤스는 노벨평화상을 받은 사회혁명가이며 여성운동가이자 평화주의자였다. 애덤스는 직업학교의 도입은 호러스 맨이 완성한 보편적 국민교육의 형태인 일반 학교Common School에 대한 직접적인 공격이라고 말했다. 애덤스는 일반 학교가 국민의 기본권인 교육의 기본권을 보장해주는 보편적 교육의 장이라고 보았다.

애덤스는 "학교는 민주주의의 기초가 되는 공간이다. 어린이들이 학교에 모여 하나의 공동체를 이루고, 이곳에서 소통과 이해가 가능하다. 어린이들은 미국이라는 국가가 원하는 '이상'이 무엇인지 이곳에서 배운다. 학교라는 공간은 서로가 하나라는 것을 알게 되는 곳이고, 사회적 지위가 다른 사람들, 가난한 사람이나 외국인이 느끼는 고립된 감정을 극복할 수 있는 곳이다."라고 했다.

애덤스는 직업학교와 일반 고등학교는 분리되어야 한다고 보았다. 직업학교를 고등학교와 통합시킨다면 넓은 범위에서 볼 때 필수적인 보편적 교육을 받는 시간이 상대적으로 줄어들기 때문이다. 당시 교육학자들 사이에서는 "어린이들은 눈과 손을 통해 배우기 시작하고, 학습은 뇌로 확장되며, 이로써 행하게 된다."라는 말이 한창 유행하고 있었다. 애덤스는 어린이들에게 인위적이지 않은 활동의 기회와 장소가 제공되어야 한다고 보았다. 물론 '어린이들이 손과 눈을 사용하여 학습하는 것'은 국가의 과제라는 부분에는 동의했다. 어린이가 기계를 이해하고, 기계를 지배하는 것을 배우는 것은 장려할 일이지만, 어린이들이 단순히 직업 세계에서만 필요로 하는 인력으로 키워져서는 절대 안 된다는 것이 그의 주장이었다.

그에 따르면 교육은 사회적 관계에 대한 직관을 가질 수 있도록 배움을 제공해야 하며, 작업 과정에서도 이러한 인식을 가지고 참여할 수 있도록 해주어야 한다. 그리고 학생들은 자신이 좋아하는 흥미와 관심이 무엇인지 알고 있어야 한다. 상황에 따라서 직업 세계에서 갈등이 발생할 경우도 이에 저항하는 능력이 있어야 하며, 이러한 능력도 학교에서 길러줘야 한다고 그는 보았다. 듀이와 애덤스는 '산업적 지식'과 '사회적 인식'도 노동의 '인간화'와 '민주주의화'의 전제를 통해 가능하다고 했다.

직업교육을 필수라고 보았던 교육학자들은 애덤스의 고민을 대수롭지 않게 여겼다. 교육학 교수이자 1909년에서 1916년까지 매사추세츠의 교육위원으로 활동했던 데이비드 스네든은 자신들이 계획하고 있었던 고등학교 저학년 학생에 대한 '직업교육'에 반대하는 교육학자들에 대해 이렇게 말했다.

"그들은 지나치게 낭만적이고 비실용적이다. 그리고 진보와 발전에 대해 잘못된 편견을 가지고 있다."

스네든은 '발전'은 작업의 효율적인 분배의 결과이지 노동운동의 결과가 아니라고 했으며, 노동의 차별화와 특성화만이 부를 가져올 것이라고 주장했다.

"직업교육을 반대하는 사람들은 민주화가 무엇인지에 잘 모르고 있다. 미국은 민주공화국이다. 그래서 이 국가는 각각의 국민에게 개인적 기능, 사회적 기능에 알맞은 기회를 부여하고 있는 것이다. 애덤스와 그의 동료들이 주장하는 통합적, 보편적 학교는 실용적 재능을 가진 청년들과 이론적 재능을 가진 학생들의 흥미가 서로 완전히 다르다는 것을 간과하고 있다. 흥미와 관심이 다른 학생들에게 각각에 알맞은 교육 환경을 제공해야 하는 것이 옳다."

이러한 이유로 스네든은 학교 시스템을 확충해 이미 존재하는 고등학교에 추가로 '직업사관학교'를 만드는 것을 제안했다. 스네든은 "이 학교들은 기존 학교의 형식을 그대로 모방해서는 안 된다. 효과적인 직업학교를 만들기 위해 새로운 학교 수업 내용에 대한 연구가 필요하며, 교육학적인 규정과 규율을 완성해야 한다. 물론 실습 중심 수업은 이론적 연구와 밀접하게 연관시켜야 한다."고 했다. 이는 듀이의 생각과 매우 유사했다. 이때 이론과 실습을 서로 연관시키는 가장 좋은 방법은 '프로젝트'였다. 참고로 스네든은 1907년에 교육대학에서 리처즈의 동료이기도 했으며, 리처즈를 입이 마르도록 칭찬한 사람이기도 하다.

II 루퍼스 스팀슨의 홈 프로젝트 : 개성을 부여한 농업교육의 혁신

매사추세츠의 농업교육에서 프로젝트가 가장 중요한 수업 요소로 정착하게 된 것은 스네든이 아닌 루퍼스 스팀슨Rufus W. Stimson의 피나는 노력의 결과였다. 스팀슨은 1868년 매사추세츠의 파머

Palmer에서 한 농부의 아들로 태어났다. 하버드 대학교에서 철학, 예일 대학교에서 신학을 공부한 후 스터스Storrs의 코네티컷 농업학교 Connecticut Agriculture College(현재 코네티컷 대학교University of Connecticut)에서 영어, 윤리학, 수사학 교수를 역임하고 학교장으로 임명되었다. 그 후 노샘프턴Northampton의 스미스 농업학교Smith's Agricultural School의 교장으로 일하던 중 직업학교 모델을 구상하게 된다. 그의 직업학교 모델은 스네든을 감동시켰고, 1911년 그가 매사추세츠 교육부 감독관으로 임명되는 데 결정적인 계기를 제공했다.

스팀슨은 당시 미국 농업교육의 수준에 대해 당시 교육학자와 정치인들에게 큰 우려를 표했다. 스팀슨은 미국 농업부의 앨프레드 트루Alfred C. True에게 "우리 국가의 최고 주요 산업인 농업을 더 이상 무시하고 방관할 수 없다."고 건의했다. 그는 "고등학교로는 충분하지 않다. 미국 전국에 있는 5백만 가구의 농가에서 태어나 자라고 있는 어린이들에게 농업 전문교육을 제공할 수 있어야 한다."며, 이를 근거로 농업 직업학교를 유치하는 데 열정을 보였다.

하지만 안타깝게도 농업 종사자들은 그의 노력에 매우 회의적인 반응을 보였다. 농가를 운영하는 농부의 입장에서는 자신의 아이들이 마구간이나 들판에서 부모의 일을 거들어주기를 원했다. 학교에서 전문적인 교육을 받는 것은 전혀 원하지 않았다. 농부들은 자신들의 전통적인 농업 이론과 지식을 신뢰했으며, 전문학교에서 배운 사람이 농가에서 일을 더 잘할 것이라고 절대 믿지 않았다.

"과연 이득이 있을까?"라는 질문에 스팀슨은 아주 명백한 답변을 내놓았다.

"농업학교의 과제는 실질적인 농업 작업을 위한 교육이다. 젊은 이들은 농가를 마치 하나의 기업처럼 생각하고, 이에 대해 책임감을 가지고 운영할 필요가 있다. 농업학교를 통해 왜 농업인 전문교육이 필요한지 명백한 답변을 제공하도록 하겠다. 이론적 성과가 아닌 경영학적 성과는 농가의 운영에 상당한 도움을 줄 것이다."

스팀슨은 열네 살에서 스물다섯 살까지의 청소년과 젊은이들에게 "책을 읽으며 공부하는 것을 좋아하지 않는다면 실용적인 직업을 배우도록 하라. 직업을 배우면서 수백 달러의 수익을 얻을 수 있다."고 홍보했다. 그가 강조했던 것은 그동안 진보 교육학자들이 주장했던 '행함을 통해 배우기, 즉 러닝 바이 두잉' 그 이상의 의미로 곧 '돈을 벌면서 공부한다'는 것이었다. 이로써 스팀슨은 많은 청소년들과 농장주, 정치인들을 설득할 수 있었다.

당시 코네티컷 농업대학에서는 학생들이 직업에 전혀 필요하지 않은 내용들을 배우고 있었다. 학생들은 학업을 지루해했으며 흥미를 잃었다. 이런 방식으로 소중한 시간과 비용이 낭비되고 있었다.

스팀슨은 코네티컷 농업대학의 총장으로 돌아와 스미스 농업학교의 창립자로서 새로운 시도를 시작했다. 매사추세츠 최초의 현대적인 직업학교를 구현하기 위해 스팀슨은 케르센슈타이너가 만들고 리처즈, 스네든 그리고 국립 산업교육 장려재단National Society for the Promotion of Industrial Education이 추진하는 교육 시스템으로서 독일의 파트타임 학교를 변형한 교육 모델을 만드는 데 성공했다.

스팀슨은 이 모델을 '홈 프로젝트 계획Home-Project Plan'이라고 칭하고 학교, 학생 그리고 부모 사이의 계약 관계를 성립시켰다. 계약 내용에는 "학생은 수업과 프로젝트 학업, 프로젝트 작업에 최선을 다해 졸업하는 것을 목표로 할 것", 그리고 부모에게는 "자녀들에게 시간과 농장, 도구와 재료를 제공할 것"이라는 의무를 주었다. 부모는 자식의 프로젝트 작업이 집에서도 가능할 수 있도록 지원했다. 교사, 학생, 부모, 농장 경영인(학생의 부모가 농장을 소유하지 않을 경우)은 협력 프로젝트의 중요한 구성 요소가 되었다.

"홈 프로젝트는 학생과 학교가 기획하고, 학생이 농가 기업의 운영에 참여하는 형태이다. 즉, 학생의 부모가 농장을 소유하고 있으면 부모의 지원을 받게 되며, 부모가 농장 소유주가 아닌 경우에는 그 학생을 고용하는 농장 소유주가 지원하는 형태이다. 도움이 필요할 시에는 교사의 도움을 받는다."

스팀슨이 당시에 본 가장 큰 문제는 학교에서 진행되는 교육이 실제 상황과 너무 거리가 멀다는 것이었는데, 프로젝트는 바로 이러한 문제들을 해결할 수 있는 방법이었다.

스팀슨의 농업학교는 교과서에 담긴 추상적인 과학을 배우는 곳이 아니었다. 학생들은 실질적인 과업을 스스로 해낼 수 있어야만 했다. 스팀슨은 이를 위해 토머스 헨리 헉슬리Thomas Henry Huxley

의 이론에 따라 상식을 습득하고, 실존하는 문제를 과학적으로 다루도록 했다. 실험적인 방식을 통해 문제를 해결하며, 학습이 가능할 수 있도록 했다. 이러한 학습을 통해 학생들은 개인적인 문제뿐만 아니라 농장의 경영과 관련된 문제도 성공적으로 해결할 수 있는 능력을 획득할 수 있었다.

스팀슨에게 가장 핵심적인 주제는 '젊은이들의 삶과 노력'이었다. "소가 병을 앓고, 재배하는 밀이 시들었다고 해서 고심에 빠져서는 안 된다. 대신 소를 건강하게 키울 수 있는 방법을 배우고, 밀을 잘 재배하는 방법을 배워야 한다. 그리고 이를 수익성 있게 시장에 가져다 팔 수 있는 방법을 고민해야 한다."고 스팀슨은 말했다.

그는 '실제의 현상에 집중하는 학습'을 최고의 방식이라고 보았다. 루소의 경우도 어린이들이 옳고 그름에 대한 행동을 결정할 때 '스스로 느낄 수 있다'고 했다. 케르셴슈타이너가 주장했듯이 가장 유익한 학습 방법은 학생 자신이 흥미를 느끼며 작업에 참여하는 것이었다.

스팀슨은 학생들이 더욱 직업교육에 관심을 가지고 참여할 수 있도록 하는 방법은 '경제적 이익에 대한 인식'이라고 생각했다. 경제적 이익은 청년들의 생각과 감정을 쉽게 지배할 수 있는 요소였다. 경제적 이익을 기초로 하는 성공에 대한 동기는 지배적이고 도전적이다. 그리고 저항하기 어렵다.

홈 프로젝트는 4년 동안 진행되었다. 농장에서 이루어지는 프로젝트가 50퍼센트를 차지했고, 30퍼센트는 학교에서 이론적인 준비를 하는 데 소요됐다. 총 40주에 해당하는 프로젝트였다. 나머지 20퍼센트는 일반교육, 정치교육, 그 외 영어, 수학, 역사, 사회 과목으로 채워졌다. 프로젝트 주제는 학생들이 학기마다 스스로 선택하고 결정할 수 있었다. 학생들은 프로젝트를 위한 농업 생산을 위해 이에 대한 가정 사항과 진행 상황을 구체적으로 계획한다. 예를 들어 조류로 거위, 오리, 칠면조 그리고 채소로는 감자, 당근, 양파 중에서 재배를 선택할 수 있다. 학생들은 작업의 시간과 재료의 사용량, 수입과 지출은 정확하게 작성해야 할 의무가 있었다. 교사는 추가적 주제로서 교환 문서 작성, 회계, 작업 방법 등을 가르쳤다.

학생들이 원한 것은 단순히 농부가 되는 것이 아니었다. 그들의 목표는 농장 경영자가 되는 것이었다. 또한 농장주인 부모님을 정기적으로 방문하여 학교에서 배운 내용을 전하고 알려주거나 일을 도와드리는 것이 그들의 과제였다. 물론 스팀슨의 프로젝트는 모든 사람들의 기대를 완벽하게 채워주지 못했고 학생들에게서 충분한 만족을 얻어내지는 못했다.

《직업교육Vocational Education》을 쓴 윌리엄 보든William T. Bawden은 홈 프로젝트를 통한 농업교육과 관련해 이렇게 적었다.

——— 농업교육에 참여하는 대부분은 남자 청소년들이며, 이들은 학교를 다니던 도중에 다른 흥밋거리를 발견하고 바로 학교를 떠

났다. 자신들이 공부하는 농업이 얼마나 힘들고 고된 직업인지를 알아챘기 때문이다.

스팀슨의 구상은 그와 뜻을 같이했던 교육학자들의 관심과 강력한 지원으로 '홈 프로젝트 계획'을 기초로 한 '매사추세츠 직업법(1911년)'의 기초가 되었다. 이 규정은 위스콘신, 인디애나, 뉴욕 그리고 펜실베이니아주에서도 의무화될 정도로 확산되었다. 1917년 워싱턴회의에서 국가 직업교육법Vocational Education Act으로서 '농업, 무역 및 산업 및 가정'에서 직업교육을 장려하고 연방 기금을 제공하기 위해 만들어졌던 스미스 휴스법Smith-Hughes Act과 작별을 고하게 되었고, 14세 이상의 청소년들을 위한 직업교육과 관련하여 연방 전체가 승인하면서 미국의 모든 연방에서는 케르셴슈타이너의 직업 모델과 스팀슨의 프로젝트 방식을 도입하게 된다.

학교 이외에서도 그의 아이디어는 상당한 인기를 얻었다. '농촌의 삶Country Life'이라는 운동을 계기로 생겨난 클럽으로서, 실업자 청소년과 불행한 환경에서 자라나고 있는 청소년을 돕기 위해 만들어진 독립적인 조직인 '4-H 클럽'이 생겨나기도 했다. 지금도 이들 클럽에는 6백만 명의 회원이 활동하고 있다. 이와 같은 클럽에는 청년과 소녀들이 농업 프로젝트를 진행하고 있으며, 동시에 전시회나 대회도 주관한다. 그들이 주관하는 행사에서 청소년들은 가장 큰 닭, 가장 큰 호박, 가장 큰 옥수수 또는 자신들이 직접 키운 동

루퍼스 스팀슨, 1868~1947

'홈 프로젝트'에서 자신이 직접 재배한 호박을 소개하는 학생

물이나 밭에서 재배한 특별한 농작물을 소개할 수 있었다.

스팀슨은 프로젝트 방식에 추가적인 내용은 제안하지 않았지만 새로운 시각을 제공했다. 바로 '개성의 부여'였다. 그는 프로젝트 방식의 장점을 교사들이 각각의 학생들에게 맞는 특별한 요구 사항과 능력을 보조할 수 있는 것이라고 들었다. 이로써 동시에 학습 관리가 용이하고, 수업을 효율적이고 전진적으로 구성할 수 있다고 보았다.

스팀슨의 아이디어 중 매우 기발했던 아이디어는 학생들에게 프로젝트 계약서에 서명하도록 하는 방법이었다. 이러한 방식을 통해 학생들이 스스로 책임을 지는 마음가짐을 갖도록 할 수 있었다. 돌턴 플랜Dalton Plan은 헬렌 파크허스트Helen Parkhurst가 1917년 매사추세츠 돌턴에서 최초로 시도한 신교육 방식이었는데, 스팀슨의 홈 프로젝트 형식은 이 돌턴 플랜에도 적용되었다. 또한 농가를 운영하는 부모들은 홈 프로젝트를 통해 더 높은 수익을 내자 자녀의 농업학교와 농업교육에 더 많은 관심을 갖게 되었다.

스팀슨은 때때로 언론인들을 매사추세츠에 초청하여 학생들의 결과물을 직접 소개하기도 했다. 그가 '미국 정부 교육부US-Bureau of Education'에 뉴스 기사로 올린 글은 수만 장으로 인쇄되어 미국 전 지역에 배포되었다. 기술 수공예 교육, 농업교육 이외의 분야에서도 프로젝트 수업은 많은 교육학자들에게 잔잔한 감동을 주었다. 근대 학자들도 당시의 농업 프로젝트를 '프로젝트의 표준'으로 보았으며, 진보 교육의 가장 큰 업적이라고 칭했다.

12 자연과학의 기초를 닦다 : 기초과학의 도입

미국의 경제발전과 성장은 교과목 간, 학과 간의 경쟁도 심화시켰다. 1900년에서 1910년 사이에는 학교의 교과목에도 큰 변동이 생겼다. 라틴어는 여전히 중요한 과목으로 그 자리를 지켰지만 그리스어는 사라졌다. 대신 프랑스어와 독일어가 새롭게 추가되었다. 수학은 여전히 가장 중요한 교과목으로 자리를 지켰다. 전통적인 자연과학도 점차 설 자리를 잃었다.

물리, 화학, 생물 교사들의 실망은 매우 컸다. 이 과목들은 그동안 학교에서 가장 중요한 교과목이었다. 하지만 물리학, 화학, 생물을 선택하는 학생들이 52퍼센트에서 37퍼센트로 줄어들었다. 매사추세츠의 스프링필드 센트럴 하이스쿨 고등학교Springfield Central High School의 교사였던 하워드 켈리Howard C. Kelly는 "모든 자연과학 과목은 학생들의 관심과 흥미를 깨울 수 없을 지경에까지 이르렀다."라고 한탄했다.

자연과학은 다른 학과목들과 조화를 이루며 중요한 역할을 해왔다. 이 과목들은 학생들이 중심이 되는 수업의 형태로 학생들의 관심과 흥미를 깨울 수 있어야 했다. 이 과목들은 단지 학생들을 물리학자, 화학자, 생물학자로 키우기 위해서 존재하는 것이 아니었다. 학생들에게 환경과 자연에 대한 이해를 제공하기 위한 것이었다.

켈리와 그 외의 교육학자들은 통합된 자연과학 수업의 필요성을 주장했으며, 이를 '기초과학'이라고 칭했다. 버클리 캘리포니아 대학교의 유명한 지리학자였던 해럴드 페어뱅크스Harold W. Fairbanks 는 여러 가지 논란을 다음과 같이 간략하게 설명했다.

"기초과학은 조화도 통일도 아니다. 이 과목은 어린이들에게 학과목의 논리에 대한 직관력을 주고자 존재하지 않는다. 학생에게도 선생님에게도 과도하게 요구할 수 없는 학과목이다. 캘리포니아 어느 대학에서도 자연과학에 대한 포괄적인 수업을 제공할 수 없는 것이 현재 실정이다. 과연 고등학교에서도 이 과정을 가능하게 할 교사를 찾을 수 있을 것이라고 생각하는가?"

미국 교육협회는 1912년 '매사추세츠 교육위원회'에서 스네든의 동료였던 클래런스 킹슬리Clarence Kingsley가 주관하여, '2차적 교육을 위한 재조직Reorganisation of Secondary Education'과 관련된 위원회를 만들었고, 이 위원회는 자연과학 수업을 혁신하는 과제를 맡게 되었다.

위원회의 회장은 윌리엄 오어William Orr가 맡았고, 그는 보스턴의 문화부 부위원장이었다. 오어는 미래를 예측할 줄 아는 교육학자였다. 그는 기초과학을 위한 최초의 국가 연구 그룹을 만들었다. 그리고 자신의 동료인 스팀슨이 많은 반대 의견에 맞서 저항하고 있을 때 스팀슨의 홈 프로젝트 계획을 성공시키기 위해 지속적으로 응원하고 지원해주었던 사람이었다.

1913년 봄, 자연과학 위원회Committee on Natural Science 회의에서

그는 위원회 회원들에게 프로젝트가 자연과학 수업에서 사용될 수 있는지에 대한 가능성을 조사할 것을 요구했다. 이때 과목과 일상의 분리 격차를 줄이고 경험을 통해 배우는 것을 장려할 수 있도록 '프로젝트와 연습Excercise' 방식을 만들 것을 요청했다. 여기에서 '연습'은 연구소에서 실행되는 작업이며, 프로젝트는 학교 외부에서 실행되는 현상과 대상에 대한 연구도 포함하게 된다. 이는 학생들이 학습과 관련된 실용적인 결과물을 만들 수 있도록 기회를 주는 것이었다.

13 우드헐과 문제-프로젝트 : 주입식 학습에 저항하다

40명으로 이루어진 자연과학 위원회에서는 그 누구도 위원회가 내세운 과업을 적극적으로 실행하고자 노력한 사람이 없었다. 이러한 분위기 속에서도 그나마 적극적이었던 학자가 존 우드헐John F. Woodhull이다. 그는 '물리학 교사의 새로운 혁신 운동New Movement among Physics Teachers'에 열정적으로 참여한 회원이었으며, 기초 과학 단체의 대표였다.

우드헐은 1857년 뉴욕주의 웨스트포트Westport에서 태어났다.

예일 대학교를 졸업하고 7년간 교사와 학교장을 지냈으며, 후에 컬럼비아 교육대학의 교수로 위촉된다. 그는 오랜 시간 동안 자연과학 수업의 실패와 자연과학의 중요성이 상실된 것에 대해 심각성을 인식하고 이를 심도 있게 연구하고 고민해왔던 사람이었다. '물리학 교사의 새로운 혁신 운동'에 참여하고 있던 그의 동료들처럼, 그도 자연과학에 관심을 가진 학생들의 숫자가 현격히 줄어든 부분에 대해 이것은 학교의 책임이라고 지적했다.

"지난 25년 가운데 처음 13년 동안 중고등 물리학 교육은 교육대학의 도움이나 참여 없이 교사들의 독자적인 수업이 가능했다. 하지만 그 이후 12년간 교육대학은 학습 계획을 만들어 교사들에게 제공해왔고, 교사들은 그 제안 내용을 의무적으로 따라야만 했다. 대학입시 과목이 되면서 학생이나 교사들에게는 부담만 커져갔으며, 이러한 환경 속에서 학생들의 관심은 점차 줄어들고, 물리를 선택한 학생은 24퍼센트에서 10퍼센트로 하락했다."

교육대학의 주도권으로 인한 기초과학 선택 학생 수의 축소는 1893년에 발표된 〈중등학교 연구 10개위원회 보고서Report of the Committee of Ten on Secondary School Studies〉에서 확인할 수 있다. 하버드 대학교의 찰스 엘리엇Charles W. Eliot이 회장으로 주관했던 회의에서 "대학 입학시험을 준비하는 것이 삶을 준비하는 가장 적절한 방법이나, 90퍼센트 이상의 학생들은 대학에 갈 계획이 없다."고 했고, 대부분이 그와 같은 생각이었다. 자연과학 수업의 내용과 방식은 대학 입학시험 위원회가 규정한 표준에 의해 결정되었다. 자연과학은 본래 살아 있는 학습이 필요한 현실적인 학과목이었지만, 추상적이며 외우기만 하면 되는 암기과목으로 전락하고 말았다.

우드헐은 "'기초과학 운동'은 '주입식 학습'에 대한 저항이다. 우리는 100년 전에 문법을 외우고, 읽고, 쓰고, 말하기를 가르친 것처럼 학생들에게 자연과학을 가르치고 있다. 매우 안타까운 상황이다."라며 자연과학 수업의 개혁이 이미 시기를 놓쳤다고 매우 한탄했다. 우드헐은 다음과 같이 자신의 생각을 요약했다.

"최우선적으로 수업은 민주주의적이어야 한다. 즉, 다수 학생들의 관심과 요구 사항을 주의 깊게 관찰해야 한다. 그다음에 심리학적으로 접근해야 한다. 학생들이 겪은 사전 경험을 수업에서 다루고, 그 후 실용적인 원칙으로 전환해야 한다. 수업에 생기와 활기가 부여되어야 한다. 학생들은 규정과 학과목에 제한되어서는 안 되며, 일상에서 발생하는 호기심과 질문에 관심을 기울여야 한다."

우드헐과 그의 동료들이 자연과학 수업을 개선하기 위한 진보 교육 혁신에 대한 구상은 매우 짧고 명료하다.

"기초과학은 프로젝트 과학이다. 내용과 방식 면에서 본 개혁을 이보다 더 효율적으로 표현하기는 어려울 것이다."

우드헐은 4분기마다 발행되는 《기초과학 계간지General Science Quarterly》를 창간했다. 이 교육학 잡지를 통해 프로젝트와 관련된 자신의 아이디어들을 대중에게 알리고 확산시켰다. 그는 자신의 입장과 개혁에 대한 의지를 표현하는 데 매우 열성적이었다.

그의 구상 내용은 스탠리 홀의《청소년기Adolescence》(1904), 프랭크 맥머리의《학습하는 방법How to Study》(1904), 존 듀이의 실험적 문제해결방식이 담긴《우리는 어떻게 생각하는가How We Think》(1910)(《하우 위 싱크》, 정희욱 옮김, 학이시습, 2010)을 기초로 했다. 우드헐의 프로젝트 정의는 듀이의 절대적인 영향을 받은 것으로 보인다.

1. 프로젝트는 질문에 대한 답변을 제공한다. 프로젝트는 학습 계획에 담긴 아이디어의 논리적인 결과가 아니다. 논리적인 방식만을 강조한다면 학생들이 실행하는 프로젝트를 스스로의 과제로 받아들이지 않을 수 있다. 프로젝트의 학습 내용은 삶의 기능으로서 오랜 시간 동안 축적된 프로젝트의 결과이다.

2. 프로젝트는 적극적인 참여의 동기가 부족하면 실행이 불가능하다. 교사의 강의가 중심이 되는 형식적 수업에서는 사고하는 주체가 교사이고, 학생들은 교사의 사고를 수동적으로 수용한다. 프로젝트는 이와 반대이다.

3. 프로젝트는 의미 있는 학습 내용을 위한 선택의 기초를 제공한다.

4. 프로젝트의 결과는 절대 절대적이거나 완벽하지 않다. 학생들이 전통적 수업처럼 엉성하게 강의 내용을 기억하는 경우는 드물다. 프로젝트 방식, 문제해결방식이 제대로 적용된 경우는 학생들에게 잘 정리된 실용적인 지식을 제공할 수 있고, 추가적으로 학생들에

게 더 배우고자 하는 의욕과 동기까지 제공할 수 있다.

우드헐은 프로젝트를 '문제에 대처하는 해결 방법'이라고 생각했고, 이는 듀이와 생각이 같았다. 호러스 맨 학교와 기초과학 교육 대학이었던 스피어 스쿨Speyer School의 수업은 우드헐의 관리로 이루어졌다.

"전기 공급을 통해 작동하는 초인종은 어떻게 작동하는가?", "우리가 마시는 물은 깨끗한가?", "식물은 왜 햇빛을 필요로 하는가?", "소화기는 어떻게 작동하는가?"와 같은 질문이 제시되면 학생들은 실험, 조사, 책을 통한 연구를 진행하고 답을 찾게 된다. 이때 교사들은 강의를 제공하고, 학생들과 함께 실험을 수행하고, 토론을 통해 도움을 준다. 학생들이 일상에서 겪는 자연과학적 현상에 대한 지식과 직관을 얻게 된다면, 수업의 목표는 성공적으로 달성된 것이라고 볼 수 있다. 우드헐은 '교사에 의해 지시된 이미 정해진 결과'를 학생들이 찾아내는 것을 원하지 않았다.

일반적으로 프로젝트와 문제해결방식은 분명히 구별된다. 하지만 우드헐은 프로젝트와 문제해결방식을 따로 구분하지 않았는데, 그 이유를 다음과 같이 설명했다.

"나의 방식은 '구성 활동'과 '해석 단계' 이외에도 '연구 프로젝트'도 포함하고 있다."

이는 그동안의 전통에 대한 공격이기도 했다. 리처즈와 스팀슨,

오어는 프로젝트와 기술, 수공업이 연결되는 것을 추진했지만, 구성 활동과 생산의 원칙은 유지했다. 우드헐은 이에 반해 프로젝트를 일상의 삶이나 행동과 연관시켰다. 이로써 프로젝트의 개념은 더 확장된 의미를 갖게 된다. 이는 실용적인 문제와 동시에 이론적인 문제해결을 의미했다.

　이로써 그동안 중요한 요소로 부각되었던 '생산 중심'의 개념은 생략되었고, '학교 중심'과 '실제 중심'이 핵심으로 남게 되었다. 기술학교와 농업학교에서와는 달리 기초과학에서는 듀이가 제시했던 '활동적인(적극적인) 참여'의 조건이 충분히 충족될 수 있었다. 우드헐의 '문제-프로젝트Problem-Project'를 통해 프로젝트 방식의 역사는 새로운 시기를 맞게 되었다. 우드헐은 직업, 수공예 영역에서 프로젝트 방식을 도입해 이를 사범학교 교육에 연계한 교육학자였다.

　그는 프로젝트의 개념을 물리적, 내용적으로 확장하여 농업이나 기술, 수공예 수업뿐만 아닌 주입식 교육의 교과목에도 적용할 수 있다는 것을 보여주었다. 문제-프로젝트는 그를 통해 미국 전역에 확대되었으며, 프로젝트 개념과 아이디어의 개선 및 확장을 하는 데 결정적인 역할을 했다.

I4 갈등 : 불합리 대 혁신

자연과학 수업에 프로젝트를 적용할 수 있는 가능성을 인식하는 과정에서 물론 부족한 부분도 발견되었다. 우드헐과 그의 동료들이 '기초과학은 프로젝트 과학General Science ist Project Science'이라고 주장할 때 미국 전역의 물리학자, 화학자, 생물학자들은 이에 쉽게 동의하지 않았다.

뉴욕 프랫 인스티튜트의 물리학자 존 랜들John A. Randall은 우드헐이 프로젝트와 문제Problem의 개념을 명백하게 사용해야 한다며 "학교 프로젝트는 어떤 객체의 생산을 위한 해결책이며, 이는 매우 구체적인 것이다."라고 매우 날카롭게 비판했다.

웨스턴 테네시 주립 사범학교Western Tennessee State Normal School의 하너 웹Hanor A. Webb 역시 이러한 시도가 현실을 제대로 파악하지 못한 판단이라고 비난했다.

"우리가 가르치는 모든 것들은 시각적으로 확인될 수 있으며, 모든 것이 직접적인 삶과 관련성을 가지고 있다고 기대하는 것은 환상이다. 학생들이 자연과학적 개념을 배우고 이것으로 자연과학의 언어를 이해하는 것은 매우 중요하다. 자연과학적 원칙들은 근본적으로 과학적인 언어로 표현이 되어야 한다. 그래서 학생들은 암기를 할 수밖에 없다. 이는 물론 진부한 작업이며, 학생들에게 혹독하게 보일 수도 있다. 하지만 우리는 혹독하지 않으면서도 성공적으로 가르칠 수 있는 방법을 모색하고 시도할 수 있다. 추상적인 정의를 가르치는 것은 추천하고 싶지 않지만, 그렇다고 해서 그렇게 어려운 일도 아니다."

한편 듀이와 매우 가까운 동료 관계였던 시카고 대학교의 생물학 교수 존 컬터John G. Coulter도 학생 중심의 학교를 가장 이상적이라고 보았다. 컬터는 우드헐과 그의 동료들에게 "어린이들이 자연과학을 대하는 것은 마치 나비가 꽃을 찾는 것과 같아야 한다."고 설명하면서 자연과학은 흥미와 관심이 유발되면 아주 즐겁게 공부할 수 있는 과목이라고 주장했다.

이와 관련해서 컬터는 프로젝트 수업을 다음과 같이 옹호했다.

"어린이들은 하나의 관심사를 통해 또 다른 관심사를 발견할 수 있어야 한다. 그래서 교사는 어린이들의 호기심과 상상력을 응원해 줄 필요가 있다. 호기심과 상상력은 학습 효과를 극대화해준다. 이런 방식으로 학생들에게 만족감을 주는 학습 방식을 프로젝트 방식이라고 한다."

그러나 시카고 대학교 교수로 후에 노벨물리학상을 받기도 한 로버트 밀리컨Robert A. Millikan은 우드헐의 프로젝트 과학을 놀이과학으로 이해했으며, 이러한 놀이과학은 어린이들이 자연과학에 대한 관심을 갖도록 하는 데 절대 도움이 되지 않는다며 비판했다. 캘러머주Kalamazoo의 웨스턴 주립 사범학교 생물학자였던 르 로이 하비Le Roy H. Harvey는 프로젝트 수업에서 한 학급에 24명의 학생들이 있는데 어느 특정의 한 학생이 강력한 희망과 관심을 표현한다고 해서 학급 전체가 그 주제를 선택하고 진행하는 것은 학급 전체 학생들에게는 불공정하고 불합리할 수 있다고 했다.

일리노이 주립 사범대학교Illinois State Normal University의 생물학 교수 존 프라이서John L. Pricer는 프로젝트 수업은 혁신적인 수업 방식이지만 기존의 수업에 엄청난 혼란을 주었다고 판단했다. 프라이서는 "통합된 자연과학 수업의 프로젝트는 학습 체계에서 필요한 진정한 원칙을 간과할 수 있다. 한 프로젝트에 속해 있는 원칙은 서로 여러 방식에 속하기도 하고, 서로 관련성이 전혀 없기도 하다. 프로젝트가 포함하는 모든 원칙을 하나하나 살펴보면 프로젝트는 프로젝트 자신의 특성과 벌어지는 지점이 있고, 어린이들에게 전혀 인식되지 않는 지식 영역까지 그 범위가 확장될 수 있기도 하다. 이를 통해 어린이들이 결과를 찾는 데 지루해하고 게을러질 수 있으며, 프로젝트 안에서 작업되는 원칙들이 서로 연관성이 없을 수도 있다. 프로젝트 방식은 연관성이 없는 여러 팩트들을 동시에 학생들에게 전달한다. 이러한 지식의 형태는 문제를 해결하는 데 도움이 되지 않으며 학생들의 머릿속에서 바로 잊히게 된다."고 했다.

프로젝트 시스템이나 통합된 자연과학 수업의 시스템은 표면적으로 그럴듯해 보이나 정확한 연구나 조사 결과가 없다는 주장이었다.

우드헐의 구상은 이처럼 수많은 학자들에게 매우 치열하게 비난받았다. 일리노이주의 스프링필드 고등학교의 감독자인 존 한나 John A. Hanna는 1916년에 이미 프로젝트 계획Project-Plan과 관련된 토론에 대해서 언급한 적이 있었다. 이는 킬패트릭이 국가 범위에서 적용했던 프로젝트 구상을 가지고 등장하기 훨씬 더 이전이었다. 이 시기는 프로젝트가 200년간 역사에서 가장 많은 비판을 받는 시기이기도 하다. 당시 토론은 매우 활발하게 진행되었으며 몇십 년 후에도 발생할 수 있는 문제들까지 토론되었다. 프로젝트의 임의성, 표면성, 불안정, 불투명성 등이 그 주제였다.

비평가들은 물론 공정해서 "마땅히 프로젝트는 좋은 점도 지니고 있다. 프로젝트의 복합성을 보면 거부만 할 수 있는 입장은 아니다. 우리는 모두 기존의 방식을 선호한다. 프로젝트는 적절하게 사용될 때 훌륭한 수업 방식이다."라고 평가했다.

이러한 비판은 프로젝트가 가치가 없고 불필요한 교육 방식이라고 말하는 것이 아니었다. 프로젝트는 매우 넓게 해석되었고 적절한 상황에서 사용되어야 한다는 이야기였다. 그들은 단지 우드헐과 그의 동료들의 구상이 '대단한 구상'이라는 것을 인정하고 싶어 하지 않았다.

자연과학 위원회는 회의 보고서에서 "적극적인 교사들에게는 유일하게 옳은 방식이라고 보였지만 실제로 이 방법은 여러 가지 학습 방법 중 한 가지일 뿐이며 수업의 통일성, 연관성, 적용의 폭 넓음으로 인해 어떤 수업에도 위협을 가하진 않는다."라고 적었다.

이러한 수많은 비판이 있었는데도 그들의 프로젝트 방식은 나름대로의 길을 찾아갔다. 스팀슨과 우드헐의 홍보 활동은 당시 시대에 폭넓게 설득될 수 있는 주제였으며, 학생들에게 순발력, 자발성, 만족감을 주는 훌륭한 방식으로서 인정받게 된다.

5년간의 집중적인 홍보 활동을 통해 프로젝트는 진보 교육 방식으로서 인정받을 수 있었고, '새로운 방식으로 학생들에게 학습을 위한 심리적 도움을 주는 방법'이 가능하도록 하는 데 일조할 수 있었다. 이는 어린이들은 무조건 지식을 외우고 암기하여 머리를 채워서는 안 되며, 실제 삶에서 스스로 행동할 수 있는 기회를 갖고, 이로써 자발성, 창조성, 비판적 사고를 개발할 수 있다는 인식이었다.

미국 동부 '물리학 교사연합 컨퍼런스', 미시건 학교 매스터스 클럽Michigan School Masters Club, 국립교육협회, 교육대학,《초등학교 저널Elementary School Journal》,《가정경제학 저널Journal of Home Economics》을 비롯해 산업 예술 분야, 농업, 기초과학 분야에서 프로젝트에 대한 토론은 매우 활발해졌다.

출판사를 통한 프로젝트와 관련한 출판물도 증가했다. 로, 피터슨 출판사Row, Peterson & Co는《홈 프로젝트 시리즈Home Project Series》를 발행했고, 매뉴얼 아트 프레스Manual Arts Press는《소년 활동 프로젝트Boy Activity Projects》,《공동체 문제를 기초로 한 상점 프로젝트 Shop Projects Based on Community Problems》와 같은 책을 발행했다. 아메리컨 북 컴퍼니American Book Company는《프로젝트Project》라는 책을 통해 "현재와 미래의 학생의 삶은 좋은 방향으로 나아갈 것"이라며 긍정적인 미래를 언급하기도 했다.

미국 정부 교육부의 설문에 따르면 당시 프로젝트 수업은 기술 수공예 분야에서 80퍼센트, 농업 분야에서는 60퍼센트의 학교에서 진행되었다고 발표했다. 1915년에는 실제 '프로젝트 운동'이라고 불린 운동이 일어나기도 했다.

그리고 당시 일반적인 여론은 "킬패트릭은 프로젝트 운동을 성공적으로 이끌어낸 사람이 아닌, 단지 프로젝트 운동에 참여하여 활동한 사람"으로 언급되었다.

"학습자가 스스로 주체라고 느끼고
자신의 모든 영혼을 집중해 문제를 해결하고자 노력한다면,
이때 바로 교육이 성장할 수 있는 여지와 가능성이 생겨난다.
성공적인 학습은 학습자가 스스로 원하고
동경하는 대상이 학습의 대상이어야 한다.
이로써 학습자는 열정적으로 학습에 참여할 수 있다."
— 윌리엄 킬패트릭

Part 2
. . .
윌리엄 킬패트릭 :
"나는 오류를 범했다."

1918년 봄 뉴욕, 윌리엄 허드 킬패트릭William Heard Kilpatrick은 서재에서 글을 쓰고 있었다. 그는 책을 집필하고 있었는데 자신이 의도한 것보다 진도가 그리 빨리 나가지 않는 듯했다.

초안을 쓰기 시작한 것은 이미 1년 전이었고, 교정 작업만 남아 있었다. 킬패트릭은 본래 말을 잘하는 사람이었다. 하지만 글을 쓰는 데는 그다지 재능이 없었다. 일기장에 그는 "나는 너무 비판적이어서, 나의 비판에 스스로 묶여 움직이지 못할 정도이다."라고 적었다.

그의 용기는 점점 위축되었고 두려움만 커졌다. 킬패트릭은 거의 공황 상태였다.

"글을 쓰는 데 속도가 나질 않는다. 이것은 나의 실패이다. 점차 두려움이 커진다. 만약 계속 이 상태가 지속된다면 나는 반 년 정도

휴가를 얻어 조용한 곳으로 들어가 글을 쓰는 일에만 집중을 해야 할지도 모른다."

다행스럽게 그는 휴가를 떠나지 않고도 글을 마무리할 수 있었다. 킬패트릭은 정신을 가다듬고 다시 글을 쓰는 데 열중할 수 있었고, 1918년 5월 31일에 책을 완성했다. 하지만 글을 쓰는 고통은 지나갔지만 기뻐할 수가 없었다. 자신이 완성한 책이 기대했던 수준에 미치지 못했기 때문이다. 킬패트릭도 자신도 자신의 책을 평가하는 데 "여러 부분에서 이해가 부드럽지 않은 부분이 발견됐고, 논쟁이 있을 수 있는 내용도 많았다."라고 평가할 정도였다.

그의 글은 1918년《교육대학 보고서Teachers College Record》의 가을호에 〈프로젝트 방식The Project Method〉이라는 헤드라인으로 발표되었다. 이 글로 인해 킬패트릭은 진보 교육에 앞장서는 교육자들과 함께 교육의 발전을 위한 거대한 교육 혁신 활동에 참여하게 된다. 그의 글은 독일어, 노르웨이어, 이탈리아어, 러시아어, 일본어로 번역되었고, 그는 하루아침에 세계적인 명성을 얻게 된다.

교육 역사학자들에게 킬패트릭은 프로젝트의 대표적인 인물이다. 그는 프로젝트 방식에 대해 구속력 있는 정의를 제공했으며, 프로젝트가 현대 학교 수업의 핵심이 되게 하는 데 기여했던 사람이다. 그는 프로젝트를 전 세계에 확장시킨 주인공이기도 하다. 킬패트릭이 없었다면 프로젝트 방식과 프로젝트 운동에 대한 대중적 홍보는 불가능했을 것이다.

물론 모든 학자들이 프로젝트에 대해 전혀 모르고 있었던 것은 아니다. 20세기 미국 교육학자들인 체스터 파커s. Chester Parker, 찰스 베넷Charles A. Bennett, 윌리엄 버턴William H. Burton, 넬슨 보싱Nelson L. Bossing도 19세기 말에 캘빈 우드워드Calvin M. Woodward, 찰스 햄 Charles H. Ham, 핸포드 헨더슨Hanford C. Henderson, 찰스 리처즈Charles R. Richards에 의해 기술 수업에서 소개되었던 기존의 프로젝트 개념을 이미 매우 잘 알고 있었다.

그러나 기존의 프로젝트 개념과 킬패트릭의 프로젝트 개념은 매우 달랐다. 기존의 학자들이 프로젝트를 '실질적인 구성적 행동을 목표'로 했다면, 그는 프로젝트를 '학생들의 전심(全心)에서 우러나오는 행동을 기초로 하는 교육철학'으로 정의했다. 이는 매우 파격적인 생각이었다. 하지만 존 듀이John Dewey, 헤럴드 앨버티Harold B. Alberty, 보이드 보드Boyd H. Bode는 킬패트릭의 프로젝트에 대한 정의가 지나치게 확장되었다며 이를 수용하지 않았다.

30년대 초에 킬패트릭과 그의 동료들은 프로젝트에 대한 홍보 활동을 했으나 그다지 성공적이지는 못했다. 프로젝트에 대한 자신의 진보적인 사고를 홍보하고자 했으나 이를 계기로 도리어 많은 프로젝트 교육학자들이 전통적 프로젝트 개념으로 다시 되돌아가는 아이러니한 상황이 펼쳐졌다.

그러나 오늘날까지도 많은 교육학자들은 킬패트릭과 페터 페테르젠Peter Petersen의 프로젝트에 대한 구상을 여전히 신뢰하고 있다.

그리고 킬패트릭과 그의 동료들의 노력을 프로젝트 역사에서 가장 의미 있는 시도로 평가하고 있다. 지난 여러 세기 동안 킬패트릭에 대한 그리고 진보적인 교육에 대한 많은 기사와 글들이 발표되었는데, 이 글들을 보면 킬패트릭의 어린 시절과 청년 시절, 교사 시절, 종교와 관련된 그의 경험, 인종과 나이 차별에 대한 그의 생각을 접할 수 있다.

흥미롭게도 킬패트릭이 프로젝트의 정립을 위해 얼마나 공헌을 했는지에 대해서는 그다지 많은 내용이 존재하지 않았다. 사무엘 테넨바움Samuel Tenenbaum과 존 바이네케John A. Beineke의 자서전에서도 찾아보기 어려웠으며, 교육 역사학의 대표적인 저자인 로런스 크레민Lawrence A. Cremin, 헤르만 뢰르스Hermann Röhrs, 허버트 클리바드Herbert M. Kliebard, 다이앤 라비치Diane Ravitch, 다니엘 태너Daniel Tanner, 로렐 태너Laurel N. Tanner도 이에 대해서는 자세한 내용을 언급을 하지 않았다.

우연히 발견한 글에는 "1918년에 킬패트릭이 한 특별한 순간에 자신에게 갑작스러운 유명세를 가져다준 혁신적인 프로젝트를 발견하게 된다."고 적혀 있기도 했고, "프로젝트는 1908년 이후에 농업 교육 콘셉트로 존재했고, 킬패트릭은 프로젝트 운동의 성립과는 전혀 관련이 없다."는 주장이 담겨 있기도 했다.

밀턴 블리크Milton H. Bleeke, 만프레트 마크노어Manfred Magnor, 재니스 무니 프랭크Janice A. Mooney-Frank가 쓴 논문에서도 별 특별한 내용은 찾기 어려웠다. 프로젝트가 어떻게 성장해나왔는지에 대한 이렇다 할 만한 자세한 내용이 없었으며, 프로젝트 역사의 중심적인 질문들, "왜 킬패트릭은 프로젝트 개념에 대해 집중하게 되었고, 왜 그는 이를 수업에 적용하게 되었는가?"에 대해서도 충분한 답변을 찾을 수가 없었다.

이제 1918년으로부터 거의 100년이라는 시간이 지났다. 그런데도 킬패트릭과 관련된 상세한 연구는 찾아보기 힘들었다. 필자는 이제 킬패트릭의 프로젝트에 대한 의도와 성립 역사에 대해서 고민할 때가 되었다고 본다. 킬패트릭이 지금까지 알려진 것처럼 미국 프로젝트 교육을 성립한 사람인가에 대해서도 정확하게 조사할 시기가 되었다고 판단된다.

이 연구를 위해 매우 중요한 자료들을 찾을 수 있었다. 1891년에서 1962까지 그가 직접 쓴 89개의 일기장과 노트들이다. 그의 일기장과 노트들은 뉴욕의 컬럼비아 교육대학에 보관되어 있고, 이와 비슷한 시기에 작성된 수많은 편지와 원고들이 있었으며, 이는 조지아의 머서 대학교Mercer University에도 보관되어 있다.

필자는 이러한 자료들을 상세히 조사하면서, 그동안 알려진 킬패트릭에 대한 정보들이 그다지 정확하지 않았다는 것을 알 수 있었다. 예를 들면, 많은 학자들이 생각한 것처럼 킬패트릭은 프로젝트 방식을 정확하게 정의했다기보다는 도리어 엉성하게 정의했다. 그리고 그는 프로젝트 운동을 시작한 사람이 아니었다. 그에 대한 프로젝트 관련 연구는 어쩌면 그리 명예스러운 이야기가 아닐 수 있다. 미국, 독일 역사학자들이 해온 그동안의 연구는 많은 오류를 포함하고 있다. 그들의 연구는 당시 분위기를 사실이라고 주장했고, 진행 중인 토론일 뿐이었던 이야기를 마치 진실인 듯 해석했다. 많은 교육학자들은 킬패트릭이 스스로 유명해지기 위해 프로젝트라는 용어를 마치 자신의 것인 양 이용한 기회주의자였다는 것과, 성공하고자하는 욕심이 지나치게 컸다는 것을 제대로 인지하지 못했다.

I 탐색하고 또 탐색하다

윌리엄 허드 킬패트릭의 조상은 18세기에 스코틀랜드에서 북아일랜드를 통해 펜실베이니아로 이주한 반교회주의자였다. 그는 1871년 11월 20일에 조지아주 메이컨Macon 근교의 화이트 플래인스White Plains에서 목회자의 아들로 태어났다. 그는 메이컨에 있는 머서 대학교를 다녔는데, 이 학교는 매우 소규모였으며 1833년에 남부 목회자들이 설립한 대학으로 250명의 학생들이 공부하고 있었다.

킬패트릭은 머서 대학교에서 학사학위를 받은 후 수학 공부를

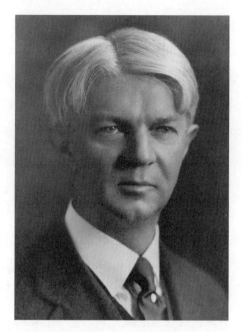

윌리엄 킬패트릭, 1871~1965

더 하기 위해 볼티모어의 존스 홉킨스 대학교Johns Hopkins University
로 갔다. 이곳에서 공부를 마친 뒤에 킬패트릭은 4년간 학교 교사
로 일했다. 블래클리Blakely와 서배너Savannah의 초등학교와 중학교
에서 교사로 일할 당시, 그는 학생들의 성적표를 아주 간단한 보고
서로 대체하고 상과 신체적 징벌을 없앴다. 그 뒤 킬패트릭은 볼티
모어에서 또다시 공부를 하고, 1897년에 모교로 돌아가 수학 교수
로 임용되었다.

이 시기부터 그는 승승장구했다. 1902년에 학교의 부총장으로 승진하고, 1903년에는 머서 대학교에서 총장을 대신해 학교를 이끌게 된다. 당시 총장이 병상에 있었기 때문이었다. 그러나 그 이후부터는 순조롭지 않았다. 총장이 사망한 후 그는 두 번이나 총장 후보로 나섰지만 결과는 좋지 않았다. 그가 학교의 침례교 종교 원칙에 동의하지 않았는데, 이것이 학교의 정책과 맞지 않았기 때문이었다.

킬패트릭은 자존심이 강한 사람이었다. 그는 머서 대학교를 떠나 조지아의 컬럼버스 고등학교 교장이 되었고, 그 후에 자신의 딸과 뉴욕으로 떠났다. 1907년 이후 컬럼비아 대학교 교육대학에서 그는 장학금을 받으며 교육학, 심리학, 철학을 공부했다. 당시 그의 교수들은 존 맥버넬John A. MacVannel, 퍼시벌 콜Percival R. Cole, 에드워드 손다이크Edward L. Thorndike, 우드브리지F. J. E. Woodbridge와 존 듀이John Dewey였다.

1911년에 교육 역사학자인 폴 먼로Paul Monroe로부터 박사학위를 수여받았고, 그의 조교수가 되었다. 그 뒤 교육철학과 특별 교수로 임명되었다. 1915년 킬패트릭은 40대 중반이었고, 학교에서 가장 인기 있는 교수였다. 하지만 그가 원하는 것은 그 이상이었다.

그는 권력과 영향력을 얻고 싶어 했고, 특별한 생각을 하는 사상가로서 또는 학생들에게 인정받는 선생님이 되기를 원했다. 그의 일기장에는 교육학 역사에서 중요한 역할을 하고자 하는 그의 강력한 소망이 담겨 있었다. 킬패트릭은 이런 자신의 목표를 위해서는 자신의 생각을 전달하고 알리는 것이 매우 중요하다는 것을 알고 있었다. 그래서 책을 집필해 발행하는 것이 필수적이라는 생각을 하게 된다.

자신이 직접 쓴 책이나 발행물들이 매우 적다는 것은 그에겐 매우 큰 고민이었다. 당시까지 약 여섯 개 정도의 글이 발행되었고, 일곱 편의 평가서와 열한 번 정도《교육 백과사전Cyclopedia of Education》,《먼로의 마뉴멘탈Monroes monumentale》에 글을 실은 적이 있었다. 그가 쓴 것은 책 두 권에 논문 〈신네덜란드의 학교들과 식민지 뉴욕The Dutch Schools of New Netherlands and Colonial New York〉과 로마를 방문하고 쓴 〈로마의 어린이집Casa dei Bambini in Rom〉, 〈몬테소리 시스템 실험The Montessori System Examined〉이 전부였다.

당시에 그는 세 번째 책《프뢰벨의 유치원 원칙에 대한 비판적 검토Froebel's Kindergarten Principles Critically Examined》를 마무리하는 중이었다. 그는 이 책이 자신을 유명인사로 만들어주지는 못한다는 사실을 아주 잘 알고 있었다. 이 책은 매우 기초적인 비판서였지 영감을 주는 책은 아니었던 것이다. 이 책들은 아주 적은 소수의 독자들로부터 관심을 받았다. 그는 일기장에 자신의 고민을 적었다.

"독자들에게 관심을 받으며 잘 팔리는 책은 어떤 책일까?"

그의 책들은 일반 독자들에게는 그리 인기를 얻지 못했지만 대학가에서는 의외로 좋은 평가를 받았다. 그는 이 책들을 통해 자신이 사회에 무엇인가를 기여하고 있다는 만족감을 얻을 수 있었고, 이는 자신의 미래를 준비하는 중요한 과정이기도 했다.

1915년 봄, 킬패트릭은 자신이 가지고 있는 철학으로 어떻게 사람들의 관심을 자극하고, 자신을 독립적인 교육학자로서 소개할 수 있는가에 대해 매우 깊은 고민을 시작한다. 그는 미국 전역을 여행하면서 '새로운 교육은 존재하는가?', '사회적 조건을 바꾸기 위해 교육 시스템을 어떻게 새롭게 구성해야 하는가?', '형식도야(形式陶冶) 이론(교과는 지각 · 기억 · 추리 · 감정 등과 같은 몇 가지 기본적인 정신 기능을 개발하는 수단이며, 이러한 정신 기능을 개발하는 데에는 적합한 교과가 따로 있다는 이론 ― 역주)을 포기한다면 커리큘럼에는 어떤 일이 발생할 것인가?'라는 강연을 하게 된다. 그리고 많은 청중들에게 호응을 얻었다.

하지만 그는 그것으로 만족하지 못했다. 프랜시스 파커Francis W. Parker, 윌리엄 제임스William James, 존 듀이가 이미 언급했던 이야기들을 자신이 반복하고 있는 수준이라는 것을 스스로도 알고 있었기 때문이다. 그는 자신이 집중하고 있는 프로젝트 방식의 역사를 찾고자 했다.

프로젝트는 파리와 로마의 예술 아카데미와 건축 아카데미에서 도입된 뒤 200년 후에 유럽에서 미국으로 전파되었고 이 과정은 50년이 걸렸다. 새로운 홍보 활동을 통해 그는 지속적으로 유명세를 탔으며, 그의 진보적인 대안 학습 방식은 많은 학술지와 도서에서 언급되었다. 물론 기술학교, 농업학교에서 사용되는 자연과학 수업의 학습 계획서 등을 통해서도 언급되었고, 이로써 많은 교육 관련자들 사이에서 킬패트릭은 매우 흥미진진한 토론 주제가 되었다.

2 자발적 의도가 중요하다 : 생각의 싹이 트는 프로젝트 아이디어

킬패트릭이 빠른 시간 안에 어려움 없이 프로젝트 방식과 관련을 맺을 수 있었던 것은 단순히 시기적으로 프로젝트가 유명세를 타고 있었기 때문만은 아니었다. 전반적으로 현대적인 수업과 학습 방식에 대한 관심이 미국 전역에 확대되고 있었기 때문이다.

킬패트릭은 젊은 교사 시절부터 그가 프로이센식 교육이라고 지칭했던 전통적 학습 방식을 극복하고자 했다. 선생님이 지배하는 교실에서 학습이 강요되고 압력이 행사되는 학습 방식을 대신해, 민주적이며 학생들이 자발적으로 참여하고 학생이 스스로 책임지는 교육 분위기를 찾고자 했다.

그는 조지아주 애선스Athens의 록 칼리지Rock College에서 자신을 가르쳤던 오티스 애슈모어Otis Ashmore의 수업 방식에 매우 감동받은 적이 있었다. 선생님은 수업 중간에 갑자기 교실을 떠났지만, 학생들은 매우 조용히 자신들이 해야 할 일에 열중했으며 자발적으로 학습을 지속했다. 또한 서로 도우면서 과제에 대한 답을 찾을 정도로 학생들의 열정과 동기가 충분했다. 20년 후에 칼패트릭은 자신의 자서전《한 인생의 두 가지의 절반Two Halves of One Life》에 다음과 같이 썼다.

—— 당시 나는 미래에 대해서 생각해보지 못했다. 1892년 이런 형식의 강의는 1918년에 프로젝트 방식으로 발전되었다. 교사가 없는 상황에서 학생들이 아무 문제 없이 과제를 수행하고 있는 모습이 이상적이라고 생각했다.

이 경험 이후 킬패트릭은 요한 하인리히 페스탈로치Johann Heinrich Pestalozzi, 허버트 스펜서Herbert Spencer, 윌리엄 제임스의 글들을 읽기 시작했다. 그리고 프랜시스 파커, 스탠리 홀G. Stanley Hall, 찰스 드가모Charles DeGarmo, 존 듀이, 에드워드 손다이크에게서 여름학기 수업을 받기 시작했다. 교수들로부터 신교육과 신심리학을 직접 배우고 싶었기 때문이다. 그가 교육대학에서 학업을 이수한 후에 읽은 듀이와 손다이크의 글들은 프로젝트에 대한 그의 생각을 강력하게 지탱해주는 지지대 역할을 해주었다.

캘패트릭은 실제로 철학적 주제와 교육 역사학을 전혀 다루지 않았던 자신의 글에서 존 듀이의 에세이《교육의 흥미와 노력Interest and Effort in Education》《흥미와 노력 그 교육적 의의》, 조용기 옮김, 교우사, 2015)을 언급하기도 했다. 〈듀이의 관심의 원칙Dewey's Doctrine of Interest〉이라는 글로 노스캐롤라이나 교사연합에서 강연을 하기도 했으며, 이 글로 그는 인간 내부적 핵심은 '행하는 존재라는 점', '스스로 목표와 목적purposes을 가지고 있다는 점'을 강조했다. 킬패트릭은, 듀이가 말하는 사고(思考)란 '인간의 흥미는 앞으로 나아가고 예견할 수 있는 능력을 가지고 있는 것'이라고 해석했다. 또한 듀이가 주장한 인간의 '행동'은 인간의 마음의 상태와 마음의 식별로 결정된다는 것을 예로 들었으며, 듀이는 '마음에서 우러나오는 식별wholehearted identification'에 대해 언급한 바가 있다고 했다. 또 킬패트릭은 "듀이는 마음에서 우러나오는 식별 이외의 어떤 다른 방식으로도 '사고'와 '학습'은 시작될 수 없다."고 했다고 설명했다.

1913년의 킬패트릭의 글에는 세 가지 핵심 표현이 등장한다. '전심(全心)에서 우러나오는 목적이 존재하는 행위와 활동wholehearted purposeful activity'이다. 듀이가 '학생의 흥미와 관심에 프로젝트 성격의 옷을 입힌 것'은 킬패트릭이 프로젝트 개념을 받아들이는 데 큰 역할을 했다.

킬패트릭과 듀이의 핵심적인 생각은 학습에 대한 동기와 관심이 학생들로부터 기원해야 한다는 것이다. 킬패트릭은 1913년에 발행된 손다이크의《학습의 심리학The Psychology of Learning》을 읽으면서 용기를 얻었고, 이는 자신의 기본적인 생각을 정리하는 데 도움을 주었다고 했다. 손다이크는 행동학적 견해로서 의도purpose는 학습의 가장 중요한 요소라고 했다.

"의도는 행동, 태도, 학습을 결정하는 요소이며, 의도적 생각과 행동은 여러 반응의 결과이기도 하다. 또한 의도를 통해 다양한 답변의 결과를 얻을 수 있다. 의도가 풍부한 생각과 행동은 여러 상황 속에서 새롭고 다양한 연결고리를 찾아내는 능력을 가지고 있으며, 학습자에게도 큰 만족감을 제공할 수 있다. 반대로 불만족감은 존재한 만족감마저도 파괴한다."

손다이크의 이러한 설명들은 킬패트릭에게 아주 특별한 메시지였다. 킬패트릭은 후에 자신이 집필한 프로젝트 교육학을 대표하는 책《방식의 기초. 교수법에 대한 정보적 토론Foundations of Method. Informal Talks on Teaching》에서도 이를 언급했다. 듀이와 손다이크의 글들은 그가 프로젝트 개념을 정의하는 데 큰 용기를 준 셈이다.

스피어 스쿨에서 유치원 교사를 역임하고, 당시의 뉴욕시 교육위원회의 감독관이었던 루엘라 파머Luella A. Palmer의《유치원 자료 조직의 기본 원칙Principles Underlying the Organization of Kindergarten Materials》(1914)도 킬패트릭에게 큰 영향을 준 책이다. 킬패트릭은 학술지《교육대학 보고서》에 〈유치원 이론과 실습에서의 실험적 연구 Experimental Studies in Kindergarten Theory and Practice〉라는 제목으로 글을 기고한 적이 있고, 이 글을 통해 자신의 새로운 인식과 초등교육에 대한 연구를 소개했다.

이 글을 살펴보면 킬패트릭이 연구 활동 이전에 프리드리히 프뢰벨Friedrich Fröbel과 마리아 몬테소리Maria Montessori에 대해서 매우 심도 있게 연구를 한 흔적이 보인다. 그리고 듀이가 찬양했던 유아교육 전문가 패티 스미스 힐Patty Smith Hill의 글도 언급되었다.

루엘라 파머는 수업 방식을 '실험', '모방', '반복', '교사에 의해 제안되는 방식' 또는 어린이들의 입장에서 시작되는 '학생들의 의도적 방식'으로 구별했다. 그리고 이 중 가장 마지막에 언급된 '교사에 의해 제안되는 방식' 또는 어린이들의 입장에서 시작되는 '학생들의 의도적 방식'을 가장 중요하다고 보았다. 파머는 그 이유로 이 조건이 학습의 성공 여부를 결정하기 때문이라고 했다.

파머는 "자발적인 프로젝트 학습의 가능성과 경계를 보여주기 위해서 '의도적 방식'은 필수적으로 사용되어야 한다."고 강조했다. 교사는 학생들이 원하는 목표를 위해 집중적으로 노력하고 학습을 실행할 수 있도록 힘껏 지원해주어야 한다고 했다. "그렇지 않을 경우, 학생의 의도는 망가지고 파괴될 수밖에 없다. 어린이들은 용기를 잃고 포기할 수 있다. 그들은 목표를 이루기 위해 자신들의 의도를 지배하지 못한 채 과제를 극복해야 하기 때문"이다. 듀이, 손다이크, 파머의 글들은 킬패트릭이 프로젝트 구상을 순환적으로 유지할 수 있게 해주었고, 방향을 결정하는 데에도 큰 도움을 주었다.

물론 30년이 지난 후 킬패트릭은 또 다른 견해로 이를 설명하기도 했다. 제2차 세계대전 이후에 그는 자서전을 집필하면서 언제,

어디서, 어떻게 프로젝트에 대한 구상이 시작되었는지 설명했다.

그는 프로젝트의 의도를 정립하게 된 중요한 동기가 자신의 열세 살짜리 딸 마거릿 루이스Margaret Louise 때문이라고 했다. 티푸스 감염으로 누워 있는 딸이 그에게 영감을 준 것이다. 그의 딸은 '찰스 1세Charles I와 나바라의 앙리 4세Henri IV'에 관한 책을 읽었으며, 역사와 관련된 그림 그리기를 즐겼다. 그리고 로마의 신들에 대한 이야기를 쓰는 취미를 가졌다. 킬패트릭은 1948년에 34년 전인 1914년 여름, 자신의 딸이 그렸던 그림을 우연히 발견하게 된다. 그리고 그는 딸이 그린 그림 위에 "'프로젝트의 아이디어가 시작된다.' 그리고 '여기에서 생각의 싹이 튼다.'"라고 적었다.

1914년에 그는 또 다른 한 가지 사건에 대해서 적었다. 메리 랭킨Mary Rankin의 어린이들을 위한 '자유로운 놀이'에 대해서 감동했다는 것과 그가 듀이의 혁신적 교육과 수업 구상에 대해 학생들과 토론을 했다는 사실 그리고 당시 그가 어떠한 감동을 받았는지에 대한 것이 그 내용이었다.

미시건주 칼라마주 교사협회Michigan State Teachers Association in Kalamazoo에 초대되어 학업 과정에서 나타나는 즉흥성의 의미에 대해서 강연했을 때, 킬패트릭은 그 당시를 기억에 떠올리며 새롭게 프로젝트 아이디어를 정리한 사실과 이때 구상이 좀 더 확실해지고 확신을 얻을 수 있었다고 썼다.

3 킬패트릭이 만난 문제해결방식 : '프로젝트' 개념

킬패트릭이 프로젝트라는 개념을 알게 된 그 계기를 정확하게 확인하는 것은 불가능했다. 하지만 헤르만 혼Herman H. Horne의 언급으로 보면 1912년 봄이었을 것으로 짐작된다.

듀이의 교육학적 명저인 《민주주의와 교육Democracy and Educa-tion》(《민주주의와 교육/철학의 개조》, 김성숙, 이귀학 옮김, 동서문화사, 2016/《민주주의와 교육》, 이홍우 옮김, 교육과학사, 2007)의 15장에는 '커리큘럼에서 나타나는 놀이와 작업'이라는 내용이 있고, 그 안에 '프로젝트 방식의 이론의 시작'이라는 설명이 있다. 그다음으로 킬패트릭의 프로젝트 개념이 완성되기 3년 전인 1915년에 쓰인 초안 〈교육철학에 대한 교과서Textbook on the Philosophy of Education〉라는 제목의 원고를 보면, 능동적 참여와 관련된 학습 계획과 관련해 프로젝트라는 개념이 한 번 이상 언급된 것을 확인할 수 있다. 또한 혼은 듀이의 글을 통해 '듀이가 킬패트릭에게 협력하고 있다는 것'을 알고 있었다. (필자는 프로젝트는 이미 18세기에 발생한 개념으로, 프로젝트의 방식이 킬패트릭을 통해 형성되었다는 주장은 논리적이지 않다고 본다.)

킬패트릭은 자신의 일기장에 1912년 3월에 듀이의 《민주주의와 교육》이라는 책을 1장에서 10장까지 읽었다고 적기도 했다. 이 내용과 관련해 개선 사항을 제안할 수 있었다는 내용과 이를 통해 교육 발전을 위해 좋은 일을 하기 위해 노력했다는 말도 남겼다.

아직까지 '커리큘럼에서 나타나는 놀이와 작업'이 정말 킬패트릭이 읽었던 부분이었는지는 의문이다. 만약 그렇다면 킬패트릭은 이 글을 통해 프로젝트의 개념을 보았을 가능성이 있으나,《민주주의와 교육》은 1916년 봄에 발행되었고, 킬패트릭이 프로젝트 개념을 사용하는 데《민주주의와 교육》을 참고했다면, 책의 발행 시기와 킬패트릭이 프로젝트라는 개념을 사용한 시기가 일치하지 않는 감이 있다.

한편 이스턴 일리노이 교육대학의 기술 교수인 로런스 애슐리 Lawrence F. Ashley는 프로젝트 방식과 관련한 역사책을 쓸 계획을 가지고 있었다. 그리고 1935년에 킬패트릭에게 연락을 해서 프로젝트가 어떻게 생성되었으며 어떻게 발전해왔는지를 물었다.

7월 15일에 킬패트릭은 애슐리에게 답장을 보낸다. 이 편지는 5페이지로 이루어져 있으며, 타자기로 작성된 것이었다. 킬패트릭은 프로젝트라는 용어를 "제가 다니던 교육대학에서 존 우드헐John F. Woodhull이 쓴 글을 읽고 처음 알게 되었습니다. 이러한 시도는 통합 자연과학 수업에서 특별한 방식으로 시도되고 있었고, 프로젝트 방식이라고 칭합니다."라고 적었다.

우드헐은 미국에서 가장 알려진 물리학자였다. 그는 프로젝트 개념을 1913년부터 사용했었다. 아마 킬패트릭은 1915년 봄에 발행된《학교 과학과 수학School Science and Mathematics》이라는 학술지에서 우드헐이 쓴 글 〈프로젝트를 통한 과학 수업Science Teaching by Projects〉을 보았을 것으로 추정된다. 당시 그는 1916년 4월 1일에 매사추세츠주 세일럼Salem에서 기초과학 회의 강연을 위해 '프로젝트를 통해 과학을 가르치는 법Teaching Science by Projects'을 준비하고 있었을 것이다. 처음에 킬패트릭과 우드헐을 비롯한 자연과학자들의 관계는 매우 가까웠다. 1916년 11월에 킬패트릭은 기초과학회의 두 번째 회의에 참석하기도 했다.

킬패트릭은 1916년 우드헐의 조교인 조지 폰 호페George D. von Hofe의 도움을 받아 자연과학 수업에서 프로젝트 학습과 관련하여 〈나는 오류를 범했다〉라는 글을 쓰기도 했다. 1917년 1월 킬패트릭이 쓴 프로젝트 방식에 대한 최초의 글은 기초과학 학술지인《기초과학 계간지》에 발표되었다. 1918년 6월에 그는 클리블랜드 교육학교Cleveland School of Education의 여름 세미나에서 '프로젝트 방식'에 대한 글이 담긴 자료를 나누어줬는데, 이 종이에는 듀이와 스네든, 우드헐과 그의 동료들이 쓴 글도 포함되어 있었다.

15,000페이지에 달하는 킬패트릭의 일기장을 보면 5월 11일에 윌리엄 배글리William C. Bagley의《학교의 규율School Discipline》(1914)이라는 책을 구매해 집중적으로 연구했다는 기록이 있다. 이 책과 관련하여 "배글리는 매우 이성적이지만 배글리의 책은 약간 시시하기도 하다."고 언급했다.

배글리는 〈개별 과제Individual Assignments〉라는 제목의 장(章)에서 자신이 일리노이 대학교의 교수로 일할 때를 기억하며, 2페이지에 걸쳐 프로젝트 방식과 관련된 내용에 대해 적었다.

───── 프로젝트는 모든 구성적 작업Construction Work의 경우, 즉 수공예 수업에서 매우 유익하다. (…) 프로젝트는 상세한 작업을 요구하며, 미래에 목표를 위해 나아가는 체계적인 과정에 대한 아이디어를 준다. 일반 수업이 개인적인 프로젝트나 그룹 프로젝트로 보충이 될 수 있다고 보지만, 수업을 완전히 프로젝트로 교체하는 것은 추천하지 않는다.

그 외에 그는 프로젝트 수업은 기술 수공예, 농업, 자연과학을 뛰어넘어 수학, 지리, 역사에도 사용이 가능하다고 했다. 이 의견은 특히 흥미로운 부분인데, 수학, 지리, 역사에도 사용이 가능하다는 주장을 한 것은 배글리가 교육학자로서는 최초이다. 일반적인 암기 과목(강의 중심 과목)에 프로젝트를 적용하여 개선한다는 의견은 매우 혁신적이었다. 이는 후에 킬패트릭이 매우 강력하게 주장했던 사안이자, 실제로 그러한 프로젝트가 실현되기도 했다.

프로젝트가 유명해지기 시작한 두 번째 계기는 1915년 킬패트릭의 일기장에서 찾아볼 수 있었다. 요한 프리드리히 헤르바르트 Johann Friedrich Herbart 사상가이며 교육대학의 초등교육학자인 프랭크 맥머리Frank M. McMurry는 킬패트릭을 포함해 아홉 명의 동료들

호러스 맨 학교

호러스 맨 학교의 정원 프로젝트

과 만나 '학습 계획 개발을 위한 원칙'이라는 주제로 초안을 완성하자고 제안했다. 맥머리는 사회적 삶과 학생들이 생각하는 자신들의 요구 사항을 학교 수업 자료와 학습 계획에 포함시켜야 한다고 주장했고, 커리큘럼의 학습 내용은 경험을 통해 선택되어야 한다고 보았다. 학습 내용은 삶과 연관성을 가져야 하며, 학생들의 내적 요구를 기초로 이루어져야 한다고 주장했다. 학습 내용은 학생들이 스스로 필요하다고 생각하는 것으로 이루어져야 한다는 것이다.

맥머리는 《학습하는 방법과 학습하는 방법을 교육하는 방법How to Study and Teaching How to Study》(1909)이라는 책을 통해 헤르바르트의 교육철학적 시각과 동기를 현대화했다. 그는 '특수한 문제의 해결'을 '수업의 중심적 과제'로 보았다.

"'문제Problem 중심 학습'은 논리적으로 정리된 '일반적 학업 과정'과는 차별화되며, 학생들의 생각과 지식을 장려하고 확장시키는 효과적인 방식이다."라고 맥머리는 책에 썼다.

맥머리는 학생들이 학습 내용을 그대로 받아들이고 암기하기만 하는 방식에 대해 절대적으로 반대했다. 그는 학생들이 자신들의 호기심을 자극하는 질문과 주제를 다룰 수 있어야 한다고 보았다.

다만 "도로는 어떻게 만들어지는가? 물품들은 어떻게 운송되는가? 전염병은 어떻게 전파되는가? 어떤 방식으로 생명보험 계약을 맺을 수 있는가?"와 같은 질문들에 대한 답을 찾기 위해서는 실제적인 주제에 관한 작업과 프로젝트를 실행했을 때만 가능하다고 했다. 배글리와 마찬가지로 맥머리는 수업이 단지 '문제Problem'와 '프로젝트'로만 진행되어서는 안 된다고 지적했다. 이론적이든 실질적이든 특수한 문제를 다루는 과제는 학습 동기를 높여줄 수는 있지만 그 외에 시스템적인 지식과 지적 능력을 향상시키기에는 충분치 않다는 논리였다. 학생의 심리적 상태, 지식의 논리가 함께 작용해야 한다는 것이 그의 생각이었다.

맥머리는 무엇보다 "학습 내용은 '학생의 삶'과 관련하여 확장되어야 한다는 것을 잊어서는 안 된다."고 강조했다. 그가 제안한 내용은 당시 매우 새로운 것은 아니었다. '사회적 삶의 문제'와 관련된 수업은 19세기 말에 프랜시스 파커, 윌리엄 헤일먼William H. Hailmann, 존 듀이를 비롯해 헤르바르트 사상을 지지하던 교육자뿐만 아니라 신교육을 지지했던 교육자들이 이미 주장한 이야기였다.

맥머리가 프로젝트를 언급한 것은 크게 놀라운 일은 아니었다. 1888년 컬럼비아 교육대학이 설립되었을 때 수공예 교사를 위한 강의 계획에는 프로젝트 방식이 이미 적용되고 있었고, 이 학교가 운영하는 실험학교인 호러스 맨 학교와 스피어 스쿨에서도 이미 적용되고 있었다.

1913년에 학습 계획 위원회는 프로젝트 수업에 깊은 관심을 가지게 되었고, 다음과 같은 네 가지 기준이 소개되었다. 이는 찰스 리처즈에 의해 도입된 산업 예술 교육에 프로젝트를 적용할 때 교사들이 사용했던 기준이기도 하다.

1. 프로젝트는 학생들에게 실질적인 살아 있는 흥미를 일깨워줄 수 있어야 한다. 그리고 문제의 상황을 제시해 어린이들이 직접 풀 수 있도록 해줘야 한다.

2. 프로젝트는 '체계적인 발전과 성장' 그리고 성공적인 '성립 과정의 실행'을 허락해야 한다.

3. 프로젝트는 '현대적인 산업화 과정'을 담고 있어야 하며, 하나의 '전형적인 양식'으로 구성되어야 한다.

4. 프로젝트는 각 개인의 예술적인, 구성적인 역량을 계발할 수 있는 기회를 제공할 수 있는 방식으로 설계되어야 한다.

맥머리와 생각을 함께했던 교육학자들 중에 교육학자인 프레더릭 본서Frederick G. Bonser, 스피어 스쿨의 교장이었던 어니스트 혼Ernest Horn, 호러스 맨 학교의 교장이었던 헨리 피어슨Henry C. Pearson, 교육사회학자인 헨리 수잘로Henry Suzzallo는 프로젝트 학습에 대해 매우 많은 글과 책을 언급하고 응용했다. 그들은 분명히 프로젝트와 관련된 많은 자료를 서로 교환하고 토론했을 것으로 짐작된다.

킬패트릭은 같은 뜻을 가진 동료들과 협력할 수 있다는 사실에 매우 기뻐했다. 그는 일기장에도 "우리는 매우 구성적인 토론을 했으며, 놀라울 정도로 많은 관점에서 유사한 생각을 하고 있다."라고 적었다. 맥머리의 원고는 1915년 9월에 〈학교 커리큘럼 만들기의 기초Principles Underlying the Making of School Curricula〉라는 제목으로 《교육대학 보고서》 가을호에 발표되었다. 맥머리는 이렇게 썼다.

—— 저술자들은 학습 계획을 완성하는 데에 다음 원칙들을 참고
했다. 토론과 간단한 조정을 거친 후 여러 분야의 전문가들은 내가
제시한 내용에 동의했다. 이 글에 서명을 한 열 명의 교수들 중 한
명은 킬패트릭이었다.

킬패트릭이 이에 서명했다는 사실은 프로젝트 개념을 수용한
것뿐만 아니라 동시에 맥머리의 '문제해결방식'에 동의했다는 것을
의미하기도 한다.

4 프랭크 맥머리와의 결별 : 문제해결방식의 배제

맥머리의 '문제해결방식Problem Concept'에 대한 킬패트릭의 수용
과 동의는 오랫동안 유효하지 않았다. 킬패트릭이 '문제해결방식'
에 대한 자신의 생각을 변경했기 때문이다. 1915년 8월, 킬패트릭
은 이미 이전에 자신이 수용한 바 있었던 맥머리의 문제해결방식에
대해 매우 큰 분노를 표현했다. 그는 '진보자를 위한 교육의 철학'
세미나에서 자신의 생각이 변했음을 여실히 드러냈다.

"나의 학생들과 문제해결방식과 관련해 많은 토론을 했다. 그리고 나는 문제해결방식에 대해 동의하지 않는다. 대신 계획, 프로젝트, 삶의 과정, 이런 요소들이 옳다고 본다."

이때도 킬패트릭은 '문제해결방식'이라는 용어를 사용하는 것을 거부하고, '프로젝트'라는 용어만을 사용했다.

1915년 8월 6일은 킬패트릭이 프로젝트라는 개념을 직접적으로 사용한 날이다. 그는 그날을 '프로젝트 구상의 생일'이라고 표현했다. 분명히 킬패트릭은 프로젝트라는 개념을 전통적인 것과는 완전히 다른 의미로 이해한 것으로 보인다. 유럽이나 미국에서 교육학자들은 프로젝트 방식을 다른 학습 방식과 구별되는 하나의 개념으로 생각했고 '구성적인 행위'에 대해 정의할 때 사용했다.

킬패트릭은 듀이, 우드헐, 배글리, 맥머리를 넘어서, 프로젝트는 실용적인 과목에 대한 특별한 방식이 아니라, 전체 모든 수업을 통괄하는 원칙이라고 했다. 이렇게 해석한다면 '문제해결방식'보다는 더 많은 것을 포함하는 셈이다. 갑자기 킬패트릭이 맥머리의 생각에 반대를 하게 된 이유는 무엇일까? '문제해결방식'은 프로젝트를 대신할 수 없고, 문제해결방식을 프로젝트의 하위 단계라고 본 것일까? 이에 대한 답변을 찾는 것은 그렇게 어려운 일이 아니었다. 20년이 지난 후 킬패트릭은 이에 대한 대답을 스스로 하게 된다.

킬패트릭은 로런스 애슐리에게 보낸 편지에서 "1914년부터 나만의 교육학적 입장을 발견하기 위해 노력했으며, 맥머리처럼 나만의 학습에 대한 숙련된 방식을 완성하고자 했다."고 적었다. 덧붙여 그는 "나는 '문제해결방식'이라는 개념을 대체할 정의가 필요했다. 나의 방식이 맥머리 교수의 '문제해결방식Problemmethode'과 구별될 수 있도록 하기 위해서 말이다."라고 썼다.

킬패트릭은 제임스, 듀이와 손다이크의 학습 및 교육 원칙과 관련해 의견 차이를 겪은 후 교사로서, 아빠로서 그리고 유치원을 다녔던 어린 시절의 경험을 충분히 반영해 새로운 자신만의 학교 수업 방식을 개발하고자 했다. 그는 당시 맥머리와 경쟁을 하고 있다고 느꼈다. 동시에 그는 듀이의 이론을 전적으로 신뢰했다. 하지만 문제해결방식은 그를 지속적으로 불편하게 만들었다. 문제해결방식은 학습을 하나의 총체적인 과정으로 보지 않았다. 그리고 킬패트릭이 가장 중요하다고 생각했던 '학생의 순수한 자발적인 동기와 행동으로 이루어진 학습'이라는 요소를 중시하지 않았다.

킬패트릭이 동의하는 교육 방식은 학생들이 '의식적인 의도를 가지고 무엇인가를 해내는 과정'이었다. 그는 1915년에 맥머리의 '문제해결방식'에 반대하고 '프로젝트'에 대한 자신의 뜻을 굳히게 된다. 이 당시 킬패트릭에게는 다른 선택의 여지가 없었다. 더구나 프로젝트 개념은 이미 대중들에게 충분히 전파된 상태였고, 굳이 큰 홍보도 필요하지 않았다.

'전심(全心)에서 나오는 의도적 행동'이라는 정의는 '새로운 교육'을 기대하는 많은 교육학자들을 감동시켰다. 이 개념은 요한 아모스 코메니우스Johann Amos Comenius, 장 자크 루소Jean-Jacques Rousseau, 헤르바르트 이후에 '행동을 통한', '자유를 통한', '흥미를 통한' 교육으로 표현되기도 했다.

프로젝트라는 개념은 새로운 사고를 허락하는 활짝 열린 개념이었다. '프로젝트 방식'이라는 표현을 통해 교육학자들과 교육 관련자들에게는 수업의 문제와 교육 문제를 해결할 수 있는 안전한 방식이라는 신뢰를 줄 수 있었다. 더구나 프로젝트는 어떤 특정 교육학자들이 독점하는 돈벌이 수단으로 여겨지지 않았다. 루엘라 파머가 사용했던 '의도를 가진 방식'이라는 표현은 사용하지 않았다. 그 표현은 킬패트릭이 계획한 교육학적 무대에서 큰 관심을 일으키기에는 충분해 보이지 않았기 때문이다.

킬패트릭은 프로젝트라는 개념이 현실적인 설득력을 가지고 있다고 보았고, 프로젝트 방식이라는 정의는 분명히 그가 유명해질 수 있는 기회를 줄 것이라고 판단했다.

5 킬패트릭의 프로젝트 강의 : 학생 스스로 질문한다

킬패트릭은 자신의 프로젝트 구상에 대해 상당한 매력을 느꼈다. 그는 오직 '프로젝트'에 사로잡혀 있는 듯했다. 킬패트릭은 자신의 프로젝트 구상이 구체화된 이후 3개월 정도 지나서 프로젝트와 관련된 강연을 계획하게 된다. 바로 오하이오 애크런Akron에서의 강연이었다.

그는 1915년 11월 6일 애크런의 지역 교사협회 회의Summit County Teachers Association에 참석했다. 그리고 '문제-프로젝트 방식 : 이익인가 한계인가?The Problem-Project Method : Its Advantages, Its Limitations'라는 주제로 강연을 했다. 이 강연을 위해 그가 직접 준비한 강연 내용이 담긴 노트는 아직도 잘 보관되어 있으며, 현재도 확인이 가능하다. 그는 자신의 강연에서 맥머리의 문제해결방식을 소개하고, 당시에 가장 뜨거운 이슈였던 "세계전쟁이 시작된 원인은 무엇인가?", "전쟁은 미국에게 어떠한 영향을 주는가?"에 대해 발표했다.

그는 문제해결방식이 수업과 관련해 어떤 이점을 제공하는가에 대해 스스로 질문하고 답을 찾기 위해 노력했다. 문제해결방식은 학생들이 교사들로부터 이미 정해진 내용을 전해받아 암기하는 것 대신 참고 서적의 도움으로 과제 안에서 발생하는 질문에 대해 학생 스스로 답변을 찾는 것이었다. 킬패트릭은 "일반적으로 학습의 주체인 학생들은 문제에 대해 고민하는 과정에서 그들의 사고가 의미와 방향성을 찾는다. 그들이 스스로 찾은 답변은 그들에게 '진실된 관점'으로 수용되고 머릿속에도 오랫동안 기억될 수 있다."고 했다.

그리고 이러한 생각 속에서 킬패트릭은 맥머리의 방식에서 아주 중요한 결점을 발견했다. 맥머리의 방식에서는 질문하는 주체가 교사라는 점이었다. 킬패트릭이 보는 관점에서 질문은 학생 스스로의 질문이어야 했다. 킬패트릭이 볼 때 문제해결방식은 학생들이 생각하고 스스로 결정할 수 있는 행동에 대한 여유 공간을 전혀 제공하지 않았다. 이 결점을 보완하기 위해 킬패트릭은 '문제해결방식'이 '프로젝트 방식'으로 확대되어야 한다고 보았다.

"인간은 자신의 행동을 통해 우연한 방식으로 어떤 어려움에 처하게 된다. 그 어려움을 필수적으로 해결해야 하는 상태에 처하게 되면, 인간은 그 상황을 분석하는 과정을 겪는다. 문제를 해결하기 위해서는 우선적으로 계획을 수립한다. 그리고 그 문제를 풀어나간다."

이와 같은 내용은 듀이가 《우리는 어떻게 생각하는가》에서 언급한 바가 있다. 맥머리는 "수업의 중심은 외부로부터 자극을 통한 이론적인 문제여야 한다."고 한 반면, 킬패트릭은 이에 대해 "어린이는 '문제'보다는 '행함'에 더 흥미를 느낀다. 즉, 문제의 상황에서 행함에 좀 더 집중해야 한다. 바로 이 행위가 삶의 행위이기 때문이다."라고 했다.

킬패트릭은 자신의 학생들 앞에서는 문제해결방식에 대한 자신의 거부감을 거리낌 없이 표현해왔으나, 애크런 강의에서는 문제해결방식에 대해 언급하면서 매우 조심스러워했다. 이러한 상황에서도 문제해결-프로젝트라는 용어가 새롭게 창조되었던 것은 킬패트릭의 '균형과 중재'의 의도 덕분이었다. 킬패트릭은 이 용어를 사용하면서 실질적 삶과 직접적 관련성이 없었던 맥머리의 이론을 지적

하면서도 후에 자신의 이론과 듀이의 사상을 연결할 수 있는 방법을 모색했던 것으로 보인다.

그가 찾아낸 절충안은 '자립적인 물리적 활동'이다. 그는 듀이의 생각이었던 "완벽한 활동이라 함은 어린이들이 자신의 삶의 질문에 대해 프로젝트적인 계획을 실행하고, 이에 따라 능동적인 행동으로서 가능할 수 있는 활동"이라는 부분에 대해서는 크게 강조하지 않았다. 그리고 강연에서 자신의 구상 내용을 어떻게 수업에서 실현할 수 있는지에 대해서 하나의 예도 들지 못했다. 킬패트릭은 일기장에 "오늘 나의 강연에서 청중들이 깊은 감동을 받았다고 생각하기는 어렵다."라고 적었다.

자신의 연설에 청중들의 반응은 비교적 싸늘했지만 킬패트릭은 용기를 잃지 않았다. 대신 이를 계기로 프로젝트 방식에 대한 그의 애착은 더욱 커졌다. 그는 1916년 여덟 개의 강연, 1917년에는 다섯 개의 강연, 1918년에는 여덟 개의 강연을 개최했다. 뉴욕, 퍼센트, 인디애나, 미주리, 조지아, 노스캐롤라이나 등 미국의 전역을 여행하면서 열정적으로 강연을 이어나갔다. 그는 이로써 미국 전역에서 프로젝트 전문가로서 명성을 얻게 된다.

그의 최초의 글은 1917년 1월에 발행되었다. 이 글은 학생들이 킬패트릭의 강의를 듣고 정리한 내용이며 〈프로젝트 수업Project Teaching〉이라는 제목으로 존 우드헐이 자체적으로 프로젝트 방식을 위해 만든 학술지인 《기초과학 계간지》에 실렸다. 이 글은 6페이지로 이루어져 있으며 다양한 예가 제시되어 있다. 대신 '문제-프로젝트'라는 산만한 정의는 사용하지 않았다. 대신 그는 학습의 중요한 기초는 '호기심'이라고 강조했다.

킬패트릭은 학문의 결과인 생산품을 '논리적인 사실을 알고자 하는 과정'이라고 본다면, 어린이들이 논리적인 사실을 이해하는 과정에서 어린이들의 심리적인 요소는 매우 핵심적인 요소가 된다고 강조했다. 그는 그 이유로 어린이들이 지식을 받아들이고자 하는 노력과 의지가 학습의 성과를 결정하기 때문이라고 했다. 그는 학습을 위한 활동의 목적과 학생의 내적 연관성을 중시했으나 이에 대한 설명은 불충분했다.

킬패트릭도 물론 이 부분에서 설득력이 부족하다는 것을 알고 있었고, 이를 개선하기 위해 몇 개월 후 시간경제 위원회Committee on Economy of Time의 하위 위원회를 통해 보충 내용을 추가로 공개했다.

6 프로젝트의 재설계 : 의도와 실행이라는 새로운 방향

당시 해리 윌슨Harry B. Wilson은 전미 교육협회National Education Association의 시간경제 위원회 회장으로 활동하고 있었다. 그리고 이

위원회에서 프랭클린 보빗Franklin Bobbitt, 차터스W. W. Charters, 어니스트 혼, 클리프 스톤Cliff W. Stone이 하위 위원회의 주요 과제를 담당하고 있었다.

이 하위 위원회는 학습의 새로운 방향을 제시하는 제안들을 검토하는 과제를 수행했다. 이들은 학습 방식의 개선, 어린이가 가진 능력의 효율적인 사용과 같은 주제를 다루었다. 킬패트릭은 자신의 책을 통해서 학교 교육자로서 또는 전문가로서 프뢰벨, 몬테소리에 대해 언급하는 글들을 발표했다.

이 위원회에서는 1917년 2월에 맥머리의 《학습하는 방법》의 교육학적 관점을 설명하고, 듀이의 《우리는 어떻게 생각하는가》에서 심리학을 동원해 설명했던 문제해결방식이 소개되는 자리를 마련했다. 이 행사에 초대된 킬패트릭은 자신의 생각을 감추지 않았다. 그는 '문제'라는 정의를 비판했고, 동료들에게 이와 관련한 추가적인 토론 문서를 준비하도록 하였으며, 다음 회의에서 이 '문제'와 관련해 재차 토론할 것을 요구했다.

1917년 4월 28일, 그는 29페이지에 달하는 글을 썼다. 〈우리는 방식을 어떻게 보아야 하는가? 교육 이론에서 '문제해결방식'의 위상. 우리는 더 포괄적인 개념을 필요로 하는가?〉라는 장황한 글이었다. 이 연구서는 킬패트릭이 자신의 프로젝트를 구상하면서 최초로 가장 완벽하다고 했던 글이었다. 1951에 발행된 《교육철학 Philosophy of Education》의 내용과 프로젝트의 확장 가능성에 대해 그는 이미 1917년에 이 글을 통해서 초안을 잡았던 것이다.

제목이 말하는 것처럼 이는 킬패트릭의 토론서로 문제해결방식과 관련된 내용을 포함한다. '문제해결방식'은 자신의 교수였던 듀이와 맥머리를 통해 배운 것이었다. 그에게도 '문제해결방식'이 중요한 주제였던 것은 분명했다. 하지만 시간이 지나면서 킬패트릭은 맥머리에 대해 더 이상 관심을 두지 않았고 점차 듀이에게 집중하기 시작했다.

킬패트릭은 듀이가 내세운 '학습의 총체적 행위'에서 '행위자의 독립성'을 더욱 강조했다. 첫 번째로 '행위란 행동하는 사람이 스스로 목표를 결정하는 것' 그리고 '수단을 정하고, 계획을 실행하고, 결과를 평가하는 것'이라고 정리했다. 그는 학생의 의도와 학생 스스로의 목표에 대한 결정은 수업 활동의 '회전축'이며 '핵심'이라고 했다.

킬패트릭은 '문제' 그 자체로는 의미가 있다고 생각했다. 하지만 학생들에게 지속적으로 학습에 대한 자극을 제공하지 못한다고 생각했다. 그는 "학습자가 스스로 주체라고 느끼고 자신의 모든 영혼을 집중해 문제를 해결하고자 노력한다면, 이때 바로 교육이 성장할 수 있는 여지와 가능성이 생겨난다. 성공적인 학습은 학습자가 스스로 원하고 동경하는 대상이 학습의 대상이어야 한다. 이로써 학습자는 열정적으로 학습에 참여할 수 있다."라고 말했다.

킬패트릭은 '의도를 기초로 한 행동의 특별함'에 대해서는 듀이

The problem - project method
Akron, Ohio, Nov. 6, 1915

1. Introduction
   ① Prof. McMurry and the "problem" method
      Prof. Dewey's analysis of thinking

   ② Illustrations of this ~~problem~~ method
      What led up to the present world war?
                 Recent history
                 Geography of Europe
                 Balkans, Turkey, Austria
                 Alsace - Lorraine, War of 1870
                 ~~Bismarck, Napoleon III, French ambition~~
                 ~~German~~
                 World trade. Growth of German Empire.
      How has the war affected America
                 ~~Lines of trade~~
                 Dyes from Germany
                 Cotton + the South   parts of our
                 Iron + steel - munitions   country
                 Electric supplies   affected
                 motor cars + trucks
                 Wheat, horses, mules

   Why are we concerned with affairs in Mexico

   ~~Why did S.C. advocate n~~
   What was back of nullification in 1830?

[This I now think, 11/24/53, is the first public statement that I made on the "project-method"-WHK]

킬패트릭이 최초로 강연한 '프로젝트' 강의

165

의 실용적 철학이 아닌 손다이크의 행동주의 이론에서 근거를 찾았다. 그는 '즐거움과 유용성'을 기초로 한 손다이크의 학습 법칙을 매우 소중한 사유의 기초로 삼았다.

킬패트릭은 자신의 교육적 개념의 기초를 마련하기 위해 손다이크의 '다섯 가지 학습의 법칙'에서 그중 세 가지인 '준비의 법칙', '연습의 법칙', '효과의 법칙'을 응용했다. 킬패트릭은 학습자가 마음에서 우러나오는 관심을 바탕으로 학습에 참여하게 되면 학습이 즐겁다고 했다. 그리고 강요로 인한 학습은 불만족스러움만을 남긴다고 했다.

킬패트릭은 학생의 '내재적 사고', '학습에 대한 순간적 동기와 일치감'을 매우 중시했다. 그는 "이것은 행동하게 하도록 만드는 에너지이며 방향을 제시해주는 요소이다. 학생들은 자기가 하고자 하는 것을 스스로 결정할 수 있는 자유가 필요하다. '자신의 의도함'과 '자신이 하고자 하는 행동'이 일치해야 한다. 이로써 그들은 만족감을 얻을 수 있고, 학습의 성과를 얻을 수 있다."고 강조했다.

이러한 인식은 그의 프로젝트 개념의 기초가 되었다. 그는 프로젝트 개념을 지나치게 교육학적으로 설명하고자 하지 않았다. "프로젝트는 머릿속에 구상된 생각, 현실화하고자 하는 생각이며, '의식적 의도'와 연결된 활동이다."라는 말에서 알 수 있듯, 그는 프로젝트를 일반적으로 사용될 수 있는 넓은 개념으로 설명하고자 했다.

"프로젝트는 인간이 실행하기 위해 계획한 '행동의 방향'으로 정의될 수 있다."라고 주장한 킬패트릭은 이를 쉽게 설명하기 위해 수많은 예를 제시했다. 그는 예를 들 때 어린이들도 쉽게 이해할 수 있는 이야기를 통해 설명하고자 했다.

"크리스토퍼 콜럼버스도Christopher Columbus도 프로젝트를 계획했다. 영국을 위해 서쪽으로 해양 루트를 발견하고자 했기 때문이다. 한 어린 소년은 이 프로젝트를 실행하기 위해 모터보트를 만들었다. 또 한 어린 소녀는 〈노수부의 노래The Rime of the Ancient Mariner〉(영국 서정 시인 새뮤얼 테일러 콜리지Samuel Taylor Coleridge의 대표작 — 역주)를 외우기로 했다. 어린이가 스스로가 원한다면 무엇이든지 프로젝트가 될 수 있다. 어린이가 책을 읽고자 한다면, 이 책을 읽는 것이 그 어린이에겐 프로젝트이다."

킬패트릭에게는 '진정성 있는 의지'로 행하는 행동이 '프로젝트'였다. 의도, 계획, 실행, 평가 모두 어린이 스스로를 통해 이루어져야 하며, 선생님의 지시나 간섭을 받아서는 안 되는 것이었다.

킬패트릭은 프로젝트가 '의도', '계획', '실행', '평가'의 네 단계를 하나하나 거쳤을 때 가장 이상적이라고 보았다. 이는 교사가 아닌 학생 스스로가 실행한다는 조건하에서이다. 우드워드도 프로젝트를 계획하고 준비하는 기간 동안만큼은 교사들이 수업 전체를 통틀어 모든 전통적인 관리와 시험 치를 권한을 제한하는 등 교사의 역할을 포기하도록 했다.

이로써 학교의 수업은 새로운 품격을 찾게 되었다. 교사가 지닌 오래된 권위적인 특성은 배제되었고, 교사의 역할, 학습 계획의 역할, 강의의 역할, 과목의 역할이 가지고 있던 전통적인 의미는 자리를 잃게 되었다.

듀이가 《민주주의와 교육》에서 설명한 것처럼 킬패트릭은 《방식을 어떻게 볼 것인가?How Shall We View Method》에서 '성장'을 교육의 중심적 목표로 보았다. 킬패트릭은 "진정한 삶의 질은 실행 과정에서 필요한 모든 행동의 방향을 탐색할 줄 알고, 그 안에서 성장할 수 있는 가능성을 찾을 때 결정된다. 이를 인식하는 사람에게 '성장의 목적'은 '성장 과정 그 자체'로서 의미를 갖는다."라고 썼다.

프로젝트의 자율적 학습은 '학생의 전반적인 성향을 인지하는 과정'을 거쳐, 다양한 방향으로 성장할 수 있도록 돕는 역할을 한다. '전심(全心)에서 나오는 행위'는 학습에서 가장 효과적인 조건이다. 이는 학습 자체, 지속적인 사고를 통한 아이디어 생성, 지식 능력 모두에 긍정적인 도움을 준다.

물론 자유와 자율성에 전혀 제한을 두지 않은 경우에 대한 리스크도 준비해야 한다. 킬패트릭은 교사가 기대하는 만큼 학생의 의도와 활동이 항상 훌륭하고 실용적일 수 없음을 알고 있었다. 그래서 이와 관련해 상세한 설명을 할 경우에는 의도적으로 말을 아끼곤 했다.

킬패트릭은 학생들이 교사의 기대에 미치지 못했을 때 용기와 자극을 주는 것뿐 아니라, 상황이 허락한다면 학생들을 위한 과제를 선택하고 지시할 수 있다고 보았다. 약간의 압력을 행사하는 것을 허락하고, 학생들이 금지된 행동을 할 경우에는 이를 제지할 수도 있다고 했다.

"학생들은 경계를 알고 이를 넘어서는 안 된다. 현명한 교사는 교사로서 마땅한 권한을 가지고 학생들에게 의사를 표현할 수 있어야 한다. 학생이 제시한 프로젝트가 사회적 환경에 적절하지 않을 때는 교사가 이를 제한할 수 있어야 한다. 교사는 학생들과 소통하는 일에 예의를 갖추고 공감하는 자세를 취해야 한다. 프로젝트를 쉽고 즐겁게 실행하기 위해서는 '협력'과 '동료애'가 필요하다."

물론 교사들에게 프로젝트 수업은 일반 수업을 진행하는 것보다 훨씬 어렵고 부담될 수 있다. 킬패트릭이 말하는 프로젝트에서 교사는 지도자, 교육자임에도 학생 중심으로 이루어지는 수업이기 때문에 어쩌면 불필요한 사람처럼 보일 수 있다. 하지만 효과적인 학습을 위해 교사는 명백한 사고와 지속적인 성장을 도와주는 중요한 역할과 의무를 갖는다. 킬패트릭은 이 부분을 특히 강조했다.

"교사가 자신의 과제에 대해서 확실하게 인식하고 있다면, 학생들은 교사를 존중하게 될 것이다. 교사의 과제는 학생들이 유익한 의도를 갖게 해주는 것, 그로 인해 학습 목표에 알맞은 과업을 훌륭하게 달성할 수 있도록 하는 것이다."

킬패트릭은 어린이들의 의지를 가장 중요한 요소로 보았지만 지시자로서 교사의 임무도 매우 중요하게 보았다. 그는 학생의 나이, 학교의 형태에 따라 프로젝트 수업의 적용이 달라질 수 있고, 프로젝트의 난이도가 높아질 수도 있다고 보았다. 초등학교에서는 프로젝트를 적용하는 것이 비교적 쉬운 반면, 중학교부터는 이론적, 전문적 내용과 제도적 학업 과정이 프로젝트와 연결되어야 하기 때문에 훨씬 더 복잡하고 어려울 수 있다. 고등학교에서는 활동의 선택 사항이 확장되어야 하며, 수업은 각 개인에 알맞게 구성해야 한다. 교사는 학생 개개인의 특성을 잘 인식하고 이를 프로젝트와 잘 연관시켜야 하는 의무를 갖는다.

오늘날은 커리큘럼이 비교적 상세하게 규정되어 있다. 그래서 교사들은 이를 철저하게 따라야 할 의무가 있다. 하지만 킬패트릭은 교사들에게 이러한 관습을 독촉하거나 강요하지 않았다. 킬패트릭은 '프로젝트 계획'은 기존의 '학습 계획'을 대체할 수 있는 것으로 보았고, '프로젝트 방식'은 '문제해결방식'의 확장으로 보았다. 듀이나 맥머리에게 '문제해결방식'은 기존의 엄격한 훈련 방식과 대치되는 진보적인 방법이었으나, 킬패트릭은 개혁 교육자들이 주장하는 "교육은 삶이다.", "학습은 행동이다."라는 이상과는 일치하지 않는다고 보았다. 문제해결방식의 개념은 그에게 매우 지성에 편중된 개념이었다.

그는 학교를 학생들의 실질적 삶을 위한 본질적 공간을 제공할 수 있는 곳으로 만들어야 한다고 생각했다.

"실제의 '삶은 지적인 문제해결을 통하기보다 물리적, 사회적 조건을 통해 실현될 수 있다. 우리 어린이들의 생각과 사고는 자신들이 선택하고 결정한 프로젝트를 할 경우 훨씬 더 강력하게 융통성 있게 움직인다."

킬패트릭은 학생들의 사회적 활동과 물리적 활동이 결여되면 안 된다고 생각해 "학교는 이론적이며 체계적인 생각과 사고를 훈련하지만, 자발적인 행동을 위한 여유를 충분히 제공하지 못한다. 따라서 학생들이 즉흥성과 창조성을 마음껏 펼치는 데 충분한 환경으로서는 부족하다."라고 강조했다.

킬패트릭이 문제해결방식을 무조건 배척한 것은 아니었다.

"프로젝트를 실행하면서 발생하는 모든 문제Problem를 해결하는 활동도 프로젝트에 속한다. 모든 문제는 프로젝트가 될 수 있으나, 모든 프로젝트가 문제해결방식이 되지는 못한다. 프로젝트는 활동과 행위로서 몸체라고 볼 수 있으며, 문제는 그에 동반하는 정신이라고 할 수 있다. 우리의 삶 속에 이 두 가지, 즉 프로젝트와 문제는 항상 동시에 존재한다. 그러한 이유로 학교 교육에서도 이 두 가지는 동시에 존재해야 한다."

실제 삶과 학교에서 발생되는 문제를 어린이들이 자발적으로 자신들의 책임하에 풀어갈 때, 그들은 올바른 행동의 기준, 관습적인 일반적 사고방식, 사회적 행동 방식이 무엇인지 배우게 되며 실제로 자연스러운 방식으로 윤리적 훈련도 가능하다는 것이 킬패트릭의 생각이었다. 이렇게 하는 것이 단순한 '지식 전달'을 넘어 인격

형성에 도움을 줄 수 있다는 것이다. 그는 이를 통해 '민주주의의 원칙'이 학교에 확산되고 뿌리 내릴 수 있다고 보았으며 어떤 다른 학습 방식도 자발적인, 지적인 규제와 협력을 통해 민주주의적인 교육을 장려하지는 못한다고 지적했다. 이런 면에서 킬패트릭에게 프로젝트 방식은 매우 훌륭한 '순환적인 방식'이라고 할 수 있다.

"프로이센식의 교육은 오랜 전통을 지니고 있지만 미국 교육에 적절하지 않다. 학교에서는 스스로 생각할 줄 아는 사람을 길러낼 수 있어야 한다. 학교가 지배자의 명령에 복종하는 노예를 키워내서는 안 된다."

킬패트릭의 프로젝트에 대한 정의는 원칙적으로는 전통적 의미를 가지고 있었지만, 실질적으로는 혁명과 다름없었다. 킬패트릭은 본래 프로젝트를 '수업 방식'으로 보았지만, 점차 '교육철학적 개념'으로 보기 시작했다. 18세기에 도입되었던 프로젝트라는 개념은 그동안 많은 토론과 논쟁의 대상이 되어왔는데, 킬패트릭을 통해 새롭고 확장된 내용으로 완성될 수 있었다. 그리고 이는 세 명의 교육학자들의 자극이 있었기에 가능했다.

물리학자이기도 한 존 우드헐은 프로젝트는 수공예적 행위 이외에도 모든 형식으로 이루어진 삶과 연관된 모든 문제를 해결하는 방식을 포함하고 있다고 했다. 교육학자인 윌리엄 배글리는 실질적 학과목뿐만 아니라 그 외의 암기과목에도 프로젝트가 적용될 수 있으며 적용되어야 한다고 주장했다. 킬패트릭에게 박사학위를 수여한 폴 먼로는 《간략한 교육사 과정Brief Course in the History of Education》(1907)에서 "방식Method은 단순히 전통적인 의미로만 이해할 것이 아니라 현대적으로 확장된 의미에서 '견해'로 이해될 수 있다. 이 견해란 어린이들에게 인간으로서의 성장을 장려하고, '방식 효과Method Effect'를 돕는 요소인 '흥미, 활동, 참여'가 함께 포함되는 학습 내용, 과목, 수업 재료 등을 포함한 교육적 원칙으로 이해할 수 있다."고 했다. 먼로의 말처럼 방식이란 개념은 수업의 방식 이상의 의미를 가지고 있다. '어린이들과 어떻게 소통할 것인가?'와 '학습자의 삶의 형성에 어떻게 도움을 줄 것인가?'에 대한 고민이 담겨 있어야 한다.

위원회 의원들은 모두 킬패트릭의 강의에 동의했다. 그러나 그동안 프로젝트라는 전통적 개념에 익숙해 있던 그들은 킬패트릭의 프로젝트 정의에 대해 반신반의할 수밖에 없었다. 1917년 4월 28일 회의가 끝난 후, 킬패트릭은 잠자리에 들기 전에 자신의 일기장에 다음과 같이 적었다.

—— 모든 분들이 나의 작업에 감명을 받은 것처럼 보인다. 나의 생각에 어떠한 이견도 제시하지 않았다. (…) 하지만 내가 사용하는 프로젝트라는 개념에 대한 토론은 있었다. 모두들 내가 제시한 프로젝트 개념에 대해 우선은 수용하지만, 더 나은 개념의 정의에 대해 지속적으로 고민하겠다고 했다.

이 토론에 대한 타협의 내용을 담고 있는 초안은 1918년 2월에 애틀랜틱시티의 교육감독기관 Department of Superintendence의 회의에서 발표되었다. 동시에 미국 교육협회의 연간 보고서와 저널에 〈조직, 주제, 교수법에서의 문제-프로젝트 공격The Problem-Project Attack in Organization, Subject Matter, and Teaching〉이라는 제목으로 수업의 개선을 위한 하위 위원회의 공식 중간 보고서로 발표되었다.

위원회는 1920년과 1921년에 '교육학 연구를 위한 전국 연합National Society for the Study of Education'의 감독하에 두 개의 연간 보고서를《수업의 새로운 자료New Materials of Instruction》라는 제목으로 발행했으며, 이 안에는 500개의 수업 예시가 상세히 담겨 있었고, 그 중 많은 예시들은 '프로젝트 수업'의 예로 소개되었다.

7 배움은 개인적이고 주관적이어야 한다

1917년부터 1927년까지 10년 동안 킬패트릭은 약 30개의 글과 네 권의 책을 발표했고 이는 대부분 프로젝트와 관련된 내용이었다. 여기에는《프로젝트 방식The Project Method》(1918) 이외에 두 개의 논문도 포함된다.

그의 프로젝트 교육학을 대표하는 글은《방식의 기초. 교수법에 대한 정보적 토론》(이하《방식의 기초》로 통일함)으로 1925년에 발행되었다. 그리고 프로젝트 교육학과 관련된 그의 마지막 글은《프로젝트 시각에서 보는 학교 방식School Method from the Project Point of View》으로 1927년에 발행되었다. 이 글에서 킬패트릭은 아동 중심의 학습 개념을 그대로 유지했지만, 대중의 비판이 커지고 수용의 결여 조짐이 보이자 자신의 주장을 조심스럽게 완화시키면서도 효율성과 관련해 과격한 입장을 보이기도 했다.

1981년 9월에 쓴 그의 글에서는 '프로젝트는 사회적 환경에서 발생하는 진심의 의도적 행위'라는 개념이 담겨 있다. 킬패트릭은 이를 설명하기 위해 옷을 바느질하는 한 소녀를 예로 들었다.

―― 만약 한 소녀가 옷을 만들고 있다고 하자. 이때 이 소녀가 자신이 그 옷을 만들고자 하는 의도를 가지고 있다. 소녀가 자신이 옷을 직접 계획, 구상하고 스스로 만들어내고 있다면 이것은 가장 전형적인 프로젝트라고 말할 수 있다. 바로 사회적 환경의 중심에서 의도적인 행동, 전심(全心)에서 나오는 의도를 바탕으로 하는 행동을 하고 있다는 것을 확인할 수 있다. 옷을 만든다는 것이 소녀의 의도라면, 이렇게 형성된 의도는 그 과정의 지속적인 단계를 지배하게 되며, 후에 완전한 객체를 만들어낼 수 있는 원동력이 된다. 소녀는 자신의 진심 어린 관심으로 이 과정을 수행하고 결과에 대한 확신을 가지고 있다. 이러한 활동은 사회적 환경 속에서 이루어지며, 최

소한 주변에 함께하는 사람들은 그녀가 만든 옷을 보고 감탄하게 될 것이다.

이를 통해 킬패트릭은 '활동'이 '사회적인 환경'에서 이루어진 다는 것을 설명하고 있다. 또한 듀이가 《민주주의와 교육》에서 언급한 교육에 대한 '현실 관련성'과 '실제 관련성'을 강조하고자 했다. 사실 킬패트릭의 프로젝트 중 '역사 읽기' 프로젝트나 '심포니 연주 감상' 프로젝트의 경우는 그리 사회적 연관성을 찾아보기 힘들다. 비록 그가 사회적 연관성을 강조하기는 했으나, 이런 예를 보면 사회적 연관성은 필수적이지는 않은 것 같기도 하다.

킬패트릭은 1917년과 같이 1918년에도 프로젝트는 '객관적인 것'도 '독립적인 것'도 아니며 '주관적인 것', 즉 '의도적인 것'이라고 정의했다.

킬패트릭은 "의도는 '행동을 위한 자유'를 전제하며, 이는 누가 지시할 수 있는 것이 아니다. 의도는 '만족스러움(행복)을 동반하는 행동'이며 이는 외부에서 입력되는 것이 아닌 내부에서 발생하는 것이다. 학생이 자신의 의도를 실현할 때 '새로운 지식'과 이에 '필수적인 능력' 뿐만 아니라 무엇보다 자신의 '태도'와 '사고'를 획득하게 될 것이다. 이 특성들이 바로 민주주의 사회에서 가능한 요소들이며, 장려되는 요소이다."라고 강조했다.

킬패트릭은 또 프로젝트를 통해 미국 학교가 '민주주의 학교'로

에드워드 손다이크, 1874~1949

발전할 수 있다고 확신했다. 그는 글을 쓰는 것을 그다지 좋아하지 않았지만,《프로젝트 방식》을 통해 자신의 프로젝트 교육학적 신조를 알리기 위해 노력했다. 그리고 이 책을 살펴보면 킬패트릭이 윌리엄 헨리William E. Henleys의 시 〈인빅터스Invictus〉(1875)와 월터 리프만Walter Lippmanns의 에세이 〈이동과 숙련도Drift and Mastery〉(1914)를 많이 의존했음을 짐작할 수 있었다. 그는 책에 이렇게 썼다.

——— 가치 있는 삶은 의도적인 행동에 의해 형성된다. 마구잡이식의 강요로 형성되는 것이 아니다. 우리는 운명과 우연을 마치 전부인 양 받아들이는 수동적인 사람들을 무시하지 않는가? 우리는 실제로 명백하고 넓은 범위를 지배하겠다는 의도를 가진 사람들을 삶의 주체자로 보며, 그들을 칭찬하고 그들에게 감명받는다. 건강한 목표를 가진 사람은 실질적인 효율과 윤리적인 책임을 중시한다. 또한 이런 사람들은 민주주의가 필요로 하는 이상적인 국민의 모습이기도 하다.

킬패트릭은 듀이가 전제했던 것처럼 프로젝트 방식은 민주주의 국가의 정치적 형태와 국민이 협력하고 타협하는 방식, 경험을 나누는 방식 모두를 실현하게 할 수 있는 방식이라고 생각했다.

킬패트릭은 "학교는 '완성된 사회로 가는 과정'이다. 학교의 모든 구성원들은 원칙을 기초로 한 동일한 권리와 의무를 가지고 있다. 학교에서 교사는 감시자 또는 학생의 적이 아니다. 친구이며 동료이다. 학생은 무조건 지배를 받는 사람, 하위급의 존재가 아니라 교사와 동일한 권리를 소유한 동등한 인간이다. 그래서 자신의 흥미와 관심을 관철하고 자신이 해야 할 일을 스스로 결정할 수 있어야 한다."고 했다.

그는 몇 년이 지나《방식의 기초》를 집필했으며, 그의 주장은 더욱더 과격한 방식으로 이 책에 표출되었다.

—— 프로젝트에서의 배움이란 개인적이며 주관적이다. 강압적으로 계획되거나 확정되는 대상이 아니다. 프로젝트가 이미 실행이 되고 있는 중이더라도, 갑자기 학생의 생각과 의지가 바뀌면 다른 새로운 방법을 찾아도 문제없다. 의도가 상실되었음에도 교사가 이를 학생에게 마무리 지을 것을 강요한다면, 이것은 프로젝트가 아니라 과제이다. 결국 프로젝트는 학생에게 노동이 되며, 힘겨운 과정이 될 것이다. 이는 우리가 추구하는 것이 아니다. 불만족스러움에도 프로젝트를 지속하게 되면, 성과는 절대 만족할 만한 결과를 보여주지 못할 것이다.

킬패트릭은 '의도'를 '의식적인 것', '진지한 것'으로 정의하지 않았다. 그가 말하는 의도는 불안정하고 무분별할 수도 있으며 매우 빠른 시간 안에 변경될 수도 있다. 킬패트릭은 학생들의 '내재적 동기'와 '즉흥적인 내면에 존재하는 에너지'를 신뢰했다. 학생들의 감성과 요구 사항을 따르지 않는다면 어린이들의 사회성 발전과 지적 발전은 가능하지 않다고 보았기 때문이다.

킬패트릭은 자신의 프로젝트 개념에 인간의 노력에 대한 견해를 비롯해 인지적, 건설적, 정서적, 미적 관점을 모두 결합시켰다.

"어린이가 '의도'를 가지고 행한 일은 항시 만족스러운 결과를 보여주었으며 바로 이것이 진정한 프로젝트이다."

킬패트릭은 프로젝트 유형으로서 전통적인 세 가지 특징인 현

실 중심의 원칙, 생산 중심의 원칙, 학생 중심의 원칙 중 학생 중심
원칙을 가장 중요하게 생각했다. 이런 방식으로 그는 프로젝트 개
념을 확장해나갔다. 이는 다른 동료 학자들에게는 매우 특별하게
보였을 수 있다.

그는 프로젝트의 내용, 과정, 결론에 대한 결과에 대해 '총체적
인 자유'를 부여했다. '활동적인 행위'나 '러닝 바이 두잉'은 무조건
적 의무 사항이 아니었다. 연극 프로젝트에 직접 참여한 어린이들
그리고 객석에서 감상한 어린이들 모두가 그에게는 '프로젝트에 참
여한 것'이었다.

8 자연스럽고 강요가 없으며 자유를 통한 학습

프로젝트 수업을 어떻게 구현할 수 있는가와 관련된 질문에 대
해서 킬패트릭 역시 체계적으로 답변하는 것은 쉽지 않았다. 1917
년에 '어린이의 의도, 수업의 필수적 요소'라는 주제로 개최된 회의
에서도 그는 동료 학자들로부터 강력한 비판을 받은 적이 있었다.

킬패트릭은 《프로젝트 방식》과 《방식의 기초》에서 자연스럽고
강요가 없는 학습을 이상적 학습이라고 했다. 어린이는 자유를 누
릴 권리가 있고, 삶 속에서 자연스럽게 발생되는 자극과 관심, 희망

사항에 따를 수 있어야 한다. 킬패트릭은 두 가지 방법을 이상적으로 보고 실제 학교에서 적용이 가능한 방법을 제시했다.

첫 번째로, 그는 교사들에게 자료를 제공하는 노력을 아끼지 않았다. 교사들이 비상시에 사용할 수 있는 방법들도 물론 잊지 않았다. 학생들이 지배하는 수업, 즉 학생들이 그들의 자유를 무례하게 사용하고 경계를 넘어서는 경우, 교사가 관여하는 방법으로 몇 가지를 제안했다. 수업이 학생의 의도와 일치하지 않는 경우에는 '관심과 흥미를 자극하는 방법'을, 아이디어의 부족으로 학생이 프로젝트 진행을 힘들어할 경우에는 '지원적 방법'을, 성과가 좋지 않아 상실감에 빠진 학생들을 위해서는 몬테소리의 방식을 참고해 '스스로를 돕는 지원 방식'이었다. 킬패트릭은 프로젝트를 잘 이해하는 현명한 교사라면 어린이들에게 '지배적 방식'을 자주 사용하지 않을 것이라고 생각했다. 킬패트릭은 이와 관련하여 자신의 생각을 정확히 피력했다.

"교사는 나름대로 전략을 가지고 현명하게 방법을 찾을 것이며, 학생들과 타협해 결정한 학습 목표와 과업을 훌륭히 마무리할 것이다. 학생들과의 협력 및 학습을 성공적으로 완성하기 위해 교사 자신의 과업에 대해 묵묵히 고심하며 학생들을 도울 것이다."

그는 상황에 따라 교사가 학생들에게 엄중하게 경고를 하고 학생들의 활동을 제한할 수 있는 권한을 가질 수 있다고 했지만, 이는 킬패트릭에게는 매우 예외적인 특별한 상황이다. 그가 말하는 프로젝트는 삶 자체의 자연스러운 환경 속에서 외부로부터 강요되어서는 안 되며, 학생들 간의 합의를 통해 결정되어야 하기 때문이다.

두 번째로 킬패트릭은 일반적인 학습 계획을 크게 축소했다. 그의 궁극적인 목표는 학습 계획을 없애는 것이었다. 학습 계획이 사라지면 어린이들이 자신들이 원하는 수업을 스스로 선택해 만들어 나갈 수 있기 때문이다. 또한 그가 가장 이상적이라고 생각하는 프로젝트는 '자유를 통한 학습'이었기 때문이다.

그는 최소한의 수업 조건을 '읽고, 쓰고, 계산하기'로 정하고, '계산하기'는 '약간'의 정도로 제한했다. 이 능력은 인간이 살아가는 데 기초적으로 최소한 필요한 것이라고 보았기 때문이다. 만약 학생이 자발적으로 음악, 예술, 역사, 물리 화학, 수학, 외국어가 필요 없다고 생각하면 굳이 그 과목을 들을 이유가 없다고 보았다.

"우리는 결국 인간이 만들어낸 것들을 배우고 이를 사용하지 않으면 이 세상을 살아갈 수 없다. 우리가 어떤 특별한 상황에 직면했다고 하자. 그 상황에서 우리가 배우고 학습해야 하는 특별한 요소가 발생한다면, 신기하게도 우리는 그 내용을 아주 쉽게 배울 것이다. 이런 상황들은 매우 다양한 방식으로 나타날 수 있지만, 우리는 그 조건 속에서 타협하는 방식을 찾아가게 된다. 바로 이렇게 살아가는 방법을 어린이들에게 가르치는 것이다."

그는 프로젝트의 가장 핵심적인 부분은 '영구적인 기회적 수업'이라고 보았다. 과목, 내용, 학습 계획에 의존하지 않고 직감, 영감,

즉흥성, 우연성을 기초로 하는 학습이 그것인데, 그는 이것만이 어린이들의 내적 동기를 깨울 수 있으며 어린이들 내부에서 나오는 의지와 노력의 에너지를 사용할 수 있게 해준다고 보았다. 또 이러한 건강한 학습 동기가 지속적인 학습 효과를 보여준다고 했다.

물론 그의 이론에 대한 많은 비판이 있었지만 그는 그 비판을 그대로 수용하지 않았다. 그가 보기에 전통적인 학습 계획과 학습 방식은 융통성이 부족하고 부자연스러운 것이었다. 또한 어린이들의 동기와 의욕을 빼앗는다고 보았다. 킬패트릭은 학생들이 창의적이며, 세심한 내용들을 논리적으로 해석하고 이해할 수 있는 충분한 능력을 가지고 있다고 믿었다.

《방식의 기초》가 출간된 이후 그에 대한 교육계의 비판은 더더욱 커져갔다. 그가 교육 방식의 전통성과 실질적 교육 환경을 전혀 고려하지 않는다는 이유였다. 그의 동료 밀로 힐레개스Milo B. Hillegas는 "더 이상 학생 스스로의 창조성과 즉흥성에 의존해서는 안 된다."고 언급하기도 했다. 하지만 그는 "학습 내용을 포함한 학습 계획이 구속력을 발휘하지 않는다면, 놀이의 선택 영역과 행동 영역을 제한하지 않는다면, 그리 나쁘지는 않다."고 보았다.

킬패트릭은 교사들이 전형적 수업을 어려움 없이 프로젝트 수업으로 전환시킬 수 있도록 하기 위하여 인위적인 동기 유발을 위한 활동과 학습 내용을 좀 더 흥미진진하게 하는 노력 그리고 학생의 성과를 관리하기 위해 신중하게 접근하는 것을 허락했다. 이는 그가 그동안 매우 반대했던 방법이었으나, 교사들이 좀 더 편리하게 프로젝트를 도입할 수 있도록 단순한 체계적 절차를 통해 접근하는 것에 대해서도 인정할 필요가 있었기 때문이다. 이 타협은 현실에 맞추기 위해 마지못해 수용한 것이다. 1917년 킬패트릭은 자신의 일기장에 "나는 교사들이 나의 프로젝트를 수용할 수 있도록 어쩔 수 없이 타협했다."라고 적었다.

그렇지만 자신이 이루고자 한 이상이 무엇인가에 대해서 잊은 것은 아니었다. 그는 일반적인 형태의 수업이 자신이 생각하는 프로젝트 수업의 형태로 바뀌어가는 과도기가 결코 쉽지 않다는 것을 알고 있었다. 그는 이렇게 고백했다.

"올바른 방법으로 다가간다면 분명히 프로젝트 수업은 훌륭하게 완성될 수 있다. 오티스 애슈모어와 같이 훌륭한 교사라면 필수적인 문화적 지식과 역량으로 충분히 가능하게 할 수 있다. 학급은 민주주의적으로 발전해나갈 것이며, 교사들은 더 이상 '지배자', '지시자', '감시자'로서의 역할을 하지 않아도 될 것이다. 즉, 기존의 교사의 주요 역할들은 점차 사라지게 될 것이다."

그가 가장 열정적으로 희망했던 프로젝트는 '어린이의 진정 어린 의도'를 통해 이루어지는 것이었다. '어린이의 진정 어린 의도'야말로 최고의 목표였다. 그가 본 학교 교육의 질을 결정하는 요소는 '학생들이 알아야 하는 지식의 양'이 아니라 그들의 '내재적 동기'였다. 그는 "모든 학교는 학생들이 그들의 작업에 투입하는 내재적 의도의 정도를 0~100까지 수로 수치를 표시할 수 있어야 한다.”고 했다.

9 호러스 맨 학교의 실험 :
교사와 학생은 동일한 권리를 갖는다

학습 계획 혁신을 위한 개혁에 참여했던 프랭크 맥머리를 비롯한 동료 교육학자들의 성과는 호러스 맨 학교에서 5년간 진행된 실험의 출발점이 되었다.

호러스 맨 학교에서 진행된 실험에는 킬패트릭뿐만 아니라 교장 헨리 피어슨, 초등교육학자 밀로 힐레개스 교수와 중등교육학자 프레더릭 본서가 참여했다. 이들은 듀이와 맥머리의 문제해결방식이 충분하지 않다고 보았고, 문제해결방식만으로는 학생들의 참여를 충분히 이끌어낼 수 없다고 생각했다. 킬패트릭은 이 실험의 기초로 어린이 중심의 프로젝트를 적용했는데, 이 실험은 부분적으로는 성공했다고 평가될 수 있었다.

본서는 듀이의 이론에 대한 절대적 추종자였으나, 킬패트릭의 이론에 대해서는 지나치게 자유롭다는 의견을 갖고 있었다. 그리고 본서는 학습 목표와 학습 내용을 매우 중시했으며, 학교에서 확정된 학습 목표와 학습 내용을 따르는 것은 필수라고 보았다. 물론 학습 내용과 목표는 서로 조화를 이루어야 한다고 했다.

이들 사이에 때때로 매우 열띤 토론이 벌어졌다. 교육대학의 학장인 딘 제임스 얼 러셀Dean James Earl Russell도 킬패트릭의 콘셉트에 반대하던 입장이었다. 하지만 많은 토론과 대화를 통해 그들은 타협을 이루어냈고, 킬패트릭의 방식은 1916년과 1917년 겨울 학기에 실제로 적용된다.

이 실험에는 세 개의 학급이 참여했다. 두 개의 학급에는 맥머리의 문제해결방식을 적용했으며, 세 번째 한 학급에서는 킬패트릭의 프로젝트 방식을 적용했다.

프로젝트를 적용한 학급에는 고정된 의자 대신에 움직이는 책상과 의자를 사용하고, 자유 작업을 위한 놀이, 그림 기구, 나무 상자, 장난감, 도구, 책, 타자기 등 특별한 학습 재료들을 채웠다. 새, 물고기, 암석, 꽃이나 풀이 심겨진 화분 등이 진열장에 다양하게 놓였으며, 이는 학생들이 직접 돌보고 가꾸어야 했다. 프로젝트의 조건을 킬패트릭은 이렇게 정리했다.

"나는 규정된 학습 계획은 필요하지 않다고 본다. 학습 계획의 제한이 없는 환경이라고 해서 교사들이 스스로 옳다고 생각하는 것을 실행해서는 안 된다. 학생들은 자유롭게 생각하고 활동할 수 있어야 한다. 학생들은 책을 읽거나 산수 계산, 글을 쓰는 것을 강요받아서는 안 된다. 시험을 치러서는 안 되며, 미리 제시된 학습 계획을

제임스 호식, 1870~1959

넬슨 보싱, 1893~1972

찰스 맥머리, 1857~1929

보이드 보드, 1873~1946

기준으로 어린이들의 성과를 점수로 평가해도 안 된다. 새로운 활동을 이끌어내는 활동을 절대 제지해서는 안 된다."

킬패트릭의 이 같은 조건은 상당한 저항과 반대에 부딪혔지만 킬패트릭의 생각은 분명했다. 형식상으로 킬패트릭은 학생과 교사에게 동일한 권리를 부여했다. 바로 자유와 자율적 결정권이다. 그는 학생과 교사의 대칭적 구조를 철회하고자 했다. 교사는 수업 계획과 조직적 권한을 더 이상 가질 수 없었고, 학생들이 교육과정의 최고 결정자가 되었다. 또한 학생들이 학급 활동의 결정에 얼마나 관여하는지도 매우 중요한 문제였다.

다음은 프로젝트 학급을 맡았던 플로런스 맥비Florence McVey의 글과 킬패트릭의 일기장을 참고하면서 설명하도록 하겠다.

맥비는 첫 번째 학기에 작성한 〈1학년의 표본 활동Specimen Activities of the First Grade〉에 다음과 같이 적었다.

―― 학습은 매우 이상적으로 진행되었다. 어린이들은 자신들이 원하는 대로 학습 재료를 사용할 수 있었다. 어린이들은 개인적으로 또는 모둠을 형성하여 인형 놀이, 그림 그리기, 책 읽기, 보트 만들기, 전쟁놀이를 위한 깃발과 칼, 폭탄을 만들기도 했다. 경우에 따라서는 책을 읽거나 산수 문제를 풀기도 했으며, 친구가 선생님 역할을 하며 다른 친구를 가르쳐주기도 했다. 갈등이나 소음이 발생하고 싸움도 벌어졌는데, 학생들은 토론을 통해 자신들의 의견을

표현했고 투표로 해결점을 찾았다. 학생들은 항상 교사에게 질문을 할 수 있었고, 선생님은 어린이들이 알고자 하는 지식과 기능을 배우는 방법을 알려주며, 어린이들이 겪는 문제와 어려움을 어떻게 해결하는지 제안해주기도 했다.

교사들의 과제는 능동적이기보다 수동적이었으므로, 학생들은 이런 과제를 통해 스스로 생각하고 계획하고 신중하게 작업할 수 있는 기회를 얻을 수 있었다. 공동 학급 수업은 이루어지지 않았다. 읽고 쓰는 것도 자율적이었으며, 어린이들의 기분과 의욕에 따라 선택이 가능했다. 총 25명의 학생 중 5~15명에게 위의 학습 방법을 적용했다. 1916년과 1917년 겨울 학기의 총 기간 중 2분의 1 정도 되는 수업 시간에는 킬패트릭이 직접 방문하여 참관했다.

킬패트릭은 플로런스 맥비를 '매우 훌륭한 교사'라고 칭했다. 하지만 맥비의 수업에 100퍼센트 만족하지는 못했다. 킬패트릭은 자신의 일기장에 자유를 통한 교육의 실질적, 감성적 한계에 관해 자신의 생각을 적었다.

― 1916년 10월 18일 : 맥비는 약간 공황 상태에 빠져 있었다. 어제 너무 많은 것을 시도했던 것으로 보인다.

― 1916년 10월 31일 : 맥비는 여러 분야에서 진부한 방식을 시도했다.

— 1916년 11월 13일 : 맥비는 어려움과 낙담에 대해서 언급했는데 지나치게 이론에 치우쳐 있다.

— 1916년 12월 18일 : 맥비 선생님에게 약간 실망했다. 그 이유에 대해서는 아직 말할 수 없다.

— 1917년 1월 10일 : 내가 생각한 것보다 교사들에 대한 지도가 더 필요할 것 같다.

1917년 1월부터는 프로젝트 학급에 대한 관심이 줄어들었는지 일기장의 내용도 줄었다. 프로젝트 수업과 관련된 학교 수업 일지에는 다음과 같은 글이 적혀 있었다.

— 1917년 10월 25일 : 맥비 선생님이 1학년 학급에서 연습 시간을 가졌다. 킬패트릭은 이를 매우 걱정스러워한다.

— 1917년 11월 16일 : 킬패트릭은 학급을 착각하고 배챌더가 교사로 있는 2학년 학급으로 잘못 들어갔으며, 자신의 생각과 전혀 상관없는 수업 방식을 보고 매우 충격을 받았다.

— 1918년 11월 22일 : 킬패트릭은 데트라츠 교사가 진행하는 수업에 대해 매우 우려했다. 그는 "우리의 계획을 3학년 학급에 적용하고 있었으나, 전혀 제대로 진행되고 있지 않다."고 보았다.

— 1919년 10월 10일 : 킬패트릭은 "1학년에서 매우 많은 학생들이 읽기 공부를 하지 않는 것으로 보인다."고 고백했다. 킬패트릭의

일지를 보면, 플로렌스 맥비 교사의 수업에서 어린이들이 완전한 자유를 누리는 것은 아니었다. 어린이들은 자유롭게 자신들이 하고 싶은 것이 무엇인지 결정하지 못하고 있다.

그는 어린이들이 수업에서 스스로 자신들이 무엇을 할지 결정하는 것을 원했지만, 100퍼센트에 가까울 정도로 실현되지는 않았다. 밀드레드 배첼더Mildred I. Batchelder, 줄리아 데트라츠M. Julia Detraz, 마리 헨네스Marie Hennes의 보고서에 따르면, 교사들은 5학년의 경우 어쩔 수 없이 기존 학습 방식에 따라 수업을 진행할 수밖에 없었다. 이 학년의 학생들은 체계적인 지식과 기능을 획득해야만 했기 때문이다. 부모들 또한 이를 적극적으로 요구하는 상황이었다.

읽기, 쓰기, 계산하기에서 프로젝트 계획의 목표가 제대로 달성되지 않는 경우가 많았기 때문에, 윌리엄 매콜William A. McCall, 클라라 샤셀런드Clara F. Chassellund, 레타 홀링워스Leta S. Hollingworth는 재검토를 결정했다.

실험이 이루어지던 두 번째 해 말에 프로젝트 방식 학급(어린이들이 자유롭게 결정할 수 있는 권한을 가진 학급)과 문제해결방식 학급 총 두 학급에 대해 비교 분석을 실시했다.

어린이들의 지적 계발, 즉 단어 사용과 문장 이해력, 독해 및 계산 능력을 측정하는 테스트가 실시되었고, 이 결과는 1919년 〈실험 측정Experimental Measurements〉이라는 보고서로 정리되었다.

―― 우리가 진행한 테스트에서 문제해결방식 학급은 규칙적인 성장을 보였다. 프로젝트 방식의 학급에서는 학생들이 잘하는 분야에서는 훌륭한 결과를 보여주었다. 문제해결방식 그룹은 11~15개 테스트에서 큰 진전을 보였으나, 그 이외에는 특별한 진전을 보이지 않았다. 바로 우리가 예상했던 결과였다. 프로젝트 방식 학급의 학생들은 사소한 학습 요소에 대해서도 강력한 집중력을 보였다.

헨리 피어슨과 찰스 헌트Charles W. Hunt는 이 실험과 관련한 글을 약 열 개나 집필했다. 1922년에 《초등학교 교육에서 호러스 맨 연구Horace Mann Studies in Elementary Education》라는 책이 발행되었으나, 그 시기에는 이미 어린이 중심 프로젝트 개념에 대한 대중의 관심이 줄어든 지 이미 오래였다. 1917년 호러스 맨 학교와 이별을 고한 커리큘럼과 관련된 글은 20년대 이후까지도 지속적으로 발행되기는 했으나, 호러스 맨 학교의 실험이 킬패트릭과 관련되어 있는지에 대해서는 특별한 언급이 없다.

피어슨 교장은 "학습 내용은 삶의 기초적인 질문과 문제로 구성되었으며, 공예 및 자연과학 수업에서는 프로젝트 수업이 아닌 문제해결방식 수업이 도리어 이상적이었다. 이 방식은 어린이들의 흥미와 관심을 깨우쳐주며 수업의 목표 지향성을 보장한다. 그리고 다양한 상황에 대한 대처 능력을 길러주며 훌륭한 사고를 장려한다."고 했다.

매콜은 킬패트릭의 방식이 보여준 불충분함과 부족함에 대해 분명하게 언급했고, 당시 킬패트릭의 노력은 실패했다고 보아야 한 다고 꼬집었다. 호러스 맨 학교의 어린이 중심 프로젝트는 이렇게 교육계에서 잊혀져갔다.

10 밀워키의 꿈꾸는 미래 학교 : 킬패트릭의 혁신과 실패

1921년 겨울, 킬패트릭은 아주 기쁜 소식을 접하게 된다. 밀워 키 교사협회Milwaukee Teachers Association의 회장인 에설 가드너Ethel M. Gardner에게 연락이 왔기 때문이다. 밀워키는 미국에서도 교육학적 으로 매우 진보적인 위스콘신의 도시였다. 가드너는 킬패트릭에게 프로젝트 방식의 이론과 실습에 대한 세미나 개최를 요청했다.

일주일간의 세미나는 상당한 관심을 불러일으켰다. 밀워키의 교사협회는 분주하게 움직이며 회원들의 참석을 권장했다. 에설 가 드너는 교사협회 학술지에 "킬패트릭과 함께 연구하는 것은 열정 적인 교사들의 꿈이다. 이런 특별한 기회를 놓친다면 매우 안타까 울 것이다."라고 했으며, 지역신문들도 이를 보도하며 독자들의 호 기심을 일깨웠다. 밀워키 지역 언론도 킬패트릭의 학교가 지향하는 교육에 대한 비전을 "딱딱한 의자가 없고 책상이 없는 학교를 상상해보세요. 친구들과 소곤소곤 귓속말을 하고 쪽지를 전달할 수 있다면 어떨까요? 책을 읽거나 산수 문제를 풀지 않아도 되는 학교, 시험이 없는 학교! 항상 기쁜 마음으로 갈 수 있는 학교! 바로 윌리엄 허드 킬패트릭이 꿈꾸는 미래의 학교입니다."라며 소개했다.

킬패트릭의 세미나는 1922년 1월 30일부터 2월 3일까지 밀워키의 뮤지엄 렉처 홀Museum Lecture Hall에서 개최되었다. 세미나에 대한 참가자들의 반응은 뜨거웠다. 800명 정도가 참가했으며 참가자의 숫자가 많은 관계로 두 차례로 나누어 진행됐다. 추가로 커노사Kenosha의 교사들과 밀워키 사범학교Milwaukee Normal School 학생들에게도 강연을 했는데, 이 또한 반응이 매우 좋았다. 교사협회와 연말 행사를 함께 진행하고, 밀워키시의 연회에서는 거의 500명이 참가했다. 킬패트릭은 획기적이고도 신비한 미래의 교육을 제시한 교육학자로서 프로젝트 방식을 공표하며 기립박수를 받았다.

성공적인 행사를 뒤로하고 킬패트릭은 아주 행복한 마음으로 집으로 돌아왔다. 밀워키의 낙관적인 반응은 어느 정도 유지되었다. 학교의 행정부는 《초등교육에서의 프로젝트와 놀이Projects and Games in the Primary Grades》(1922)라는 책을 출판했다. 이 책은 180페이지로 이루어져 있으며, 킬패트릭이 제안하는 수업 원칙과 수많은 프로젝트 놀이가 담겨 있었다.

밀워키 교사협회는 성공적인 세미나 개최에 대해 꼭 필요한 행사였다고 강조하고 이를 '교육 시스템의 르네상스'라고 표현했다. 회장인 에설 가드너의 '킬패트릭의 프로젝트' 적용에 대한 구상은 전설적인 사회주의자이자 시의회 의원이었던 메타 버거Meta Berger 의 지대한 관심을 받게 된다. 그녀는 학교 행정부에 3~4학년 기간 에 해당하는 수업에 킬패트릭의 프로젝트 방식을 표준 방식으로 적 용하겠다는 파격적인 포부를 밝혔다.

그의 결정이 공식적으로 완벽하게 수용되지는 않았지만, 그 내 용은 훌륭한 것으로 받아들여졌다. 교구 관할 감독 밀턴 포터Milton Potter는 1924년 9월에 긍정적인 답변을 보내왔다. 이에 대해 킬패 트릭은 "마음에 들지만 혼란스럽다."라고 표현했다. 아마도 호러스 맨 학교에서 실시한 실험의 결론이 성공적이지 못한 것을 기억하고 착잡한 마음이었을 것으로 짐작된다.

이런 긍정적인 소식에도 문제는 산재했다. 특히 킬패트릭의 방 식을 학교에 도입할 경우 어느 교장도 총괄하는 역할을 하고자 하 지 않았다. 교장들은 마케트 대학교Marquette University의 에드워드 피 츠패트릭Edward A. Fitzpatrick으로부터 받게 되는 과제에 대한 검증을 부담스러워했는데, 검증 기준에는 킬패트릭 수업이 제공하는 사안 을 전혀 담고 있지 않았기 때문이다.

피츠패트릭은 물론 이러한 시범학교를 도입하기 전에 프로젝트 에 대해 과학적 검증을 하는 것이 옳다고 보았다. 피츠패트릭의 지 적은 매우 중요한 경고로 받아들여졌으며, 결국 교구 감독 포터와 학교위원회는 프로젝트에 대한 자신들의 계획을 보류하게 되었다. 그들은 킬패트릭의 프로젝트 계획 대신에 인디애나주 게리Gary의 윌리엄 위트William A. Wirt가 개발하고 존 듀이와 에벌린 듀이Evelyn Dewey가《미래의 학교Schools of Tomorrow》에 새로운 교육학 혁신으로 소개했던 '플래툰 시스템Platoon System'으로 대체하고자 했다.

상황이 바뀌자 메타 버거와 에설 가드너는 그들의 본래의 계획을 중단하고 프로젝트 준비와 실행을 도울 여섯 명의 감독자를 찾기로 했다. 하지만 많은 노력을 했음에도 유일하게 아그네스 켈리Agnes Kelley만을 감독자로 지명할 수 있었다. (안타깝게도 필자는 그의 활동과 성과에 대해서는 정보를 찾을 수 없었다.)

밀워키에서 수많은 교육자들의 찬사를 받았던 킬패트릭의 프로젝트 수업은 성공하지 못했다. 그 이유는 무엇일까? 데이비드 레빈David Levine은《프로젝트 방식과 고질적인 학교 문법The Project Method and the Stubborn Grammar of Schooling》에서 밀워키의 학교 혁신이 성공하지 못한 이유를 언급했다.

그는 첫 번째 원인을 학교 행정부의 실패로 보았다. 학교 행정부의 학교 혁신에 대한 '올바른 이해의 부족', 학교 혁신을 지원할 수 있는 '역량의 부족'과 '프로젝트 방식의 홍보 실패'로 보았다. 그는 혁신을 주도했던 프로젝트 추종자들이 대중 여론을 관리하며 효율적으로 접근하는 전문적 능력이 없었으며, 학교 교장들은 혁신에 대해 책임을 지는 것에 불안감을 가지고 있었다고 했다. 물론 교사들도 변화에 대한 두려움이 있었으며 밀워키의 교구 감독 티슨W. W. Theissen에 따르면 교사들은 실제적 학교 환경에서 프로젝트 수업을 적용할 정도의 충분한 역량을 가지지 못했다.

티슨은 《초등교육에서의 프로젝트와 놀이》에서 어린이 중심 프로젝트 콘셉트의 실질적 적용과 관련해 어려움을 언급한 바 있다.

——— 프로젝트는 전심(全心)에서 나오는 의도적 활동으로 정의된다. 이러한 추상적인 정의는 교사들이 학교에서 직접 적용할 때 판단에 어려움을 줄 것이다. 위의 정의를 보면 모든 어린이들의 진심 어린 의도를 기초로 한 활동이 가능하다고 했다. 파리를 잡는 것에서부터 큰 전쟁에서 승리를 하는 것 등 많은 예를 들 수 있다. 하지만 이에 대해 정확한 경계가 제시되어야 한다고 본다. 프로젝트 방식을 수업에 적용할 것인가 하는 문제보다 더 중요한 것은 어떤 프로젝트를 수업에 적용하고, 어떤 가정하에서 그 프로젝트를 가능하게 하는가 하는 질문이다.

티슨은 밀워키에 프로젝트 방식을 도입하지 못한 이유를 사람들과 시스템의 문제로만 본 것이 아니라 바로 이론 자체가 문제라고 지적했다. 이는 킬패트릭의 가장 큰 약점을 지적한 것이었다.

"과연 자연스럽고 즉흥적인 학습 방식으로 읽고 쓰고 계산하는 것만을 배운다면 다른 중요한 지식과 역량을 어떻게 배울 것이며,

과연 이 교육으로 후에 차후 학교 입학과 직업, 미래의 가족을 준비할 수 있을 것인가?"라고 티슨은 지적했다.

킬패트릭의 프로젝트 방식은 학교에서 수업을 주도해왔던 교사들에게는 지나치게 순수하고 미성숙했으며 학교의 실질적 환경과 거리가 멀었다. 그래서 잠깐의 감동은 일으킬 수 있었지만 거대한 학교라는 조직의 혁신과 수업 혁신을 설득할 정도의 모델은 아니었다. 뉴욕과 밀워키에서 여러 시도가 있었음에도 킬패트릭은 큰 전환점을 만드는 데 실패하고 만다.

박사과정 학생이었던 엘스워스 콜링스Ellsworth Collings는 킬패트릭의 프로젝트를 직접 미주리의 맥도널드 카운티McDonald County에 있는 베스페이지Bethpage의 한 학교에 적용하여 실험을 실시했으며, 〈프로젝트 커리큘럼의 실험An Experiment with a Project Curriculum〉이라는 논문을 통해 실험 내용을 발표했다. 이 논문에는 "킬패트릭의 프로젝트는 실질적으로 훌륭하게 적용할 수 있었다."고 적혀 있다. 킬패트릭은 자랑스럽게 "콜링스의 논문을 읽으라!"고 말했다. 그는 "이곳에서 10마일이 떨어진 한 학교에서 나의 교육철학이 실현되었다. 그 학교의 성과는 전국적인 평균값보다도 훨씬 훌륭했다. 이 실험을 통해 나의 구상이 충분히 실제적 적용이 가능한 표준이라는 것이 증명되었다."고 했다.

베스페이지에서 프로젝트 수업이 과연 실질적으로 적용되었는지에 대해서는 뒤에서 상세히 언급하도록 하겠다.

II 대중 속으로 : '프로젝트 홍보 클럽'의 설립

프로젝트에 대한 구상을 실제에 적용하고 동료들의 적극적인 지원을 얻기 위해 홀로 고독한 투쟁을 하고 있던 킬패트릭은 효율적인 방법을 찾기 시작했다. 그는 유명해지기 위해 그리고 전통과 투쟁하고 경쟁자들과 경쟁하기 위해서는 전국적 포럼과 같은 행사나 자신과 비슷한 생각을 가진 사람들과 긴밀하게 협력하는 것이 매우 중요하다고 생각했다.

1917~1918년 학기에 그는 프로젝트로 교육학적 혁신을 이루겠다고 결심한다. 그는 자신의 교육 방식과 철학을 세계에 알리고자 고민하고 있었다. 물론 걱정이 앞섰다. 그는 학생들과 동료들에게 의견을 구하고자 했다. 그리고 모임을 만들어 홍보의 발판으로 삼는 것이 좋겠다는 결론에 이른다. 대신 자신이 스스로 모임을 창립한 사람으로 노출되는 것은 원치 않았다.

킬패트릭은 자신의 비서인 마거릿 누넌Margaret E. Noonan을 통해 전미 교육협회의 교구 감독 부서Department of Superintendence of the National Education Association와 협력하여 모임을 주선하도록 했다. 그 결과 1918년 2월 27일에 약 50명에 해당하는 참석자가 애틀랜틱 시티에 모일 수 있었고, 킬패트릭의 '프로젝트 모임'에 대한 토론이 이루어졌다. 이 자리에는 플로런스 뱀버거Florence E. Bamberger, 서튼 C. C. Certain, 찰스 헌트, 프레드 헌터Fred M. Hunter, 마그렛 매든Margret

FOUNDATIONS OF METHOD

Informal Talks on Teaching

BY

WILLIAM HEARD KILPATRICK

PROFESSOR OF EDUCATION, TEACHERS COLLEGE
COLUMBIA UNIVERSITY

New York

THE MACMILLAN COMPANY

1925

All rights reserved

프로젝트 교육학의 주요 저서인《방식의 기초》

Madden, 메리 펜넬Mary Pennell 그리고 라이트C. L. Wright도 참석했다. 그들은 감독관, 교장, 학교의회 의원, 강사들로 대부분 킬패트릭에게 수업과 강의를 들었던 사람들이었기 때문에 모임을 결성하는 데 그리 어렵지 않았다. 누넌과 킬패트릭은 위원회를 구성하고 연맹 설립을 추진하였다. 2차 모임까지는 약 반년이 소요되었다. 1918년 7월 29일에 자신의 고향에 있는 교육대학에서 열린 모임에 대해 그는 자신의 일기장에 이렇게 적었다.

— 우리 그룹은 저녁 시간에 나의 사무실에서 만나 프로젝트 홍보를 위한 클럽을 설립하기 위해 토론을 벌였다. 참석자는 나의 비서인 누넌, 헌트, 호식, 서튼, 헌터와 그 외의 동료들이었으며, 오랜 시간 동안 이야기를 나눌 수 있었다. 우리는 비공식적이면서 비밀스러운 조직을 만들기로 하는 데 동의했으며, 아직 이 모임에 대한 특정한 이름은 결정하지 않았다. 우리는 1년에 두 차례 만나 회의를 개최하기로 했고, 주요한 교육적 주제에 대해 이야기를 나누기로 했다. 연회비는 10달러로 정했다. 우리는 다른 어떤 조직보다 훨씬 더 진보적인 모임이 될 것이라고 생각한다. 많은 회원들을 모으는 것이 중요한 것은 아니다. 우리의 성과는 곧 미래에 확인될 수 있을 것이다.

그는 이 모임이 성공하기를 원했으며, 자신의 회원들이 풍부한 경험을 가진 사람들이기를 원했고 열성적으로 참여하기를 원했다. 또한 뜻을 같이하는 동료로서 충분한 의리와 충성심을 가지기를 희망했다. 이런 조건으로 연맹이 터전을 잡고, 그의 계획을 성공적으로 이끌어갈 수 있을 것이라고 생각했다.

그는 서튼, 라이트와 누넌, 제임스 호식James F. Hosic에게 중요한 과제를 부여했다. 제임스 호식은 시카고 쿡 카운티 사범학교Cook

County Normal School in Chicago의 교육학과 교수이다. 그는 교육대학에서 박사학위를 받았고《잉글리시 저널English Journal》의 발행자이며 중등학교의 영어 수업을 재조직하기 위해 위원회를 만든 경험이 있었다. 그는 수많은 활동을 통해 조직적 역량을 이미 증명했던 사람이었다. 킬패트릭은 교육대학의 네트워크를 이용해 교수들에게 그들의 활동을 보여주고 인정받고자 했다. 킬패트릭과 호식은 묵묵하게 서로를 지원하고 돕는 사이였다. 킬패트릭은 호식의 교육대학에 접촉하는 것에 대해 적극적으로 찬성했으며, 다행히 호식은 킬패트릭의 계획에 전적으로 가담할 의지를 가지고 있었다. 호식은 매우 신속하게 움직였다. 1918년 2월과 9월에《잉글리시 저널》,《시카고 스쿨 저널Chicago Schools Journal》,《시카고 학교 행정부 저널 Chicagoer Schulverwaltung》을 통해 프로젝트 수업을 홍보했다.

이 '프로젝트 홍보 클럽Project Propaganda Club'이 많은 어려움을 겪으면서도 성과를 보일 수 있었던 것은 조심스러운 접근 방식과 '교육 방식 홍보를 위한 전국 회의. 교육 감독 및 강의에 관심이 있는 사람들의 연합National Conference for the Promotion of Educational Method. An Association of Persons Interested in Supervision and Teaching'이라는 모임이 대중의 관심을 받았기 때문이다.

1921년 3월 1일에 애틀랜틱시티에서는 미국 전국 컨퍼런스가 열렸고 600명의 참가자들이 모였다. 여기서 라이트는 회장으로, 킬패트릭의 비서 누넌이 부회장으로 선출되었다. 호식은 총무로 선출되었으며, 서튼, 매든과 펜넬은 회장의 대변자로 지명되었다. 킬패트릭과 프랭크 맥머리는 자문위원 역할을 맡았다.

이렇게 만들어진 연맹은 여러 분야에서 활발한 활동을 시작했다. 호식은 회의를 주관했으며, 회람용 문서를 발행했고, '프로젝트 방식 소사이어티Project Method Societies' 같은 지역 연맹들을 창립했다. 1921년부터는 월간 학술지《교육방식 저널Journal of Educational Method》을 발행했으며 호식은 이 학술지의 편집장으로 활동했다.

교육대학의 교수로 임명된 호식은 회의와 학술지를 통해 킬패트릭의 프로젝트를 대중에게 알리는 과제를 매우 훌륭하게 수행했다. 그는 학술지에 "프로젝트 방식은 큰 관심을 얻어야 하는 필수성을 가지고 있다."고 편집장 인사말에 적기도 했다.

"교사들 사이에서는 상당한 혼란이 있는 것으로 안다. 그들은 프로젝트가 현대 교육을 대표하는 통합적 개념의 교육방식은 아니라고 보고 있으며, 프로젝트 방식은 아직 과도기 과정에 있다고 본다."고 호식은 썼다.

연맹은 기대했던 것보다 훨씬 더 많은 관심을 받았으며, 회원들과 저널의 구독자 수가 급속히 늘어났다. 이러한 폭발적인 관심은 연맹을 대표하는 킬패트릭과 호식 두 사람 덕분이 아니었다. 정기 회의가 열릴 때마다 강의가 열렸고, 저널을 통해 이론과 실습과 관련된 글들이 지속적으로 소개되었기 때문이다. 저널을 통해 소개된 발행 내용들은《방식의 기초》와 《프로젝트와 관련된 가이드라인

Brief Guide to the Project Method》으로 통합되어 다시 소개되었다.

이렇게 전국 컨퍼런스는 '킬패트릭 소사이어티Kilpatrick Society'를 만드는 데 큰 기여를 하게 된다.《교육방식 저널》은 서튼이 창립한《디트로이트 교육 저널Detroit Journal of Education》과 함께 어린이 중심 프로젝트 교육학의 전투적인 조직으로서 발판을 마련했다. 이렇게 포럼의 적극적인 홍보를 통해 몇 년 지나지 않아 미국의 교사들, 학장들, 학교 감독 공무원들, 교육학 교수들을 대상으로 큰 관심을 얻을 수 있었으며 킬패트릭의 프로젝트는 점차 대중으로부터 큰 신뢰를 얻게 되었다.

12 찰스 맥머리와의 갈등 : "프로젝트의 저작권은 누구에게도 없다."

킬패트릭의 성공적인 홍보 활동을 통해 그동안 막혀 있던 모든 정보의 통로가 열렸고, 프로젝트 방식과 관련된 많은 글들이 쏟아져 나왔다. 많은 학자들은 자신들의 프로젝트에 대한 생각을 정리하여 발표했다. 헤르바르트 교육학자인 찰스 맥머리Charles A. Mc-Murry는 매우 적극적으로 자신의 생각을 표현했는데, 그의 생각과 아이디어는 매우 훌륭했다. 그리고 그는 킬패트릭이 상대하기 가장 어려운 경쟁자가 되었다.

찰스 맥머리는 밴더빌트 대학교Vanderbilt University의 피보디 교육
대학Peabody College of Education 교수로 일하고 있었으며, 그의 동생이
바로 프랭크 맥머리였다. 프랭크 맥머리는 독일 라이프치히Leipzig,
할레Halle, 예나Jena에서 공부했고, 헤르바르트 교육 방식을 미국에
도입한 사람이다. 헤르바르트 교육은 많은 지식을 학생들에게 주입
하는 학습 방법으로, 학습의 구조와 연관성은 그리 중요한 요소가
아니었다. 그들은 세상에 영향을 줄 수 있는 아이디어들 그리고 그
들이 생각하는 이상적인 학습 방식을 표현할 수 있는 통로가 막혀
있다고 생각했다. 그들은 아이디어와 이상은 인간 행동 동기의 기
초가 되며 인격을 형성해준다고 보았다. 따라서 아이디어와 이상을
위한 학습 방식을 실현하는 것은 그들에게 윤리적 의무였다.

맥머리는 자신의 책《프로젝트를 통한 교육. 목적 학습을 위한
기초Teaching by Projects. A Basis for Purposeful Study》(1920)에서 현재의
교육 혁신과 헤르바르트 콘셉트를 결합시켜야 한다고 주장했다. 그
는 수업이 '상위 주제'와 '하위 주제'로 이루어져야 한다고 했다. 그
는 "이런 상하위 주제는 마치 자석과 같아 여러 가지 팩트와 연관
성으로 연결되어 있다. 이로써 생각의 범위가 생성된다. 생각의 범
위가 확대되면 동시에 동기와 관심은 자연스럽게 확장된다. 프로젝
트는 불완전한 지식을 완전하게 하는 과정에서 절대 빠져서는 안
되는 중요한 수단이다."라고 썼다.

실제로 맥머리는 프로젝트 방식을 토대로 학습 계획의 기초를 만들었다. 이는 프로젝트 학습 모델의 개발과 교육학적 가이드라인을 담고 있었다. 이 가이드라인에는 어린이들에게 인간의 과거와 현재, 미래를 가능하게 하는 대범한 아이디어가 담겼으며, 총 세 단계로 이루어져 있었다.

첫 번째 단계는 '어린이의 작은 프로젝트'였다. '어린이의 작은 프로젝트'에는 학교 수업과는 전혀 관련이 없는 구성적 내용이 담겨 있었다. 예를 들면 오두막집 만들기, 굴 파기, 목각인형 조각하기 등의 프로젝트가 제시되었다.

두 번째 단계는 '교사의 제안'이었다. 여기에는 크리스마스와 관련된 시 쓰기, 연극하기, 학급 행사 계획하기 등이 포함되었다.

세 번째 단계는 '성인의 대형 프로젝트'였다. 대형 프로젝트의 주제는 '대니얼 디포Daniel Defoe의 로빈슨 크루소', '토머스 제퍼슨Thomas Jefferson의 루이지애나 땅 매입', '가솔린 엔진의 발명'과 같이 매우 다양했다.

맥머리는 이런 방식을 통해 '세계를 형성하는 아이디어'를 제공하고 어린이들은 이에 대해 충분히 인식이 가능하다고 보았다.

"프로젝트는 복합적 상황에 대한 매우 명백한 지적 접근이다. 이는 큰 집을 짓기 위한 설계와 비교할 수 있다. 설계 과정은 매우 영리하게 조직된 중요한 실질적 지식으로 이로써 특정한 목표를 정할 수 있도록 도움을 준다. 이는 실질적 상황을 위한 준비로서 이론

정립과 문제 상황을 숙달하게 해준다. 프로젝트는 사고 속에서 명백하고 완벽하게 발전한다. 하지만 성취는 포함되어 있지 않다. 그래서 완전한 현실화를 위한 욕구를 길러주어야 한다. 이러한 욕구는 매우 역동적인 동기와 노력을 제공한다. 그리고 올바른 방향으로 나아갈 수 있도록 도와준다. 완벽한 실행을 위해 생각의 역할은 매우 중요하다. 이는 수업을 위한 가장 이상적인 기초를 만들어준다."고 맥머리는 말했다.

맥머리가 프로젝트에 대해 어떤 구상을 했는지는 파나마운하 프로젝트Panama Canal Project를 보면 잘 알 수 있다. 이 프로젝트에서 교사는 파나마운하 프로젝트를 드라마처럼 연출했다. 파나마운하의 종착 항구인 태평양 연안의 발보아Balboa, 파나마운하 건설을 계획했다가 실패한 프랑스 외교관 페르디낭 드 레셉스Ferdinand Marie de Lesseps, 파나마운하 건설권을 따내 라틴아메리카에 대한 영향력을 높인 시어도어 루스벨트Theodore Roosevelt를 연결해 자연과 주민, 외부 침략자의 투쟁을 이해할 수 있도록 했다. 이러한 내용의 주제가 가이드라인에 담겨 있고, 제안된 내용에 학생들은 내용을 추가할 수 있다. 어린이들은 그림을 그리고, 카드를 만들고, 비용을 계산한다. 마지막으로 수에즈운하에 대한 추가적인 자료를 조사해 그 내용을 비교하게 된다. 맥머리는 문제를 해결하는 방식을 프로젝트로 보았고, 학생들이 자유롭게 자신들의 생각을 펼칠 수 있어야 한다고 했다.

우드헐이 시작해 킬패트릭이 지속해서 노력했던 개념의 확장이라는 과업을 맥머리는 매우 간단한 이론으로 완성할 수 있었다. 그는 다른 학자들이 사용했던 프로젝트 방식의 일반적 원칙을 유효하다고 보지 않았다. 맥머리는 프로젝트를 위해 생산품의 생산을 필요로 하지 않았고, 행동이 아닌 생각을 통한 지식이 중요하다고 생각했기 때문이다.

맥머리는 '생각 프로젝트'가 삶을 준비하는 최고의 방식이라고 보았다. 그는 현실과 관련된 직접적 연관성이 필수라고 보지 않았다. 그는 수업은 상상이 중요하지 실질적, 사회적 경험과 꼭 관련이 있어야 한다고 생각하지 않았기 때문이다. 그는 삶과 직접 연관된 프로젝트에 대해 많은 언급을 하지 않았다. 그는 "수업은 학생 중심이어서는 안 된다."고 주장했다.

"학생의 독립성은 스스로 결정되는 것이 아니다. 학생은 학습 대상을 자유롭게 선택해서는 안 되며, 자제력과 극기가 필요하다. 학생들은 오직 이 가정하에서 제공된 학습 자료와 내용만을 지배할 수 있게 된다."

헤르바르트 사상가였지만, 맥머리는 킬패트릭과 같은 생각을 가지고 있기도 했다. 그도 '학생의 의도'를 매우 중요한 요소로 보았다. 이와 관련해서는《프로젝트를 통한 교육. 목적 학습을 위한 기초》에서도 찾아볼 수 있다. 그러나 킬패트릭이 학생들의 관심과 흥미가 즉흥적으로 변할 수 있고 이를 수용한다고 보았던 부분에 대해서 맥머리는 동의하지 않았다. 대신 그는 활동과 인내, 노력, 생각을 강조했다.

맥머리는 프로젝트 주제를 학생이 직접 선정했을 경우와 제3자가 선정했을 때 차이가 있을 것이라고 보지 않았다. 교사가 감독자의 역할을 할지라도 '동기와 생각의 힘'은 강력한 성과를 낼 수 있다고 생각했다. 그에게 프로젝트 수업은 살아 있는 수업이었다.

"프로젝트를 일반 학교의 교과과정처럼 동일하게 다루어야 한다. 프로젝트는 일반적인 수업에 단지 멋진 옷을 입혀준 것뿐이다."

맥머리는 일반 학교 수업 과정에서 다루는 '상위 주제'를 프로젝트로 부르며, 프로젝트의 원래 의미에서 프로젝트를 완전히 분리해버렸다.

킬패트릭은 이에 대해 매우 분노했다. 그는 "수업의 상위 주제를 프로젝트로 본다는 것은 무슨 말인가? 우리 어느 누구도 이 개념에 대해 저작권을 가지고 있지 않다. 맥머리가 이러한 혼돈을 주는 이유를 알 수 없다. 아마도 내가 짐작하는 이상의 이유가 있을 것이다. 이러한 아이러니는 간과할 수 없다. 맥머리는 프로젝트 개념이 유명해지자 프로젝트라는 용어가 마치 자신의 것인 양 마구 사용하고 있다."라고 강하게 비판했다.

이들은 프로젝트에 대해 다른 생각을 가지고 있었지만, 그럼에도 프로젝트라는 한 부류에 속해 있었다. 두 사람은 모두 같은 개념을 사용하고 있었으며 모두 기회주의자였다.

맥머리는 자신의 책으로 큰 성공을 이루었다. 전형적인 프로젝트의 모습에 새로운 장식을 더했던 것이다. 전통을 고수하던 교사들에게 전통을 고수하면서도 동시에 진보적인 수업을 실행할 수 있는 동기를 부여했던 것이다. (당시 교육학자들도 매우 혼란스러워했으며, 방향을 잡는 데 매우 큰 어려움을 겪고 있었다.)

뉴어크Newark 기술대학College of Technology의 다니엘 호지든Daniel R. Hodgdon은 "오늘날 프로젝트가 무엇인지 아는 사람은 아무도 없다."고 했다. 당시 교육계에서는 모든 진보적인 교육 방식과 아이디어를 프로젝트라고 칭했기 때문이다.

13 보이드 보드의 비판 : "프로젝트 수업은 실패했다."

프로젝트에 대한 킬패트릭의 적극적인 홍보는 프로젝트를 유명하게 만들기도 했지만, 이를 계기로 많은 경쟁자와 반대자들도 등장했다. 또한 많이 알려진 만큼 약점도 드러나기 시작했다.

1921년 3월에 킬패트릭은 〈프로젝트 방식의 위험성과 어려움, 어떻게 극복할 것인가?〉라는 강연을 준비했고, 강연은 매우 평화로운 분위기에서 진행되었다.

윌리엄 배글리, 프레더릭 본서, 제임스 호식, 로이 해치Roy W. Hatch, 엘버트 프렛웰Elbert K. Fretwell을 비롯한 자신의 동료들과 친구들도 강연자로 나섰다. 물론 서로 생각이 다른 부분도 있었지만 토론은 매우 조심스러운 분위기에서 훌륭하게 잘 이루어졌다. 킬패트릭은 동료들의 조심스러운 분위기에 대해 매우 고맙게 생각했고, 자신의 일기장에 다음과 같이 적었다.

—— 나는 배글리가 나의 생각에 매우 비판적일 것이라고 생각했지만, 그렇게 심각하지는 않았다. 물론 본서의 비판 내용은 상당히 정당했다. 그리고 해치와 호식, 프렛웰이 말하고자 하는 바는 짧고 명백했다.

하지만 다른 곳에서는 뜨거운 토론이 있었고 때로는 격렬해지기도 했다. 토론과 비판은 프로젝트 자체에 대한 것이 아니라 프로젝트의 확장된 정의와 일반적 정의에 대한 것이었다.

조지 워싱턴 대학교George Washington University의 윌리엄 뤼디거William C. Ruediger를 비롯한 킬패트릭의 추종자들은 교육 방식과 교육학적 탈수 상태에 대해 비판했다. 어니스트 혼, 차터스, 가이 윌슨Guy M. Wilson, 이사크 레온 칸델Isaac Leon Kandel과 같은 전통성을 대표하는 교육학자들의 비판도 많았다. '프로젝트'가 수업 형식으로서 특정 지을 수 있는 근거가 적절치 않다는 의견도 있었다. 킬패트릭이 주장하는 프로젝트의 개념은 전통적인 프로젝트의 특성과도 완벽하게 일치하지 않았다. 이로 인해 프로젝트를 이해하는 데에 오해의 소지도 있었다.

자유 진보적인 교육학자들 중에는 스티븐 콜빈Stephen S. Colvin, 해럴드 앨버티Harold B. Alberty, 비비언 새이어Vivian T. Thayer, 칼턴 워슈번Carleton Washburne이 있었다. 콜럼버스 오하이오 주립대학교The Ohio State University의 보이드 보드는 킬패트릭의 친구이기도 하고, 듀이의 추종자이기도 하다. 그는 킬패트릭에게 가장 포괄적이고 직접적인 비판을 서슴지 않았다. 그의 생각은 1927년 《현대 교육학 이론Modern Educational Theories》에 잘 설명되어 있다. 반면 보드는 프로젝트 방식을 매우 중요한 혁신이라고 보았던 학자이며, 아울러 프로젝트를 통한 배움에 대한 자극은 매우 필요한 것이라고 극찬했던 사람이기도 했다.

루퍼스 스팀슨Rufus W. Stimson의 농업학교에서 적용되었던 홈 프로젝트에서 학생들은 생물학적 지식과 프로젝트의 관련성을 배웠다. 이 지식은 자신들이 옥수수를 재배하고, 닭과 돼지를 키우는 데 매우 필수적이었기 때문이다. 그들에게 학습이란 목적을 위한 도구였다. 학습 자체가 목적이 아니었던 것이다. 보드는 프로젝트를 '도구적 학습 방식 또는 우연의 학습 방식'이라고 생각했다. 학교에서 제한적으로 사용이 가능할 뿐 아니라, 특수한 조건 안에서도 사용이 가능할 수 있다고 보았다. 보드는 프로젝트 방식의 제한성과 경계를 구체적으로 제시할 수 있었다. 보드는 이렇게 말했다.

"이런 학습 방식으로 수업을 제한한다면 불연속적이고 우연적이며 목적이 없다. 그 기능은 매우 간접적이다. 그래서 우리는 이를 무엇인가 다른 것으로 보충해야 한다. 어린이들이 상점과 은행을 운영하는 프로젝트를 한다면 숫자에 대해 배우고 싶은 욕구를 얻을 수 있다. 하지만 이것 하나만으로 그들에게 필요한 수학적 이해를 도울 수는 없다. 그들은 역사적 내용으로 연극을 하게 되면 역사에서 몇 가지 알아야 할 역사적 지식을 배울 수는 있을 것이다. 하지만 연극이 역사 수업을 위한 완벽한 보충은 될 수 없다. 직접적인 목적을 가진 학습이나 우연적 학습의 결과는 항시 운에 달려 있다. 충분한 개요가 부족하고, 기본적인 원칙에 대한 강력한 연관성이 없다는 것이 문제이다."

보드는 전형적인 일반적 수업 형태를 프로젝트로 대체할 수 없다고 보았다. 체계, 논리, 연속성이 결여되어 있기 때문이었다. 이러한 부족함을 극복하고 프로젝트 방식을 학교에서 사용 가능한 일반적 방식으로 적용한다는 것은 매우 큰 도전이라고 보드는 생각했다. 다만, 한편으로 프로젝트는 학교가 가장 중요하게 여기는 삶, 실습, 현실성을 제공하는 방식임은 분명하다고 생각했다.

보드는 모든 수업을 프로젝트로 전환하고자 하는 킬패트릭의 시도를 이해했다. 하지만 그는 이러한 시도가 실패작이라고 당당하

호식이 편집장으로 활동한 《교육방식 저널》

게 말했다. 보드는 킬패트릭이 프로젝트를 부주의하게 다룬다고 보았다. 킬패트릭은 프로젝트 방식을 모든 가능한 행동 방식에 적용하기를 원했기 때문에, 그는 프로젝트와 가능한 모든 학습 내용을 새롭게 정의해야만 했다. 킬패트릭이 '전심(全心)에서 나오는 의도적인 행동'이라는 표현을 프로젝트의 정의로 선택하는 것은 보드의 시각에서는 매우 큰 실수였다. 이 표현은 책임 없는 개념적 혼란과 모순을 가지고 있는 것으로 보였기 때문이다.

"일반적인 학습 방식에서는 학습 대상과 학습 방법이 중요하나 킬패트릭의 경우에는 학생이 어떤 마음가짐으로 공부를 하는가가 중요하다. 킬패트릭의 프로젝트 방식은 그 명칭이 말하는 것과 다르다. 이것은 방식이 아니다. 왜냐하면 목적과의 연관성이 부족하기 때문이다."라고 보드는 말했다. 보드는 이에 대한 한 가지 예를 들었다.

"만약 소년의 몸에 파리가 앉았다고 하자. 또는 자신이 좋아하는 장소에서 수영하는 것을 머릿속에서 상상한다고 하자. 이 모든 사소한 그 순간들이 킬패트릭에게는 프로젝트이다."

보드는 킬패트릭의 논리를 완벽하게 이해할 수 없었다. 그는 '태도'와 '방식'은 완전히 다른 것이며, 우리가 '행하는 방식'과 우리가 '느끼는 생각과 대하는 태도'는 엄연히 다르다고 보았다. 보드는 "킬패트릭의 동기와 태도(사고방식)는 성공적인 학습을 위해서는 가장 중요한 조건이다. 하지만 이는 교사에게 방식 면에서 도움을 주지 못하고 있다. 교사의 과업에 어떤 구조적 아이디어조차 제공하지 못한다."라고 말했다.

"레코드판을 듣고 불꽃놀이를 보는 것이 어떻게 활동적인 생각과 행동의 과정에 대한 의도라고 말할 수 있겠는가?"

보드는 이렇게 질문하고는 이어 말했다.

"킬패트릭은 이제까지의 용어 사용에서 근거 없이 일탈을 시도

했다. 그의 개념은 선명하지 못하고 큰 혼돈을 야기한다."

그러나 이는 그나마 킬패트릭을 위한 형식적인 항변이었다. 보드는 킬패트릭의 콘셉트를 내용적으로 비판하는 데는 서슴지 않았다. 그는 "킬패트릭은 타협 없이 전통에 대해 무조건적인 반란을 시도하고 있다. 그리고 직접적인 지시와 확정된 학습 계획이 없는 수업이 옳다고 주장한다."고 했다.

덧붙여, 보드는 학생들은 기본적인 기초지식 없이 가족, 직장, 삶 속에서 살아나갈 수 없다고 했다.

"킬패트릭의 교육 방식은 매우 '기초적인 문화적 기술'로서, 이를 통해서는 기초적인 지식조차 배울 수 없을 것이다. 어린이들은 공부를 하지 않을 것이며, 그때는 어쩔 수 없이 교사가 킬패트릭이 말하는 '강요'와 '회초리'를 꺼내야 할지도 모른다. 어쨌든 이 두 가지는 모두 매우 극단적인 방식이다. 한편으로는 교사의 역할이 사라지거나, 다른 한편으로는 필요 없는 사람이 될 수도 있다. 그럼에도 교사는 공부하는 학생들에 대한 책임과 의무를 가지고 있다."

이처럼 킬패티릭의 생각은 보드에게 터무니없고 모호했다. 그는 킬패트릭의 학생 중심 수업은 이러한 모호성을 가지고 있고, 이를 공식적으로 학교에서 사용하기는 어려우며, 성공적인 학습도 보장할 수 없다고 보았다. 보드는 1983년에 쓴《갈림길에 선 진보 교육 Progressive Education at the Cross Roads》에서 킬패트릭이 루소의 전통을 따른다는 것에 대해 비판하고 있다. 루소처럼 킬패트릭은 아이와 자연적 삶에서 교육의 열쇠를 찾았다.

어린이들은 그들이 학습한 것을 기초로 학교에서 생활해야 한다는 킬패트릭의 생각에 보드는 반대했다. 보드가 보기에 킬패트릭의 프로젝트 콘셉트는 삶을 특정 짓는 통일성과 진정성이 부족했다. 보드는 이렇게 비판했다.

"어떤 농부가 과연 농장 일에 대해 강력한 흥미를 가지고 농장을 운영하겠는가? 우유를 짜거나 돼지에게 먹이를 주는 것은 프로젝트가 아니다."

농장에서의 노동은 각각 제 시기, 제시간에 틀림없이 이루어져야 하는 노동으로 이루어져 있으며, 이는 농부의 직접적인 흥미로 선택할 수 있는 것이 아니다. 대부분의 농장 노동은 매우 힘든 일이며, 농부 개개인의 동기나 흥미와는 거리가 멀다.

즉, 어린이들에게는 '체계적으로, 논리적으로 생각하는 것'이 도리어 '자신의 의도'보다 더 중요하다고 보드는 강조했다. 자신이 선택하고 계획한 프로젝트를 실행할 때 학생들은 사고를 게을리할 수 있으며, 진정으로 가치 있는 것을 배우지 못할 수 있다는 것이다.

"실험실에서 건성으로 실험하는 것이 학문을 익히는 것이라고 할 수 없다. 공책을 여러 가지 색깔로 얼룩지게 하고, 건성으로 쓴 글을 창의적인 생각이라고 표현하는 것이 과연 학습이란 말인가?"라며 보드는 킬패트릭의 프로젝트 수업을 강력하게 비판했다.

자유롭고 즉흥적인 행동으로 이루어진 수업이 어린이들에게 경험과 기능을 장려하기 위해서는 이에 알맞은 '방식'과 '학문적 기초로 구성된 커리큘럼'이 필요하다. 모든 훌륭한 수업은 어린이의 '심리학적 기초'로 만들어지며, 학과목의 '논리'와 '계획적 경험의 재구성'으로 완성된다.

보드는 킬패트릭의 구상은 듀이가 교육학적 실용주의를 기초로 만든 '어린이와 커리큘럼', '생각과 행동', '경험과 방식', '심리학성, 논리성'을 충족시키지 못한다고 했다. 보드의 킬패트릭에 대한 비판을 짧고 간략하게 말하자면, 킬패트릭은 실용주의자가 아니라 어린이들의 의지와 동기에 치중하여 어린이들의 삶에서 진정으로 필요한 것들을 가르치지 못하는 큰 실수를 저지르는 감성주의자라는 것이다.

다음과 같은 보드의 분석은 동시대의 어느 누구보다 명확하고 엄격했다.

—— 프로젝트라고 불리는 이 교육학적 관점의 운동은 학생들의 자립적인 행동과 활동의 의미가 지닌 중요성을 강조하는 데 중요한 목적을 띠고 있다. 하지만 한편으로는 새로운 혼돈을 불러오기도 했다. 이는 교육 문제를 '마법과 같은 방식'으로 해결하는 새로운 시도였다. 우리는 이 개념에 대해 한동안은 원래의 의미, 즉 도구적 학습이나 대체적 학습으로서 바라보는 것이 좋을 것이다.

I4 킬패트릭의 자아비판 :
"이 용어는 일관성 있는 해석이 불가능하다."

보드의 날카로운 비판은 킬패트릭에게 매우 큰 충격이었다. 그뿐만 아니었다. 그에 대한 비판은 여러 학교와 대학에서 실시된 설문의 결과에서도 나타났다. 킬패트릭의 전 비서인 마거릿 누넌은 20년대 초 텍사스주에 위치한 1,500개의 초등학교 교사들에게 설문조사를 실시했다. 설문조사 내용은 교사들이 지난 시간 동안 어떤 교육학 관련 도서를 읽었고, 어떤 책이 그들의 수업에 도움이 되었는지에 대한 질문을 담고 있었다.

교사들 사이에서 좋은 평가를 얻는 100가지의 책 중에 킬패트릭의 글은 다섯 개 정도 포함되어 있었다. 좋은 평가를 받은 일곱 개의 프로젝트 논문 중에서 킬패트릭의 글은 끝에서 두 번째 평가를 받았다. 콜로라도 출신의 교육 감독관인 윌리엄 블레인William D. Blaine도 마찬가지로 비슷한 평가를 받았다. 좋지 않은 성과였다. 킬패트릭의 여름 수업을 방문했던 미국 전역 26개 주 120여 명의 교사들도 킬패트릭의 프로젝트 유형을 거부했다.

그들은 '프랑스 단어를 배우는 방식'이나 '수학 문제를 푸는 방식', '음반을 감상하는 방법'을 프로젝트로 표현하는 것에 대해 거부감을 가지고 있었다. 그들이 그나마 좋다고 평가한 것은 생산품 프로젝트이며, 80퍼센트의 교사들은 이를 훌륭하다고 평가했다.

20년대 중반에 들어 킬패트릭의 프로젝트에 대한 비판과 거부 의사는 더욱더 강력해졌다. 이러한 상황에 처하자 킬패트릭은 이 문제를 해결하는 방안을 고민할 수밖에 없는 상황에 처하고 만다.

킬패트릭은 처음부터 사회가 터부시하는 것을 시도했고, 결국은 기존 프로젝트의 기준을 넘어 자신의 자율적인 교육적 구상을 프로젝트 방식이라고 정의했다. 그도 분명 자신이 넘어서는 안 되는 경계를 넘어섰다는 것을 알고 있었을 것이다.

1917년, 혼은 "프로젝트는 이미 오랫동안 기술공예와 연결된 개념으로 이미 명백하게 정의된 바 있다. 이러한 프로젝트와 관련된 토론은 새로운 역사적 재검토를 원하는 것이 아니다. 대신 이러한 토론은 현재의 교육 방식에 대한 반항을 반영한 것뿐이다."라고 했다.

킬패트릭은 1935년에 애슐리에게 보낸 편지에 이렇게 적었다.

—— 혼이 이렇게 주장한다고 해서 나의 프로젝트에 대한 생각과 열정을 포기하지는 않을 것이다. 내가 말하는 프로젝트는 '행동의 의도적 통일체'로서 수공예 프로젝트보다 훨씬 더 많은 것을 포함한 개념이다.

그 후 얼마 되지 않은 시기에 그가 쓴 글 《프로젝트 방식》을 보면 이와 관련해 그가 얼마나 불안해했는지 알 수 있다. 그는 전통적인 프로젝트 개념과 자신이 말하는 프로젝트는 완전히 다르다는 것을 설명하는 데 두 페이지나 할애했다.

그는 혼의 주장에 대해 다음과 같이 반론을 제시했다.

—— 그는 프로젝트에 대한 제대로 된 이론을 개발하지 못했다. 어느 누구도 이 개념을 독점하여 사용할 수 없다. 프로젝트라는 표현은 계획, 사전 준비, 의도라는 의미이며, 이는 교육학적 특성화를 위한 매우 훌륭한 표현이다. 용어상으로 볼 때 프로젝트는 매우 작은 의미를 가진 것처럼 보이나, 중요한 것은 그가 포함하는 '내용'이지 '말 자체'가 아니다.

킬패트릭은 자신을 비판하던 혼, 윌슨, 앨버티에게 "그들은 제대로 이해하지 못하고 있고, 정당하지 않은 방법으로 나를 공격하고 있다. 그들의 이의 제기는 지루하고 잘못되었다. 또한 그들의 비판은 새로운 교육 혁신 운동을 변형하고 파괴한다."고 했다.

킬패트릭의 불안감은 점차 커져갔다. 킬패트릭은 보드의 《현대 교육학 이론》(1927)을 읽고 그가 한 몇 가지 비판은 정당하다고 했다. 킬패트릭은 '프로젝트의 개념을 확장적인 의미에서만 사용하는 점'에 대해 동의했으며, '어린이의 자유를 너무 강조한다'는 부분에 대해서는 어느 정도 수용한 것처럼 보였다.

30년대 세계경제 위기와 함께 개체주의는 더욱더 설 자리를 잃었다. 수업의 혁신으로서 행동을 통한 학습에 체계와 리더십의 역할이 더욱 중요해진 '활동 운동Activity Movement'이 등장했다. 킬패트릭도 약간 태도를 바꾸었는데, 추종자들에게 어린이 중심의 프로젝트보다 교사 지도로 이루어지는 활동에 대해서 더 강조하는 경향을 보였다. 킬패트릭은 진보 교육자로서 선두주자로 남기 위해 프로젝트를 행동교육학으로 변경하였고, 자신이 그동안 진보 교육 운동을 위해 투쟁해온 것 또한 변호하고자 했다. 그는 '프로젝트Project'와 '방식Method' 두 용어를 교육 프로그램을 위해서 사용하면 안 된다는 것을 수용하고, 이를 위한 변화를 시도하게 된다.

80세가 된 킬패트릭은 1950년 1월 25일에 학교 혁신가인 에이브러햄 플렉스너Abraham Flexner에게 편지를 썼다. 이 편지에는 프로젝트 방식의 역사와 근원에 대한 내용이 담겨 있었다. 킬패트릭은 이 편지에서 제임스, 듀이와 프랭크 맥머리와의 논쟁 속에서 자신이 수업 콘셉트를 개발했고, 우드헐을 통해서 프로젝프 개념을 발견했다고 했다. 자신감 넘치던 남부 출신인 킬패트릭은 플렉스너에게 플렉스너의 개방적인 성향에 매우 놀랐다는 고백을 하게 된다.

—— 제 아이디어가 공개된 이후에(1918년) 5만~6만 부의 책이 인쇄되었고 이 내용은 러시아, 독일어로 번역되었습니다. 하지만 많은 사람들이 나의 생각에 반대했습니다. 내가 프로젝트라는 개념을 그들이 생각하는 개념과 달리 사용했다는 이유였습니다. 그리고

그 개념을 제가 발명한 것이 아니었기 때문에, 그 개념을 함부로 사용할 수 있는 권리가 없다고 했습니다. 어떤 사람들은 이 개념을 자신들만의 방식대로 마구 사용했습니다. 물론 그렇지 않은 사람들도 많이 있었습니다. 하지만 스티븐슨J. A. Stevensons의《수업 프로젝트 방식The Project Method of Teaching》(1921)의 주장은 불합리하기까지 했습니다. 저는 제 교육적 구상에 이 용어를 선택한 것이 실수라는 생각을 하게 됩니다. 이 용어는 공격적이기도 하고 일관성 있게 해석하는 것이 불가능합니다. 그래서 저는 이 개념을 더 이상 사용하지 않기로 결정했습니다.

마지막 줄에 있는 그의 자아비판은 매우 적절한 표현이었다. 그는 자신의 교육 콘셉트에 프로젝트 개념을 사용한 것이 실수였다고 스스로 고백한 것이다. 프로젝트가 여러 방식으로 해석이 가능했다는 부분에서는 그가 스스로 언어의 전형성을 무시했고 객관적인 수업의 방식에 앞서 학생의 자아적인 사고방식을 지나치게 중시했다는 고백을 하는 것과 같았다. 확실히 그가 과목의 전통을 무시하고 무분별하게 대체하고, 지나치게 새로운 것에 대한 동경과 능력을 발휘하고자 한 것은 무리였다. 이로 인해 그는 전통이라는 큰 벽에 부딪히고 동료와 반대자들을 격분하게 했던 것이다. 또한 교육계에 혼란을 야기했고, 이로써 미국의 프로젝트 교육학자들은 깊은 위기감에 빠지고 말았다.

15 외톨이였던 대가 : 설득에 실패하다

미국에서 진보 교육 운동의 최고 스타라면 의심할 여지없이 킬패트릭이라고 할 수 있다. '자유를 통한 학습'이라는 그의 비전은 많은 사람들의 관심을 일깨웠다. 특히 1980년대는 '어린이 심리 연구'의 영향으로 기존의 스탠리 홀의 교육학에서 벗어나 새로운 선구자를 찾던 시기였는데, 이때 어린이 중심 교육을 주장했던 킬패트릭의 등장은 매우 각별할 수밖에 없었다.

하지만 선구자의 역할은 결코 쉬운 일이 아니었다. 킬패트릭의 삶은 역경 자체였다. 인내심과 권력에 대한 욕심 그리고 경영자다운 그만의 기술로 그는 대가의 반열에 오를 수 있었다. 엘렌 레지맨 Ellen C. Lagemann이 표현했듯 그는 '교육학적 경영자'였다. 그는 당시 미국에서 가장 중요하고 권위 있는 교육학적 역할을 해냈으며, 프로젝트를 '자신의 제품'으로서 미국뿐만 아니라 전 세계에 강의와 세미나, 책과 글을 통해 홍보했다. 또한 그의 책들은 포르투갈어, 아랍어, 한국어, 우르드어로 번역되었다.

이러한 홍보 방식은 존 듀이를 비롯해 그 외의 교육학자들도 전혀 시도해보지 못했던 방식이었다. 20년 이상 프로젝트 홍보 클럽이라고 불러도 과언이 아니라고 할 수 있는 '교육 방식 홍보를 위한 전국회의'와 같은 모임을 통해 자신의 자유 중심 학교와 수업에 대한 구상을 미국 전역에 열정적으로 알리기도 했다.

킬패트릭을 미국의 가장 중요한 혁신 교육자라고 말할 수밖에 없는 이유는 오직 그의 조직적 능력 때문이 아니다. 대신 그의 메시지가 가진 단순 명료함 때문이다. "어린이들에게 행동할 수 있는 자유를 준다."는 그의 슬로건은 어린이들에게 가치 있는 지식과 경험과 태도를 배울 수 있도록 하자는 메시지를 담고 있었다.

이를 통해 그동안 학교 수업에서 가장 문제로 지목되었던 어린이들의 '지루함', '흥미의 부족', '인내의 부족' 등의 문제해결법을 찾은 것이다. 이는 마치 마법 통치약과 같았다. 시작 당시에는 두려움이 앞섰지만, 킬패트릭은 후에 자신의 성과에 대해 매우 자랑스러워했다.

현대 수학 이론가인 카를 프리드리히 가우스Carl Friedrich Gauß는 킬패트릭을 듀이와 같은 거장으로 보고자 했다. 킬패트릭의 '어린이 중심 프로젝트'는 교육학의 '코페르니쿠스적 전환'과 같았다. 더 이상 학생이 교사를 따르는 것이 아니었다. 이와 반대로 교사는 학생을 돕는 입장이 되었다.

대신 킬패트릭이 간과한 것이 두 가지 있었다. 그가 개발한 학습 이론은 도발적이었지만 독창적이지는 않았다. 그리고 '진정성 있는 행동'의 기준은 듀이의 생각, 헤르바르트의 '관심의 원칙, 흥미의 원칙'을 더욱 강화한 것뿐이었다. 또 한 가지는 새로운 교육에 대해 듀이가 원했던 혁신적인 요소들을 축소시켰다는 것이다. 하지만 역설적이게도 킬패트릭은 듀이의 심리학성(어린이의 흥미), 사회성(사회의 요구), 논리성(체계적인 학습 내용)에 대해 반대하지 않고, 이를 성공적인 학습을 위해 절대적으로 필요한 요소들로 홍보하는 데 힘썼다.

킬패트릭은 과감하게 헤르바르트와 맥머리에게서 벗어나, 자신의 개념을 커리큘럼 구성의 요소인 '어린이의 심리학'으로 제한했다. 그리고 자신을 루소의 후계자로 칭하며, 어린이의 의도를 가장 중요한 요소로 보았고 듀이, 맥머리뿐만 아니라 손다이크의 이론까지 단순화시키고 왜곡했다.

에드워드 손다이크는 동시대 수업 심리학의 표준서라고 불리는 《교습의 원칙Principles of Teaching》에서 교사에게 수업 원칙에 대한 중요성을 강조했다. 대신 킬패트릭이 말하는 '만족을 동반하는 행동'은 차선책으로 보았다.

손다이크는 "훌륭한 교사는 어린이들에게 무엇을 가르쳐야 할지 결정할 줄 안다. 교사는 어린이들이 어떤 흥미를 가지고 있는지 이해하는 것보다 교육의 보편적인 목표가 무엇인지를 이해하는 것이 우선이다. 하지만 어린이들의 관심과 흥미를 이해한다면 이는 지속적인 학습 효과를 보여줄 것이다."라고 했다.

듀이와 손다이크를 연결시켜 프로젝트 본래의 특성 이상의 프로젝트를 만들고자 했던 킬패트릭의 계획은 실패했다. 그가 동료 학자들의 저항을 받은 이유는 자연스럽고 우연적인 학습과 학교의 제도적 학습 사이의 격차가 너무 컸기 때문이다. 학교라는 교육기관은 문화의 지속성을 유지하고 보장하기 위해 만들어진 곳이다. 학교에서는 계획을 통해 체계적으로 지식과 능력을 전달하는 과제를 갖는다. 이러한 지식과 능력은 함께 살아가면서 모방하고 이 과정에서 배우게 되는 것들이다. 학생들의 주관적인 관심은 참고해야 하지만, 그렇다고 그 순서가 바뀌어서는 안 된다.

킬패트릭은 '어린이들의 즉흥성'과 '어린이가 스스로 결정하는 방식'을 수업의 중심 요소로 보았다. 기존의 학습에서 가장 중요한 원칙들을 제외시키면서 수업을 더 이상 방식에 맞추어 구성할 수 없게 했고, 이는 어린이들이 목표 지향적인 작업을 위한 충분한 지식과 능력, 내재적 동기를 획득하는 데 어려움을 준다고 보았다.

듀이가 말한 학교의 과업은 학습을 '단순화'시키고, '정화'시키는 것이었으며, 특히 '삶을 풍요롭게 해주는 목적의 것'이었다. 하지만 이런 의도는 킬패트릭에게서 찾아볼 수 없었다.

물론 의심할 여지없이 킬패트릭의 대담한 이론이 동시대의 학자들에게 큰 영감을 불어넣어준 것은 확실하다. 당시 35,000명 학생들이 그의 강의를 듣고 열광했으며, 《방식의 기초》는 6만 권, 《프로젝트 방식》은 6,500권이 판매되었다.

수많은 교사나 교수들을 비롯한 교육 관련자들은 '교육학적 형식주의'에 대항하는 킬패트릭의 용기를 환영했고, 자유와 자율을 중시하는 학교에 대한 비전을 칭송했다. 킬패트릭이 듀이와 그 외의 진보 교육자들의 이론을 응용해 학교 혁신을 위한 중요한 역할을 했다는 부분에 대해서는 모두 동의했다.

물론 이와 동시에 그에 대한 비판도 매우 컸다. 킬패트릭은 대중을 설득하는 데 실패했다. 그의 기대는 지나치게 컸고, 학교의 실정을 제대로 이해하지 못했다. 그의 프로젝트 수업은 현실적 수업 환경에 적용하기에는 지나치게 주관적이었다.

듀이나 손다이크처럼 동시대 학자들은 어린이의 능력을 지나치게 중시하는 킬패트릭과 같은 교육자의 태도는 수업 혁신의 한계를 넘어선 것으로 보았다. 상황 중심 방식으로서의 프로젝트는 유치원에서 전혀 유용하지 않고 학교에서 또한 적용하기엔 적당하지 않다는 것이 그들의 관점이었다. 지속적인 기회 수업의 형식이 체계적인 전문 수업을 대체하는 것은 비현실적이었다. 실제로 대부분의 교사와 교육학자들은 킬패트릭의 구상을 거부했다. 이에 대한 근거는 다음과 같다.

1. 어린이들의 흥미와 요구 사항을 기준으로 수업을 구성하면 내재적 동기가 학습 성과에 큰 기여를 한다는 주장은 오류이다.

2. 주제 선정, 학습 내용 구조화, 학급 운영, 학습 효율성의 보장이 어려워진다. 실질적인 삶과 밀접한 방식으로 문제를 해결하는 것에도 큰 어려움이 있었다.

3. 이 방식은 민주주의적 사회성을 장려하기보다는 개인주의적, 이기주의적 특성을 키워주었고 비생산적이었다.

4. 수업 방식이라는 표제를 달고 교사들에게 조언과 지원을 약속했지만 충분치 않았다. 이는 매우 격분할 일이다.

'행동의 자유', '만족을 동반하는 행동'이라는 킬패트릭의 구호는 실제 학교에서 교사의 직무를 수행하는 교사들에게 전혀 도움이 되지 않았다. 킬패트릭의 구상에 반대하는 사람들은 모든 근거를 내세워 그를 신뢰하지 않았다.

그가 구상한 프로젝트 개념은 현재까지 계속되어온 프로젝트의 의미와 전혀 일치하지 않는다. 독일 교육학자들과는 달리 미국 역사학자들은 그나마 그의 어린이 중심 프로젝트 방식을 정확히 이해하고 해석했다. 하지만 독일 교육학자들은 프로젝트 교육학의 의미와 킬패트릭의 입장을 제대로 이해하지 못했다. 이 부분에 대해서는 뒤에서 상세히 설명하도록 하겠다.

헤르만 뢰르스는 "프로젝트 방식과 관련해 킬패트릭의 프로젝트 이전의 역사와 그 이후의 역사가 모두 존재한다. 근본적으로 킬패트릭의 프로젝트는 범위를 벗어나지 않는다."고 했다. 하지만 킬패트릭은 절대 프로젝트 방식에 정통한 인물이 아니다. 그저 외톨이에 불과할 뿐이었다. 물론 많은 사람들이 그의 구상에 매혹당한 것은 맞다. 그의 프로젝트에 대해 수많은 사람들이 토론에 참가했다. 하지만 그들이 그 생각에 동의해서가 아니라, 토론의 여지가 너무 많아서였다. 그의 프로젝트는 지배적인 지지를 받지 못했다. 실질적인 적용 면에서도 그렇고 이론에서도 마찬가지이다.

역사학자들은 그의 프로젝트에 대해 논란의 시기를 위기 상황으로 표현했고, 이 시대의 에피소드로 보았다. 킬패트릭의 프로젝트 운동은 그 역할이 지나치게 과장되어 해석되었다. 뢰르스 역시 킬패트릭을 칭송하는 사람이었지만 '킬패트릭의 1918년 프로젝트 구상이 국제적으로 획기적인 업적'이라는 부분은 동의하지 않았다.

뢰르스는 "스칸디나비아의 슬뢰이드 시스템, 에콜 악티프 페리에르 학교Ecole active Ferrières, 케르셴슈타이너의 직업학교Arbeitsschule Kerschensteiner, 교육학자이며 동시에 심리학자인 벨기에의 교수 오비드 드크롤리Ovide Decroly가 설립한 '생활에 의한 생활을 위한 학교Ecole pour la vie par la vie'는 모두 삶과 직접적인 연관성을 가진 프로젝트를 제공했던 학교들이다."라고 했다. 킬패트릭의 생각은 그 시대의 독자적인 것이 아니었고, 킬패트릭의 프로젝트는 직업적 관련성과 사회적 관련성이 크다고 보기 어려웠다.

독일에서의 경우 킬패트릭의 구상은 게오르크 케르셴슈타이너Georg Kerschensteiner보다는 기회수업Gelegenheitsunterricht(진보 교육학자들이 장려했던 수업 방식으로 철저하게 계획된 수업이 아닌 주제와 관련한 현재 사회적 문제를 임의로 선택해 수업에 적용하는 방법. 예를 들어 관련 박물관을 방문하거나, 소풍 등 색다른 분위기로 진행하는 것 따위를 말함 — 역주)을 대변했던 베르톨트 오토Berthold Otto, 프리츠 간스베르크Fritz Gansberg, 하인리히 샤렐만Heinrich Scharrelmann의 생각과 비슷했다. 이들 모두 학생이 선택한 커리큘럼을 제공했고 수업과 시간표, 내용 분배는 중요하게 생각하지 않았다.

킬패트릭의 구상은 아직도 많은 토론의 여지를 주고 있다. 하지만 이를 잘 인식하고 있는 진보 교육학자들은 그리 많지 않은 것이 현실이다.

듀이는, 진정한 학습은
어린이들이 실질적인 환경 속에서 도전할 때 발생하는
동기가 있어야 가능하다고 생각했으며,
학습은 가능하면 총체적인 상황에서 진행되어야 한다고 보았다.
어린이들은 마치 실제 삶에서처럼
자신의 환경에 대해 질문을 던질 수 있어야 하며,
그 질문의 답을 찾을 수 있도록 적절한 공간과 시간을
제공해주어야 한다고 듀이는 생각했다.

Part 3

• • •

존 듀이 :
"이것은 정말 바보 같은 방식이다."

존 듀이John Dewey는 미국이 배출한 가장 훌륭한 철학자이자 교
육자이다. 독일을 비롯한 유럽에서도 그는 '프로젝트 방식의
아버지'라고 불린다. 당시 교육계에서는 프로젝트 방식을 언제, 어
떻게, 얼마나 자주 적용해야 할지에 대한 토론이 끊이지 않았다. 이
를 위한 중요한 근거와 설명을 제시한 사람이 듀이이다.

존 듀이는 윌리엄 허드 킬패트릭William Heard Kilpatrick을 자신의
'가장 훌륭한 학생'으로 여겼다. 또한 킬패트릭은 자신의 선생님이
었던 듀이의 교육적 철학을 연구했으며, 이를 통해 교육 이론, 교사
의 민주주의 이론을 발전시킨 사람이기도 하다. 이를 계기로 킬패
트릭은 1918년 《프로젝트 방식》을 통해 '프로젝트는 어린이들의
진심 어린 의도를 기초로 한 행동'이라고 정의할 수 있었던 것이다.

프로젝트의 아버지라 불렸던 듀이와 '프로젝트 방식'과의 연관

성을 찾는 과정은 의외로 쉽지 않았다. 듀이가 프로젝트 방식에 대해 어떠한 생각을 가졌었는지에 대한 자료가 생각보다 많지 않았기 때문이다.

예를 들어 베르나르 수앵 드 부트마르Bernhard Suin de Boutemard, 만프레트 마크노어Manfred Magnor, 게르하르트 크라우트Gerhard Krauth, 엥겔베르트 그로스Engelbert Groß, 다크마어 헨젤Dagmar Hänsel, 요하네스 바스티안Johannes Bastian, 에르베르 귀종Herbert Gudjons과 같은 독일학자들이 쓴 책들을 통해 발견할 수 있던 정보라면 듀이가 1931년에 쓴 글《교육적 혼란의 탈출구The Way Out of Educational Confusion》에서 프로젝트에 관해 살짝 언급했다는 내용 정도였다.

프란츠 코스트Franz Kost와 라인하르트 실묄러Reinhard Schilmöller 이외에 듀이와 프로젝트와의 관계에 대해 분석한 사람은 거의 없었다. 학자들이 대부분 이를 매우 불필요한 작업이라고 여겼던 것 같다. 페터 페테르젠Peter Petersen이 쓴 책《프로젝트 계획. 존 듀이와 윌리엄 킬패트릭의 기초와 실행Der Projekt-Plan. Grundlegung und Praxis von John Dewey und William Heard Kilpatrick》(1935)에서도 '전통의 수호' 정도라는 내용으로 표현했다.

75년 전에 페테르젠이 듀이에 대해 설명한 내용은 다음과 같다.

— 듀이가 킬패트릭의 프로젝트를 사용했다는 것
— 듀이의 콘셉트와 킬패트릭의 콘셉트가 동일하다는 것

— 넬슨 보싱Nelson L. Bossing이 《중등학교에서의 진보적 교수법 Progressive Methods of Teaching in Secondary Schools》에서 듀이의 프로젝트 개념을 설명한 내용에도 나와 있듯이, 듀이는 오래된 프로젝트 전통을 열등하다고 보았다는 점

헨젤은 "듀이는 프로젝트 방식을 어떤 특정한 수업 방식으로 언급한 것이 아니라 보편적 교육으로서 인간과 세상을 고차원적으로 성장하게 하는 방식이라고 했을 뿐이며, 실질적인 실습을 달성하기 위한 전통적인 학습 형태라고 했다."고 설명했다. 한편 실뮐러의 연구에 따르면 "프로젝트는 학교의 가능성과 경계를 넘어선 학습"이며 "형상화할 수 있는 경험적 학습 방식"이다. 그래서 필자는 실뮐러의 듀이에 대한 연구와 해석은 다음과 같은 중요한 방식적 오류를 가지고 있다고 본다.

1. 듀이와 관련된 연구는 독일어로 번역되어 출간된 문헌을 중심으로 이루어졌으며 번역의 불완전성으로 인해 충분히 해석되지 않은 점
2. 미국에서 출간된 책들을 충분히 분석하지 않았고, 듀이에 대한 설명은 당시의 시대적 기준에 맞지 않게 해석되었다는 점. 즉, 영어권의 기초적 연구들을 충분히 참고하지 않은 점
3. 듀이가 실시했던 학교 실험이 충분히 언급되지 않고 관철되지

않았다는 점. 듀이의 일반적인 교육학적 사상에만 집중했다는 점. 듀이가 프로젝트와 관련해 명료하게 설명한 부분을 간과한 점

2차적 문헌들을 잘 살펴보면 로런스 크레민Lawrence A. Cremin, 허버트 클리바드Herbert M. Kliebard, 로버트 웨스트브룩Robert B. Westbrook, 로렐 태너Laurel N. Tanner와 다이앤 라비치Diane Ravitch와 같은 미국의 학자들은 프로젝트의 의도에 대해 교육계가 늦게 인식한 부분이 있었고, 교육학자들은 이러한 내용이 듀이를 통해 알려질 수 있었다는 것을 인식할 수 있었던 것으로 보인다. 하지만 듀이와 킬패트릭의 교육에 대한 생각은 동일하다고 인정하지 않았다.

이 학자들은 듀이가 프로젝트를 어떻게 생각했는지에 대한 사항보다 주변적인 내용에 관심에 더 많았다. 킬패트릭과 그 외의 근대 학자들은 모두 듀이를 프로젝트 방식의 대변인이 아닌, '문제해결방식'의 대변인으로 보고 있었다.

독일에서 프로젝트와 듀이에 대한 지배적인 해석은 미국과 많이 달랐다. 실제로 역사적인 해석이 맞지 않는다는 세 가지 이론이 존재한다.

듀이는 프로젝트를 전심(全心)의 의도에서 나온 행동이라고 해석하지 않았다. 그저 일반적인 방식으로 보았을 뿐이다. 독일 학자들은 듀이가 킬패트릭의 프로젝트를 응용했다고 했으나 이는 사실이 아니다. 독일 학자들이 미국의 자료를 해석하는 데 실수를 범한 것

이다. 그동안 학자들이 짐작한 것보다 듀이의 프로젝트는 매우 전형적인 프로젝트의 성향을 가지고 있다.

I 새로운 교육 : 지식, 경험, 감동을 통해 배운다

존 듀이는 1859년 벌링턴Burlington에서 한 자영업자의 아들로 태어났다. 그는 버몬트 대학교Vermont University, 존스 홉킨스 대학교Johns Hopkins University, 미시건 대학교Michigan University에서 철학을 공부하고, 이마누엘 칸트Immanuel Kant와 관련한 논문으로 1884년에 박사학위를 받았다. 그의 초기 저작들로는 《심리학Psychology》(1887),《라이프니츠의 인간 이해에 관한 새로운 에세이Leibniz's New Essays Concerning the Human Understanding》(1888),《윤리의 비판적 이론의 개요Outlines of a Critical Theory of Ethics》(1891) 등이 있다.

그는 1929년 퇴직할 때까지 미네소타 대학교University of Minnesota를 비롯해 미시건과 시카고의 대학교, 뉴욕의 컬럼비아 대학교에서 교수로 일했다. 시카고에서 그는 '대학이 운영하는 초등학교University Elementary School'라는 실험학교를 세우고, 자신의 교육과 학습에 대한 철학이 반영되고 검토될 수 있는 기초를 만들었다.

그는 뉴욕의 컬럼비아 대학교에서 정기적으로 세미나를 개최했고, 그곳에서 킬패트릭을 만나게 된다. 이 만남을 통해 킬패트릭은 듀이의 학생이 되었다. 듀이의 지도를 받은 킬패트릭은 교육철학 교수로서 다시 그의 동료이며 친구가 된다.

듀이는 철학을 전공했지만 교육학에 관심이 더 컸다. 1879년 학사학위를 받은 뒤 오일시티Oil City, 펜실베이니아Pennsylvania, 샬럿Charlotte, 버몬트Vermont에서 교사와 교장으로서 교육과 관련이 깊은 삶을 살았다. 그는 수줍음이 많았고, 학생들을 매우 소중하게 여겼기에 학생들을 통제하거나 수업을 강요하는 역할을 부담스러워했고 불편해했다. 그 이유로 그는 더 이상 교사라는 직업을 유지할 수 없었다. 하지만 교육과 관련한 관심을 중단할 수 없었고, 아내인 앨리스의 영향을 받아《여성의 교육과 건강Education and the Health of Women》(1885)이라는 제목으로 최초로 교육학 관련 글을 쓰게 된다.

그는 후에 시카고 대학교에서 철학, 심리학, 교육학 부서의 책임교수로 임명되며, 실험학교를 설립하는 일에 자신의 모든 열정을 쏟아부었다. 그리고《나의 교육학 신조My Pedagogic Creed》(1897),《윤리적 교육의 기본 원리》(1897),《학교 교과과정의 심리적 측면The Psychological Aspect of the School Curriculum》(1897), 〈초등 교육 페티시The Primary-Education Fetich〉(1898)와 같은 글을 발행했다. 또한 그는 칸트와 윌리엄 제임스William James에 대해 자신의 생각을 피력했고, 요한 프리드리히 헤르바르트Johan Friedrich Herbart 사상과 프리드리히 프뢰벨Friedrich Fröbel 사상을 비롯해 당시 미국에서 가장 관심을 받았

존 듀이, 1859~1952

던 조기교육 콘셉트와 학교 혁신 교육학에 대해 집중적으로 연구했다. 철학적 실용주의자 듀이는 인식과 지식을 경험적 인식, 감각적 인식 또는 이성적 결론으로 보지 않았다. 대신 인식과 지식을 적극적 행동의 결과, 또는 사물을 대상으로 한 실질적 경험을 통한 결과로 이해했다.

그러한 이유로 듀이는 '행동을 통한 학습'에 관심을 갖게 되었고, 19세기에 큰 이슈가 되어 유치원 교육학자들이 열성적으로 홍보했던 '신교육'에 큰 관심을 기울이게 되었다. 수전 블로Susan E. Blow, 찰스 엘리엇Charles W. Eliot, 윌리엄 헤일먼William H. Hailmann, 앤드루 화이트Andrew D. White는 모두 자아 표현, 자아 활동, 물리적 행위의 원칙에 대해 열띤 토론을 벌였다. 이들의 주제는 기존의 전형적인 수업 방식, 암기, 독서 등과 같은 학습 방식과는 거리가 멀었다. 전통적 학습 과정은 그들이 말하는 자유, 개성, 민주주의를 기초로 한 생각의 독창성과 독립성 그리고 이를 기초로 한 행동, 과학, 진보라는 표현과는 거리가 있었기 때문이다.

신교육에 따르면 학생들은 무미건조한 교실에서 필기하고 암기하는 것보다 워크숍, 박물관, 정원, 들판에서 직접 사물을 만지고 보고 활동할 수 있어야 했다. 지식은 경험과 감동을 통해 배우는 것이었다. 신교육을 이끈 교육학자들은 상상력, 추진력, 공감 능력, 자율을 통해 사고방식을 개발해나갈 수 있으며, 이런 방식으로 민주적이며 역동적인, 실생활에 꼭 필요한 책임감을 개발할 수 있다고 보았다.

듀이가 언급한 네 가지 새로운 교육의 혁신은 다음과 같다.

— 작업 교육 : 엘리자베스 피보디Elizabeth P.Peabody가 보스턴 유치원에 도입했던 원칙

— 활동 수업 : 프랜시스 파커Francis W. Parker가 퀸시Quincy에서 개발한 수업 방식

— 수공예 수업 : 캘빈 우드워드Calvin M. Woodward가 세인트루이스
에서 시도한 수공예 고등학교
— 흥미 중심 학습, 문제 중심 학습의 이론 : 찰스 드가모Charles De-
Garmo, 찰스 맥머리Charles A. McMurry와 프랭크 맥머리Frank McMurry
형제가 독일 예나와 라이프치히, 할레에서 도입한 방식

실제로 듀이는 이러한 원칙을 기초로 학생들의 '행동을 기준으
로 하는 실험학교Laboratory School'를 만들었고, 이 학교를 보고하자
전 세계에서 교육학자들이 몰려오기도 했다.

2 듀이의 실험학교가 문제를 다룬 방식

────

듀이는《대학 초등학교 조직 계획Plan for the Organization of the
University Primary School》(1895), 《학교와 사회》(1899)에 담긴 내용 대
부분을 실험학교에 그대로 적용했다. 그리고 '작업 활동'이라는 요
소를 매우 중요하게 생각했다. 그의 콘셉트는 프뢰벨, 헤르바르트
를 부분적으로 적용하고, 사회생활을 그대로 모방하여 음식, 옷, 집
과 같이 실제 존재하는 사물의 성립과 생산과 관련된 주제를 다루
는 것이었다.

듀이는, 진정한 학습은 어린이들이 실질적인 환경 속에서 도전할 때 발생하는 동기가 있어야 가능하다고 생각했으며, 학습은 가능하면 총체적인 상황에서 진행되어야 한다고 보았다. 어린이들은 마치 실제 삶에서처럼 자신의 환경에 대해 질문을 던질 수 있어야 하며, 그 질문의 답을 찾을 수 있도록 공간과 시간을 제공해주어야 한다고 듀이는 생각했다.

실험학교에서는 기존의 추상적 지식을 중심으로 하는 수업이 아닌, 학생들이 학교 이외의 장소에서 겪은 흥미로운 구체적 경험과 문제Problem를 중심으로 다루었다. 《우리는 어떻게 생각하는가》에서 듀이는 사상 심리학의 기초가 된, '문제를 해결하는 것을 통해 학습하는 방법'을 적용할 때 헤르바르트 사상가였던 플라우엔의 교장 카를 랑에Karl Lange, 독일의 빌헬름 라인Wilhelm Rein, 요아힘 쾨니크바우어Joachim Königbauer, 미국의 제임스 휴스James L. Hughes, 찰스 맥머리의 생각과 이론을 참고했다. 이 학자들은 모두 '실질적 문제를 해결하는 방식'의 중요성을 강조했던 사람들이다.

랑에는 1889년 심리학적 교육학 저서 《철학 통각과 관련하여 Über Apperzeption》를 통해 "'실제적 상황'이 '문제'로 변경되어 제시되어야 하고, 그 문제 자체가 어린이들의 흥미를 일으키지 않더라도 그 문제는 흥미로운 목적의 형태로 제시될 수 있다. 어린이는 건조한 언어적 형태로 문제가 제시될 경우 관심을 갖지 않는다. 실질적인 필요 사항, 요구 사항과 연결된다면 어린이들의 흥미를 자극할 수 있다."라고 했다.

듀이는 문제와 작업(활동)은 좀 더 실질적이고 이론을 바탕으로 한 자연스러운 것이어야 한다고 했다. 학생들이 혼자서는 도저히 해보지 못할 수 있는 경험들도 문제가 없다고 듀이는 보았다. 학생들은 이전 세대 사람들의 경험에 대해 관심을 가질 수 있으며, 이때는 그 역사를 다루는 책이나 옛날의 전문 지식을 참고할 수 있기 때문이다. 이를 위해 특수한 학습이나 연습을 필요로 할 수도 있을 것이라고 듀이는 보았다.

헤르바르트 사상가들이 말하듯, 가능하다면 학습의 시작점은 어린이가 찾은 문제나 흥밋거리여야 한다. 그리고 학문과 학습 내용의 이해가 수업의 마지막 목표가 되어야 한다. 흥미로 시작된 학습에서 학습된 내용은 시험을 통해 검토할 수 있다는 게 듀이의 주장이었다.

"어린이가 어떤 특정 문제를 자신의 문제로 인식하게 될 때, 어린이는 바로 해답을 찾기 위한 활동을 시작할 것이다."

문제Problem란 학생 자신이 '어려움'이라고 보는 것으로서, 자신의 경험 속에서 만나게 되는 극복해야 하는 대상으로 이해할 수 있다. 극복이 목표가 되고, 그 목표에 도달했을 때 그 경험은 온전하고 완벽해질 수 있다고 듀이는 보았다.

듀이는 문제Problem를 '실질적인 문제'와 '비실질적인 문제' 두 가지로 정의했다. 비실질적인 문제는 교사나 학습 교재가 제시하는 문제이며, 실질적인 문제는 자신의 개인적 경험을 통해 생성된 문제이다. 듀이는 실질적 삶 속에서 발견되는 문제를 다루도록 하면서, 학생의 독립적 사고와 행동을 장려할 수 있다고 보았다.

문제는 성적과 관련되지 않는다. 그리고 교사나 부모에 의해 대신 해결되어서도 안 된다. 문제가 형식화되어 내재적 동기와 시스템적 반응을 이끌어낼 수 있어야 한다. 이 부분은 듀이에게 매우 중요한 기준이었다.

듀이는 학생들이 너무 지나치게 많은 양의 정보를 얻어서도 너무 적은 정보를 얻어서도 안 되며, 이는 학문적으로 접근할 수 있는 정보여야 한다고 했다. "학생은 사고를 통해 계획을 설계하고 문제를 해결해나가는 과정에서 발생하는 모든 문제에 대한 질문들을 형식화할 수 있어야 한다. 실질적/이론적 과정의 문제 상황을 포함하는 전체적 과정을 통해 학습이 실행되어야 한다. 학생의 경험과 흥미는 서로 직접적 연결성이 있어야 한다. 물론 학생들의 직접적 판단을 장려해야 한다. 이로써 학생들은 사회적, 개인적, 객관적, 행동적 역량을 개발할 수 있다."는 것이 듀이의 생각이었다.

듀이와 같은 교육학자들과 킬패트릭이 언급했던 '문제해결방식'은 이러한 내용을 근거로 하며, 듀이의 실험학교에서 실시했던 방식이 바로 '문제해결방식'이다. 듀이는 킬패트릭이 주장했던 '즉흥적인 과도기적 관심'을 이해하는 데 어려움을 겪었다. 킬패트릭이야말로 즉흥성으로 이루어지고 과도적일 수 있는 어린이의 자발적 동기와 행동에 따른 학습을 중시했기 때문이다. 반면 듀이에게 는 '지속적인 관심'이 학습과 성장을 장려하기 위해 중요한 학교의 과업이었다.

듀이는 관심의 종류를 연구와 조사에 대한 관심, 사회적 관심, 미술적 표현에 대한 관심, 구성적 생산을 위한 관심, 능동적 활동, 사회적 활동, 구성적 활동에 대한 관심으로 분류했다.

3 프로젝트는 능동적 활동이 아니라 구성적 활동이다

듀이는 프로젝트를 교육학적 수업 방식의 개념으로 보았다. 듀 이는 90년대 말에는 교육학과 학습 계획 수립과 관련한 세미나를 개최해 행동을 통한 학습과 특히 우드워드의 수공예 수업과 관련된 내용에 대해 설명했다.

이에 관련된 내용은《교육철학Philosophy of Education》(1898/99)에 서도 언급되었다. 이 글에서 그는 학생들에게 찰스 햄Charles H. Ham 의 책《수공예 훈련. 사회와 산업 문제의 해결 방법》(1886)을 추천 하기도 했다. 이 책은 미국에서 수공예 수업이 확장되는 데 상당 한 기여를 했다. 햄은 이 책에서 단순히 수공예 수업만 중요하게 다루지 않았다. 그는 프로젝트 과정을 5단계로 설명했는데, 이 단계에는 시카고 수공예학교의 프로젝트를 마무리하는 과정에서 도제 시험을 스스로 기획하고 실행한 내용까지 포함되어 있다. 〈초등학교 기록과 초등학교 교사Elementary School Record and Elementary School Teacher〉라는 제목의 학교 내부 문서를 통해 듀이가 말하는 프로젝트의 개념이 언급되기도 했는데, 이 문서에는 실험학교에서 듀이가 교사들에게 수업의 내용과 방식에 대해 정보를 주며 격려했다는 내용도 담겨 있다.

더불어 프랫 연구소Pratt Institute에서 찰스 리처즈Charles R. Richards로부터 교육을 받았던 수공예 및 가정교사인 앨시아 하머Althea Harmer의 프로젝트 내용도 문서에 담겨 있다. 하머는 텍스틸 가공 수업에서 실을 뽑고 직조하는 프로젝트를 진행했던 교사이다.

—— 학생들이 재료를 이용해 새로운 물건을 만드는 활동을 할 경우, 과거에는 어떤 방식이 사용되었는지에 대한 정보와 당시의 상황과 조건에 대해서 알려준다. 학생들은 이로써 과거에 사용된 방식과 기계에 대해 알아가게 되는데, 이러한 과정은 매우 강력하게 학생들의 본능을 자극할 수 있다. 제품을 완성하는 것은 학생들에게는 창조적인 예술적 욕구를 실현하는 방법이다. 어린이들은 타인이 행한 것을 접하면, 이를 매우 매력적으로 생각하게 된다. 그리고 이를 통해 큰 동기와 에너지를 얻는다.

하머의 글에는 캐서린 메이휴Katherine C. Mayhew와 앤 에드워즈 Anna C. Edwards에 대해 언급되었는데, 이 두 사람은《듀이의 학교. 시카고 대학교의 실험학교The Dewey School. The Laboratory School of the University of Chicago》(1936)의 저자이기도 하다. 이들은 모두 듀이의 생각에 매우 동의했다.

듀이의《민주주의와 교육》이 1916년에 봄에 출간되었고, 이로 써 그동안의 잘못된 해석은 조정될 수 있었다. 즉, 프로젝트는 킬패 트릭 이전에 듀이를 통해《민주주의와 교육》에서 '능동적 활동 콘 셉트'를 소개하는 장에서 이미 구체적으로 언급되었던 것이다. 이 때 듀이는 수공업 활동에 대한 중요성을 강조했고, 우드워드와 자 신의 추종자들이 실시했던 수공예학교 프로젝트가 매우 형식적이 고 소규모로 적용된 부분이 있다며 이에 대해 암묵적인 비판을 가 하기도 했다. 이 책의 15장 〈커리큘럼에서의 놀이와 작업Play and Work in the Curriculum〉에서 듀이는 프로젝트의 활동 방식, 수업의 목 표와 원칙, 또는 방식뿐만 아니라 교사의 기능에 대해서도 설명했 다. 듀이는 다음과 같이 썼다.

—— 교사의 과제는 무엇인가? 교사는 어린이들에게 수공예 능 력과 기술적 능력을 개발할 수 있도록 지원해주어야 한다. 작업을 통해 간접적 기쁨을 얻고, 미래를 준비할 수 있는 능력이 이 수업 체계에 포함되어 있어야 할 것이다. 이는 지적인 결과와 사회적 행

동을 목표로 하는 교육의 수업 조건에 포함되어야 한다.

기본적 원칙은 무엇을 의미하는가? 행동에 참여하는 사람은 모두 규정을 지켜야 한다. 모델을 모방하는 과정에서 중간에 목표를 절대 변경해서는 안 된다. 이러한 연습은 손재주가 발달하도록 돕는다. 목적을 넘어선 그 이상의 추가적 작업은 필요하지 않다. 수단과 방법을 적용하는 데에 학생 각자의 판단을 점수로 평가해서는 안 된다. 이 방식을 적용하는 데에 분명히 실패하거나 실수할 수 있는 요소는 존재한다. 주제와 방식을 선택할 때는 학생의 의도와 판단을 최소화해야 한다. 그리고 삶의 '완벽한' 상황을 실현하는 것을 목표로 해서는 안 된다.

물론 학생들은 자신의 역량과 능력을 제대로 짐작하지 못하고 과대평가할 수 있다. 그래서 실행이 전혀 불가능한 프로젝트를 선택할 수도 있다. 이에 대한 판단도 학생들이 배워야 하는 학습 요소이다. 학생들은 자신의 행동의 결과를 경험하면서 다양한 것들을 추가로 배우게 된다. 리스크는 완벽한 프로젝트를 선택했을 때든 단순한 놀이 정도의 프로젝트를 선택했을 때든 모두 존재한다. 교사는 학생들이 자신의 성과에 대한 판단에 어려움을 겪을 때, 이에 대해 꼭 언급을 해주어야 한다.

이와 같은 부분은 헤르만 혼Herman H. Horne을 비롯해 그 이외의 교육학자들이 간과했던 부분이었다. 이러한 이유로 프로젝트 개념은 부수적으로 사용되었거나 정의가 명백하지 않게 설명되기도 했다. 에릭 힐라Erich Hylla의 번역에서도 프로젝트라는 표현은 단순히 '과제'로 번역되어 있었다.

듀이에게 중요했던 것은 '능동적인 활동'이 아닌 '구성적인 활동'이다. '구성적 활동constructive occupations'은 학생이 종이, 나무, 흙, 옷감, 철근을 이용해 작업하고 접기, 자르기, 찌르기, 측정하기, 주조, 모델링, 형태 만들기 등으로 이루어진다. 또 뜨겁게 열을 가하고, 식히고, 망치와 톱, 줄을 이용하기도 한다. 이러한 활동들은 더 큰 영역으로 확장되며, 학생들은 독립적으로 기획하고, 스스로 완성품을 제안하고, 만든다. 이러한 작업은 우드워드 시기에 프로젝트라고 불렸던 기술적 공예이다. 실제로 듀이는 프로젝트라는 개념을 사용했다. 1933년에 듀이는 "이 구성적 활동은 지난 몇 해 동안 학교에서 많이 사용된 수업 방식이다."라고 적었다. 듀이는 프로젝트 개념을 본래의 의미, 즉 실질적이며 생산적인 활동으로 보았다. 그는 의도적으로 프로젝트를 정의할 '능동적, 사회적 작업'이라는 설명은 제외시켰다.

전통적 수공예 수업과 그로부터 확장된 학업 과정과 연습 과정이 어린이에게는 시기적으로 적절치 않다는 생각을 대변한 것은 90년대 찰스 리처즈였다. 리처즈는 우드워드의 순차적 콘셉트를 자신의 통합적 프로젝트 수업으로 보충했다. 이 당시에 리처즈는 독일의 유치원 교육학의 콘셉트, 영국의 예술 수공예 운동과 스웨덴의 수공업 수업 그리고 듀이의 구성적 활동의 콘셉트를 선택해 참고했다.

우드워드와의 차이라면 리처즈와 듀이는 예술, 역사, 문화 과목과 연관시켜 수공예 수업을 다과목 통합 수업으로 발전시켰다는 것이다. 두 학자는 수공예를 종합적으로 설계하여 학습과 연습을 함께 적용했다. 그리고 프로젝트는 처음부터 학생의 생각과 사고로 결정되었으며, 수공업이 학교의 핵심이 되었다.

듀이의 경우는 리처즈처럼 수업 전체를 통합적으로 실행하지는 않았다. 듀이는 종합적인 방식과 동시에 분석적 방식을 적용했다. 듀이의 프로젝트는 리처즈와 달리 2단계가 아닌 3단계로 이루어졌다. 그리고 자연스러운 통합성에서 시작되었다.

만약 모델하우스를 만드는 것을 계획한다면 처음에는 추상적인 요소로 시작한다. 집을 짓기 위해 배워야 하는 과정과 기술을 배우며, 이를 위해 필요한 지식과 능력을 배우기 위해 지식과 이론 교육이 보충된다. 그리고 계획한 집이 실제로 만들어진다. 학생들은 새로운 지식과 기술을 배우게 되는데 이는 최대한 체계적으로 프로젝트가 현실화될 수 있는 바탕이 된다. 학습과 강의는 우드워드처럼 강의가 아닌 '구성construction'이 가장 중요한 요소이며, 이는 프로젝트로 통합된다.

4 시카고 실험학교의 프로젝트를 이루는 세 요소 : '학생', '실제', '생산품'

독일의 프로젝트 교육학자들로서 듀이의 전문가이기도 한 테오도어 빌헬름Theodor Wilhelm, 헬무트 슈라이어Helmut Schreier, 루트비히 둥커Ludwig Duncker는 듀이의 프로젝트 해석과 수업의 이론을 관찰하고자 할 때 예외 없이 '티푸스 프로젝트'를 참고했다. 이 프로젝트는 킬패트릭의 박사과정 학생인 엘스워스 콜링스Ellsworth Collings가 미주리주 맥도널드 카운티의 베스페이지에서 1917년부터 1921년까지 진행한 프로젝트이다. 이는 페테르젠의 시리즈 발행물인 《프로젝트 계획. 존 듀이와 윌리엄 킬패트릭의 기초와 실행》을 통해서도 널리 알려졌다.

이 발행물에는 듀이의 이론들이 소개되기도 했다. 여기에는 다섯 가지 수업 단계가 샘플처럼 제시되어 있다. 수업은 긴장되는 암시적 표현, 상상력을 자극시키는 내용으로 교사나 학습 계획, 강의나 지시 없이도 가능한 것들이었다. 또한 사회적 과업을 실행할 수 있는 방법이며, 학생들에게 필수적인 인지적 지식과 사회적 역량을 제공할 수 있는 것들이었다.

캐서린 메이휴와 앤 에드워즈가 집필했던 보고서 《듀이의 학교. 시카고 대학의 실험학교》는 듀이가 1896년에 실시한 수업의 구체적인 예에 대해서 그리고 듀이가 1896년에서 1904년까지 시카고에 설립하고 이끈 실험학교에 대해서 소개하고 있다. 이 두 교사는 듀이의 책《민주주의와 교육》이 설파한 프로젝트 개념의 역할에 대해서는 그다지 주목하지 않았던 것 같다. 따라서 이들의 보고서는 프로젝트에 대한 개념과 관련해 매우 드물게 언급했으며, 자세한 설명조차 하지 않고 있다.

하지만 듀이의《민주주의와 교육》에는 '문제 상황'과 관련된 내용이 담겨 있고, 매우 다양한 단계를 통해 삶과 밀접한 상황들이 제시되어 있다. 이러한 예시는 작업장, 미술실, 수공예실에서 독립적으로 진행될 수 있는 것들이었다. 메이휴와 에드워즈는 아래 네 개의 프로젝트를 자세히 관찰하고 듀이가 사용했던 예시를 소개했다.

— 농장 짓기(3번 그룹, 6세)

해당 학년의 첫 번째 프로젝트는 농장을 짓는 과제였다. 나무로 만든 창고를 짓는 데 통나무를 사용했다. 다양한 크기의 통나무를 사용할 수 있었고, 통나무의 길이는 6인치 이하여야 했다.

이 건물은 정사각형 모양으로 짓도록 했다. 어린이는 통나무의 길이를 각 측면에서 측정하며, 총 합이 12인치 또는 1피트에 해당하는 옵션을 찾도록 했다. 닭장을 설계하고, 설계도면에 길이를 2~3인치로 적었다. 정해진 전체 집의 면적 안에 알맞도록 적당한 정도의 규모로 맞추었다.

프로젝트가 진행되는 동안 어린이들은 지속적으로 여러 제안을 할 수 있었다. 교사는 집이 목적에 알맞게 완성될 수 있도록 어린이들에게 지속적으로 동기를 부여했다. 어린이들은 이미 2주가량 지속된 프로젝트에서 관심을 잃지 않고 훌륭하게 작업하고 있다.

— 디어번 요새Fort Dearborn(인디언의 반란을 막기 위해 1803년에 세운 요새 — 역주) 모델의 구성

프로젝트는 때때로 매우 오랫동안 진행되기도 한다. 더러는 과정이 반복될 수도 있다. 몇 가지의 프로젝트는 매우 성공적이었다. 교사는 어린이들이 연관된 활동을 지속할 수 있도록 동기를 부여하기 위해 노력했다. 그룹 6번(9세 어린이)은 시카고에 있는 디어번 요새의 모델을 만들었는데, 매우 어려운 작업이었고 3개월이나 소요되었다. 3개월째 마지막 날 이 프로젝트는 훌륭하게 완성되었다.

— 식민지 시대의 집과 방을 구현(그룹 7번, 10세)

가장 먼저 학생들이 결정해야 할 사항은 굴뚝을 세우는 장소였다. 실제로 불을 피울 수 있을 정도의 규모로 굴뚝을 만들기 위해 학생들은 돌을 수집해 가지런하게 쌓았다. 방에 놓을 침대를 제작하고, 식민지 시대에 사용했던 모양의 의자와 큰 시계, 물레를 제작했다. 한 여학생은 당시 입던 옷을 디자인해 인형에 입혀 전시했다. 그리고 방에 깔 수 있는 카펫을 직접 만들겠다고 했다. 14일이 지난 뒤 그 방은 완벽하게 완성되었다. 학생들이 침대와 매트리스는 집에서

직접 만들어 가지고 왔다. 학생들은 책상과 거울, 창문을 설치하고 조지 워싱턴의 그림을 거실에 걸었다. 그 그룹은 다른 그룹보다 훨씬 더 오랫동안 작업장에서 일을 해야 했다. 그리고 계획을 실현하기 위한 기초가 되는 설계도는 그룹을 이루어 설계하기도 했고, 각 개인이 독립적으로 설계하기도 했다.

— 클럽하우스 프로젝트(그룹 10번, 13세)

식민지 시대의 양식으로 된 나무 건축으로, 건축물은 두 개의 그룹으로 이루어졌다. 사진 클럽과 토론 클럽을 위한 공간도 필요했다. 건축위원회, 위생위원회, 재정위원회, 인테리어 위원회를 만들고 각각 회장을 선출했다. 이로써 학생들이 직접 책임자로서 역할을 경험할 수 있도록 했다.

학생들은 전문 교사의 지도 아래 부지를 선택하고, 계획을 세우며, 비용을 계산했다. 내부 인테리어에 대한 콘셉트를 정한 다음 가구 설계가 이루어졌다.

장소를 선택하기 위해서는 집을 지을 때 필요한 조건들을 조사해야 했다. 이에는 건축지의 지질 구조, 하수 조건, 기후, 태양광선의 방향과 날씨가 포함되었다. 학생들은 목재 가공과 관련된 지식과 이론을 배웠다. 또한 집 건축과 관련된 조사를 위해 지질학자, 건축사, 엔지니어, 하수 전문가, 집 구조 전문가, 난방 전문가, 통풍 전문가와 만나 이야기를 나누었다. 지역의 지리학적 지식을 위한 수업

시카고 실험학교의 수업 모습

시카고 실험학교의 정원 실습

과 건축, 역사, 미술 수업도 들었다. 교사는 신중하게 지도하여 어린이들이 흥미를 잃지 않고 작업에 대한 동기를 잃지 않도록 노력했다. 학생들과의 소통은 매우 중요했다. 클럽하우스 프로젝트 그룹의 열성적인 프로젝트 수행은 전 학년의 관심을 한 몸에 받았다.

실험학교는 학생 140명, 교사 20명, 교육대학 학생 열 명으로 이루어져 있었으며, 프로젝트는 포괄적인 수업의 한 부분으로 설계되었다. 헤르바르트의 '문화 단계 콘셉트'와 비슷한 성격이라고 볼 수 있었다. 원시적인 페니키아 문명화를 통해 식민지 사회로부터 산업사회로 발전한 것을 주제로 삼았고, 전형적인 학습 대상과 과정을 선택했다. 여기에는 음식, 의상, 집, 운반, 통신, 그 외의 구체적으로 경험이 가능하도록 하는 주제들이 포함되었다.

필요한 경우에는 실질적인 과목인 공예, 미술, 지리학, 생물학과 연관시켜 전문 교사가 수업을 진행했으며, 프로젝트 방식 이외의 수업으로 강연, 대화, 질문, 조사, 실험 등이 추가되었다. 이 작업(프로젝트)에서 메이휴와 에드워즈는 "학생들은 자신들의 이전 경험을 기억하며 '경험의 정신적, 실질적 단계'를 이용했다. 자신들만의 특별한 열정과 에너지를 강화시키기 위해 기술과 능력뿐 아니라 지속적으로 자신들의 학습 내용을 계획하고 체크할 수 있도록 했으며, 이를 통해 학생들은 지속적인 사고가 가능했다. 즉, 뇌, 손, 눈 등 모든 감각기관을 사용했다. 이로써 지속적인 순환적 놀이, 즉 아이디어와 행동의 구체화가 가능했다.”고 보고했다.

메이휴와 에드워즈에 따르면 프로젝트를 통해 학습하는 대상
은 과거에서 현재를 모두 포함하고, 사회적 삶에 포함되는 모든 객
체가 가능했다. 소형화된 모델부터 실제 규모까지 계획하고 설계했
다. 즉, 프로젝트는 ‘학생’, ‘실제’, ‘생산품’이라는 세 가지 요소로 이
루어졌다.

냉정하게 보자면, 실험학교는 프로젝트 학교가 아니었다. 그러
나 많은 독일의 교육학자나 현재의 미국학자들도 실험학교가 프
로젝트 학교라고 생각했다. 커리큘럼 전문가인 로렐 태너는 그의
책《듀이의 실험학교 : 오늘의 수업Dewey’s Laboratory School : Lessons for
Today》에서 “사람들은 듀이의 커리큘럼을 ‘프로젝트 시리즈’라고 한
다. 이는 옳지 않다.”라고 썼다.

보고서에 따르면 선생님들은 여러 가지 목표와 방식을 사용했
다. 이에는 토론, 견학, 글짓기, 연구소 실험, 예술 및 응용예술에 대
한 경험 등이 포함된다. 실험학교가 프로젝트에만 집중되어 있다는
주장은 오류이다.

실험학교에서는 어린이들의 정신적, 지적 능력을 개발하기 위
한 모든 방법들이 동원되었다.《학교와 사회》와《민주주의와 교육》
에서 짐작할 수 있는 것과는 달리, 실제로 실험학교에서 항상 총체
적인 포괄적 수업, 다과목 수업, 작업이 포함된 수업들만 이루어진
것은 아니었다.

역사 교수인 로라 러넌Laura L. Runyon은 1896에서 1899년 사이에 정기적으로 시카고 대학교 학내 학술지에 글을 썼는데, 그는 실험학교에 대해서 다음과 같이 썼다.

—— 실험학교는 다양한 그리고 여러 전문가 교사들이 협력하여 운영했다. 전문적 과목 수업에서도 그룹 프로젝트가 적용되었다. 이 수업에서는 암기할 사항은 적지만, 비교적 요구 사항이 많은 과제를 수행해야만 했다. 전문적 수공예의 목표는 수공예적 지식과 능력을 전달할 뿐만 아니라, 학생들이 독립적으로 창조적인 작업을 할 수 있도록 하는 것이었다. 어린이들은 톱질, 대패질, 조각 기술을 배우고 연마한다. 점차 기술이 나아지면 자신들의 상상을 토대로 자신이 필요한 물건들을 만들 수 있다. 학생들은 학교에서 사용할 수 있는 악보 받침대, 책장, 물레도 만들 수 있으며, 개인적으로 사용이 가능한 그림액자, 우편함, 선박 모델도 만들 수 있다.

실험학교에서는 리처즈의 방식적 콘셉트로서 주제에 따른 통합 콘셉트, 우드워드의 수업에 적용하기 쉬운 순차적 콘셉트가 동일하게 적용되었다. 이러한 내용은 독일 교육학자들 사이에서는 제대로 알려지지 않았던 부분이다. 부분적으로는 미국 학자들조차 정확하게 파악하지 못한 내용이다.

베르나르 수앵 드 부트마르, 에르베르 귀종, 볼프강 에머Wolfgang

Emer, 클라우스 디터 렌첸Klaus-Dieter Lenzen은 프리츠 본작스 보르텐 Fritz Bohnsacks Worten의 말을 인용해 다음과 같이 말했다.

"듀이는 오직 총체적인 통합적–수업적 작업 프로젝트만을 주장했다. 프로젝트 작업은 여러 학문 분야가 관련되어 있으며 다차원적이고 다양한 관점을 가지고 있다. 이러한 특성은 이론을 이상화할 수 있으며 '실습'을 중시하는 데에 태만해질 수 있다."

짧게 정리하자면 듀이는 실용주의자로, 실험학교에서 대형의 다과목형 프로젝트뿐만 아니라, 작지만 전문 과목의 특성만을 가진 프로젝트도 허용했다는 것을 알 수 있다.

이러한 프로젝트에 대해 듀이와 듀이의 동료들은 다음과 같이 설명했다.

"학생들은 학습 내용으로 인해 심리적으로 과도한 부담을 가져서는 안 된다. 지속적인, 종합적인 프로젝트에 자연스럽게 익숙해질 수 있어야 한다."

메이휴와 에드워즈는 "프로젝트는 짧은 시간이 아닌 오랜 시간을 두고 진행된다는 것을 염두에 두고 계획하는 것이 매우 중요하다."라고 했다.

러년의 보고서에는 "포괄적인 활동 속에서 당연히 학생들은 모든 종류의 지식과 경험을 획득할 수는 없을 것이다. (…) 대부분은 역사, 미술, 자연과학과 관련된 수공예 수업이다. 간단한 수공예 작업은 예를 들면 필통, 물레방아, 사진 액자와 같은 작은 소품을 만드는 작업이다. 목재를 다루는 기초 방식과 기술은 학생들이 일반적으로 접하기 힘든 작업들이다."라고 적혀 있다.

프로젝트는 모든 '활동적인 작업'처럼 무조건 '포괄적인 수업(다과목)'으로 계획될 필요는 없다. 듀이는 "작업 프로젝트에서 중요한 것은 지적 경험과 실질적 경험 사이에서의 균형을 갖는 것이다."라고 강조했다. 실험학교의 프로젝트 수업에서는 순차적 방식과 통합적 방식 두 가지가 적절하게 사용되었다. 이로써 수업에 활기가 생기고, 교사는 학생의 성과에 대해서 주의 깊게 살펴볼 수 있었으며 중요한 지식과 능력, 사고방식을 전달할 수 있었다. 이러한 요소들은 표준적 형태로 적용됐다.

5 듀이의 프로젝트-문제-상황-방식 : 다양한 학과목이 서로 연관성을 갖고 소통해야 한다

1931년에 발행된 《교육적 혼란의 탈출구The Way Out of Educational Confusion》는 듀이의 프로젝트 사상을 연구할 때 참고하기에 아주 좋은 글이다. 이 책에서 발견한 흥미로운 것은 듀이는 단순히 '프로젝트'만 언급한 것이 아니라, 프로젝트Project, 문제Problem, 상황Situation 모두를 동시에 언급했다는 것이다.

듀이의 '프로젝트-문제-상황-방식Project-Problem-Situation-Method'
에 대해서는 미국 학자들 사이에서도 아직까지 체계적인 토론이 이
루어지지 않았다. 하지만 독일 교육학자들은 이와 관련해 몇 가지
의견이 있었는데, 그중 프란츠 코스트는 "듀이가 프로젝트-문제-
상황-방식이라는 표현을 통해 세 가지의 방식을 따로따로 분리해
서 정의했다는 사실은 어디에서도 확인할 방법이 없다."라고 했다.
베르나르 수앵 드 부트마르는 "이 부분은 독일 교육학자들이 제대
로 이해하지 못한 부분이다. 이는 분리된 세 가지 방식이지 하나의
교수법이 아니다."라고 했고, 다크마어 헨젤은 "이렇게 세 가지로
나누어 표현을 한 것은 각 방식에 대한 특별한 견해를 강조하는 것
뿐이며 행동 연관성, 문제 연관성, 경험 연관성을 한꺼번에 표현한
것일 뿐이다."라고 했다.

이처럼 학자들의 의견에는 차이가 있었다. 하지만 대부분의 학
자들은 "프로젝트-문제-상황-방식을 통해 듀이는 킬패트릭의 생
각과 같이 일반 교수법을 대변하고는 있지만 보싱과 리처즈와 같
은 학자들의 방식적 프로젝트 가설에 대한 설명은 아니었다."라고
이해했다. 《교육적 혼란의 탈출구》에서 듀이는 "교육학적으로 가치
있는 수업이란 어떤 모습일까?"에 관해 질문했다. 그러고는 자신이
기존의 학교를 비판하기 시작한 이유를 "일반 학교Common School들
은 일반 대학Common College과 달리 학과목들이 서로 분리되어 고립
되어 있다. 학생의 사고를 위한, 행동을 위한 '생각의 고립'을 극복

하기 위해 학교는 어느 노력도 하지 않았다."라고 설명한다.

　책이 지배하는 수업, 삶에서 고립된 수업은 큰 문제였다. 학생들은 호기심을 잃어가고 있었으며, 학습에 관심이 없었다. 분별력을 개발할 기회조차 갖지 못했다. "과연 이러한 상황을 대체할 방법은 없을까?"라는 질문을 통해 듀이가 생각해낸 방식은 '프로젝트-문제-상황-방식'이었다. 그의 구상은 다음의 여섯 단계로 간략하게 설명할 수 있다.

1. 프로젝트-문제-상황-방식과 전통적 방식은 모두 충분한 사고를 통해 새로운 지식과 기능을 전달한다.

2. 두 방식의 차이라면, 전통적 수업에는 수업 내용이 포함되어 있고 그 내용이 각 특정 과목으로 정해져 있는 반면 '프로젝트-문제-상황-수업'은 선택된 주제들이 마치 '자석'처럼 서로 연관성을 가지고 있다는 점이다. 이는 '프로젝트-문제-상황-수업'이 여러 학과목의 '지식적 대상'과 서로 연관되기 때문이다.

3. 전통적 수업은 사전에 확정된 학습 계획을 기반으로 하지만 프로젝트-문제-상황-방식에서는 결론을 돌출하지 못하는 상황이 발생할 경우, 학습자가 문제와 프로젝트에 따라서 프로젝트 내용을 바꿀 수 있다. 물론 이때는 분석하고 검토하고 실행하는 과정을 거친다.

4. 전통적 수업에서 학생들은 학습 내용을 마치 처방전처럼 받아들

이지만 문제해결방식에서는 정신적 활동을 요구받는다. 따라서 학생들은 이를 통해 훨씬 더 능동적으로 학습하고, 검색하고, 사용하고, 수집하고, 조직할 수 있다.

5. 프로젝트 방식에서는 문제해결방식과 달리 학생들이 단순히 정신적 활동만 추구하는 것이 아니라 실질적인 활동을 동시에 추구한다. 학생들은 적용하며, 구성하고, 표현하고, 아이디어를 시도하고 실험한다. 일반적인 교육과 실질적인 교육을 분리하지 않는다. 간단한 수공예 수업에서는 단순한 손재주가 아닌 실질적인 '구성적 문제'를 푸는 목적이 크며, 이론적 지식을 적용하고 사용하는 데 큰 의미를 둔다.

6. 프로젝트 방식이 교육학적 혼란에서 탈출하는 유일한 방법은 아니다. 전통적 수업도 여러 과목을 통합해 기술과 지식을 새롭게 효율적으로 배울 수 있다.

듀이는 '프로젝트-문제-상황-방식'의 원칙을 '상황적 학습의 원칙', '과목 통합의 원칙', '지식 적용의 원칙'이라고 했다. 실험학교에서 적용된 수업처럼, 이는 구성적 활동보다는 '방식적 범위'에서의 '능동적 작업'에 더 가깝다. 4번과 5번에서 듀이는 자신의 생각을 분명히 했다. 그는 '문제와 프로젝트' 대신에 '문제'와 '프로젝트'를 분리하여 표현했다.

"문제가 포함되어 있는지, 어떤 새로운 학습 내용의 연구를 요구하는 프로젝트와 연관되어 있는지 또는 그렇지 않은지는 중요하지 않다."고 듀이는 말했다. 그는 '문제'는 정신적인 활동을 장려하기 위한 것일 뿐이라고 했으며, '문제'가 구성적인 활동에 연결되면 '진정한 프로젝트'로 완성될 수 있다고 했다. 물론 이 두 방식을 서로 완벽하게 분리할 수는 없다. 듀이는 "'이론적 문제'의 존재는 실질적 프로젝트가 존재하는 것을 말한다."고 강조했다.

이 말은 이론적인 지식이 적용되지 않는다면, 프로젝트는 어떤 학습적 가치도 없다는 이야기였다. 1922년에 체스터 파커S. Chester Parker가 이에 대해 언급했고, 1935년에 넬슨 보싱이 이에 대해 또다시 언급한 바가 있다.

시카고 대학교의 교수이며 실험학교의 학술부장이었던 파커는 '문제 방식'을 '이론적 방식', '실질적 문제를 푸는 방식'으로서 '프로젝트 방식'으로 정의하자고 제안한 바 있다. 물론 이와 관련된 설명은 듀이가 직접 언급한 수업 콘셉트 안에서는 찾을 수가 없다. 듀이는 학생들이 이론적/실습적 문제를 푸는 수업이 가장 이상적이라는 것을 알고 있었다. 좀 더 학습 효율을 높이기 위한 방법으로서, 전통적인 학업 과정의 방식을 상황과 문제에 관련시키며 연습, 독서, 쓰기, 수학에 적용할 수도 있다는 것이다.

듀이는 학습 내용은 다양한 학과목이 서로 연관성을 갖고 있고, 서로 소통할 수 있고, 이로써 지식의 사용과 적용이 가능할 수 있도록 재조직되어야 한다고 했다.

그는 책을 통한 수업, 학과목 수업, 연습 수업을 없애고 프로젝트 방식, 즉 프로젝트-문제-상황-방식으로 대체해야 한다고 강력하게 경고했다. 독일 학자들이 주장한 바와 달리 '듀이는 교수법적 프로젝트 콘셉트만을 대변하고 옹호했다'라는 가설은 찾을 수 없었다. 이와 반대로 듀이는 여러 방식을 서로 구별할 줄 알았으며, 프로젝트 방식 또한 여러 가지 방식 중 하나였다. 그리고 그에게 프로젝트가 가장 중요한 방식은 아니었다.

　《민주주의와 교육》과 《우리는 어떻게 생각하는가》, 《교육적 혼란의 탈출구》에서도 듀이는 '실질적, 구성적 행동의 방식'으로서 프로젝트를 바라보았다. 듀이의 프로젝트는 학생 중심으로 진행되는 실제 중심, 생산 중심의 특성을 가지고 있었다. 듀이와 보싱 사이에서 서로 대치되는 근거를 찾기는 어렵다. 이는 독일 교육학자들이 만들어낸 견해일 뿐이라고 필자는 생각한다.

6 듀이의 프로젝트하는 방식 : 계획과 사고, 지적인 행동 반응

　'철학'과 '경험'은 듀이의 방식적 콘셉트에서 가장 중요한 요소이다. 저스터스 버클러Justus Buchler는 "이 세기에는 존 듀이 이상의

사상가는 없다."라고 했다. 듀이는 사회적 혁신, 종교적 계몽, 예술적 상상, 정치적 활동, 심리학적 이해와 철학적 사고에 대한 많은 책을 저술했다.《방식의 본질The Nature of Method》,《방식의 문제The Problem of Method》,《방식의 우월성The Supremacy of Method》,《과학적 방식의 논리The Logic of Scientific Method》에는 '방식'에 대한 그의 많은 고민이 담겨 있다.

'교육학'도 예외가 아니었다. 자신의 대표적인 교육학적 저서들인《나의 교육학 신조》,《교육에서의 윤리적 원칙Moral Principles in Education》,《우리는 어떻게 생각하는가》,《민주주의와 교육》에서도 듀이는 '방식의 문제'와 '생각과 활동', '경험'과의 관계 속에서 많은 고심을 했다는 것을 볼 수 있다.

듀이의 고민은 '행동의 지속적인 순환으로 이루어진 환경' 속에 살아가고 있는 인간에 대한 고민이었다. 이 순환적 관계가 무너지면, 일반적 규칙과 습관으로 상황을 극복하는 것은 어려워진다. 이러한 어려운 상황에 도달하게 되면, 이때 인간은 사고하기 시작한다. 그리고 방식적으로 문제에 접근하게 된다.

'문제 상황'을 해결하는 데에 적용되는 '방식적 사고 범위'의 규모에 따라 듀이는 경험을 '시도와 실패로 결정되는 기초적 경험', '시스템과 학문을 통해 표현되는 2차적 경험'으로 구분했다. 듀이가 심혈을 기울였던 2차적 경험은 교육으로 가능하다. 교육적 환경에서 사고에 기초하는 모든 활동에 참여하면서, 과학적 방식의 단계를 거치게 되고, 이로써 '경험'을 얻을 수 있기 때문이다.

《민주주의와 교육》에서 듀이는 사고적 경험과 교육적 경험을 다섯 단계로 설명했다.

1. 인간은 살아가면서 어려움을 겪고 불명확하거나 문제가 존재하는 위기 상황을 만날 수 있다. 이러한 상황들은 스스로 완성되거나 마무리되지 않는다. 이러한 불완전한 상황에서 탈출하지 못할 경우 소외, 혼란, 회의라는 요소가 발생한다.

2. 인간은 상황을 해결해야만 하는 과제에 직면한다. 이때 문제를 정의하게 되며, 문제해결을 위해서 어떤 단계를 거쳐야 할지에 대해 프로젝트를 하기 시작한다. 미래의 결과를 사전에 예측하는 과정을 거쳐 방향을 제시하는 요소들을 해석하고 시도하게 된다.

3. 인간은 문제Problem를 모든 방향으로 분석한다. 모든 문제와 모든 가능한 상황을 세심히 조사(검사, 구별, 분리)하고 검토한다.

4. 가설을 세우고, 자신의 예측과 결과를 예상하고 사고한다. 사전에 스스로 가정했던 사항을 논리적으로 완성한다.

5. 구체적 상황을 설정한 후 실험적 테스트를 통해 행동과 관련된 계획을 수립한다. 준비된 가설을 기초로 한 자신만의 활동을 위한 계획을 세운다. 이 계획을 사용하여 '가정된 결과를 얻기 위한 의도'를 가지고 '실제적 행동'을 행한다. 이로써 가설을 테스트하고 증명할 수 있다.

듀이는 학업 과정과 수업 과정에 속해 있는 사고의 단계에서 '계획하기'와 '프로젝트하기'를 가장 중요한 요소로 보았다. 상황의 '의심'과 '혼란'에 대해 검토하고 결정하고 행동하는 것을 중시했다. 듀이에게 사고는 행동의 필수성을 각인시키며, 방해 요소들을 극복할 수 있는 기초가 된다. 그리고 계획, 프로젝트, 사전 계획의 형성으로 이어진다. 듀이가 볼 때 프로젝트 없이는 문제를 풀 수 없고 극복할 수도 없다. 프로젝트를 할 수 있는 능력은 이성적인 행동의 전제이기 때문이다. 어떤 사람들은 직접적인 행동 자체를 거부하며 방식적으로만 생각하는 것을 선호하는데, 이는 이것을 통해서도 자신의 경험과 자신의 학습을 심화시킬 수 있다고 생각하기 때문이라고 듀이는 보았다.

이와 관련하여 워너 코렐Werner Correll은 듀이의 생각을 이렇게 정리해서 말했다.

"객관적 저항을 겪는 상황이 오면, 인간은 문제를 해결하기 위해 사고를 통해 프로젝트를 한다. 그리고 비슷한 상황에 처했던 자신의 이전의 경험과 비교한다. 실제적 상황에서 이를 실험하고 시도한다."

코렐이 듀이의 생각에 동의한 것은 아니다. 그는 듀이의 총체적인 사고의 단계와 관련해 프로젝트하기라는 개념을 인용했다. 그리고 '사고의 방식'은 '프로젝트하는 방식'이라고 했다.

이는 매우 주목해야 할 해석 방식이다. 코렐은 듀이와 킬패트릭,

섬유 프로젝트 작업

실험학교의 이론과 관련한 듀이의 책《학교와 사회》(1899)

두 교육학자가 교사-학생 관계만 근거로 한 것이 아니라 프로젝트를 한다는 개념을 바탕으로 대형 프로젝트를 이루는 소형 프로젝트와 학습 경험 방식을 동일하게 취급했다고 설명했다. 코렐은 이로써 듀이와 킬패트릭이 프로젝트를 같은 의미로 해석했다고 주장했다. 하지만 이 주장은 옳지 않다.

킬패트릭에게 프로젝트함은 '의도함'이었다. 이는 학생이 스스로 무엇인가를 행하고자 하는 필요성을 가지고 있다는 것이다. 듀이에게 프로젝트는 '계획하는 것'이며 '문제를 풀기 위해 사고함'이다. 듀이와 킬패트릭은 프로젝트를 여러 사고 과정의 단계에 대한 개념으로 보았다. 킬패트릭이 프로젝트를 첫 번째 단계, 준비와 동기의 단계와 연관시켰다면, 듀이는 두 번째 단계인 반응과 계획의 단계로 보았다.

바로 이 부분에서 듀이와 킬패트릭의 근본적인 교육적 사고의 차이가 드러난다. 킬패트릭은 내재적 동기를 본래의 교육학적 요소로 보았고, 프로젝트 방식을 '입장 (사고)'에서 보는 반면, 듀이는 '방식적 사고'와 '지적 행동'을 핵심으로 보았다. 코렐은 안타깝게도 이 차이를 찾지 못했다. 그는 일반적인 학자들이 일반적으로 생각한 내용을 그대로 받아들인 것 같다.

독일 학자들은 킬패트릭의 《프로젝트 방식》에 대한 글을 영문 원서로 접한 것이 아니라 독일어로 이미 번역된 번역본을 참고했다. 《프로젝트 방식》은 1935년에 에른스트 비젠탈Ernst Wiesenthal이 독일어로 번역했다. 비젠탈은 킬패트릭 프로젝트의 정의였던 '전심(全心)에서 나오는 의도적 행동herzhaftes absichtsvolles Tun'을 '전심의 계획적인 행동herzhaftes planvolles Tun(hearty purposeful act)'으로 번역했다.

이로써 그 표현이 의미가 변형되고 말았다. 킬패트릭 프로젝트의 정의는 '동기'라는 전제로 만든 콘셉트였으나, 비젠탈은 이를 인지적 콘셉트로 해석한 것이다. 이러한 오류는 심각한 결과를 불러왔다. 게오르크 가이슬러Georg Geißler, 클라우스 하이프케Klaus Heipcke, 위르겐 욀케르스Jürgen Oelkers를 제외한 대부분의 독일 학자들은 모두 코렐의 주장과 비젠탈의 번역을 참고했으며, 이로써 킬패트릭의 프로젝트 방식과 듀이의 (실제에는 존재하지 않으며 실습으로서 경험이 가능한) 학습적 경험의 방식을 동일한 것으로 보았던 것이다.

대신 킬패트릭은 어린이 중심의 실용주의자일 수도 있으나, 어린이 중심의 감성주의자로 표현되기도 했다. 독일학자들이 그동안 믿어왔던 전통적 해석, 즉 듀이와 킬패트릭은 동일하다는 주장과 달리, 듀이와 킬패트릭에게는 명백한 차이가 존재한다.

듀이는 프로젝트 방식을 '구성적인 문제를 해결하는 방식'으로 보았고, 이를 '학습을 통한 경험의 방식'으로도 표현했다. 영어로 설명된 내용에 따르면 이 방식은 실질적인 과제뿐만 아니라 이론이나 해석 면에서 어려운 문제나 모험적인 과제를 극복하기 위해 사용된 방식이다. 듀이는 킬패트릭과 달리 '문제Problem'를 프로젝트로 보았지만, 그에게 모든 '문제'가 프로젝트인 것은 아니었다.

7 카이저의 헌법 이론 :
방식은 사고하는 내용 그 자체로 존재한다

80년대 철학적 절대주의에서 전향한 이후 듀이는 이원주의Dual-ism를 강력하게 비판하기 시작했다. 필립 페닉스Philip H. Phenix는 듀이의 글을 읽으면 이러한 성향을 반복적으로 확인할 수 있었다고 했다. 정당성이 존재하지 않는 서로 반대되는 사항, 즉 '모순'은 듀이에게 매우 중요한 주제였다. 그 예로 '지식과 행동', '자유와 권위', '신체와 정신', '시설과 환경', '인간과 자연'을 들었다. 그는 세상이 모순과 타협하면서 그 안에 또 다른 독립적인 결정이 존재하는 것을 알았다. 그리고 이러한 모습을 조직적 총체성의 한 부분으로 보았다. 이는 그의 철학적인 글뿐만 아니라 교육학의 글에서도 찾아볼 수 있다.

《학교와 사회》(1899), 《어린이와 커리큘럼The Child and the Curricu-lum》(1902), 《심리적인 것과 논리적인 것The Psychological and the Logi-cal》(1903), 《교육의 흥미와 노력》(1913)과 같은 책에서도 그는 모순을 극복하는 방법을 찾았다. 그리고 '학습 내용'과 '방식'을 분리하는 '이원론'과 투쟁했다.

이원론에 따르면 학습 내용은 '실제와 원칙의 질서'였다. 방식이란 학습 내용을 준비하고 적절하게 사용하는 방법이다. 듀이는 이러한 이원론적 사고방식에 동의하지 않았다.

《민주주의와 교육》에서도 볼 수 있듯이, 듀이에게 '학습 내용'과 '방식'은 절대 서로 분리된 것이 아니며 절대 분리할 수 없는 '하나'이다. 듀이는 썼다.

―― 누군가 음식을 먹는다면 그것은 그가 무엇인가를 먹는다는 의미이다. 이 상황에서 그 사람의 행위인 먹는다는 것과 음식은 절대 두 가지로 분리할 수 없다.

듀이는 음식을 먹는 행동에 존재하는, 음식물을 씹는 행동과 그리고 씹히는 음식물이 서로 다른 것임을 알고 있었다. 하지만 듀이는 음식을 먹는 한, 음식과 먹는 행위를 따로 분리해서는 안 된다고 보았다. 사고 없이 행한다는 것은 실제로 존재하지 않기 때문이다. 실제로는 어떤 객체를 사용하면서 방식의 특성을 따로 받아들인다고 듀이는 생각했다. 듀이는 "방식이란 특정한 목표에 도달하기 위해 '내용을 효력 있게 사용하는 행위' 안에 존재한다."고 했다.

우연적으로 또는 선택의 잘못으로 행동에 모순이 있을 수 있다. 듀이는 일반적인 방식과 특정한 방식을 분리하지 않았다. 학생의 경험을 확장하는 데 도움이 된다면 모두 환영했다. 듀이는 "정상적인 방식, 일반적인 방식 모두 중요하다. 학생들이 반응하지 않고 흥미를 갖지 않는다면 그들의 생각과 판단을 장려할 수 있도록 이끌어줘야 한다."고 했다. 이를 통해 학생은 자신의 사고의 능력과 판단 능력을 기를 수 있었다. 그리고 일반적 방식과 특별한 방식을 굳이 구별할 필요가 없었다. 듀이는 다음의 요구 사항을 충족하면 충분하다고 보았다.

— 학습 방식은 직접성을 가지고 있어야 한다. 학생들이 직접적으로 제시된 간단한 과제와 문제에 집중해야 하며, 이때 관심이 없을 경우 '꼭 공부를 해야 한다' 또는 '학습해야 한다는 의식적인 행위'로 학습이 이루어져서는 안 된다. 즉, 강요로 인한 학습은 안 된다. 이에 대한 근거를 듀이는 다음과 같이 설명했다.
"어린이들은 관심과 흥미가 없을 경우 절대 학습하지 않는다. 그리고 그들의 집중과 관심은 분산될 수밖에 없다."
— 정신적 개방성을 장려해야 한다. 어린이들은 과제와 지시, 자극을 받는다. 하지만 절대 강요해서는 안 된다. 평가로 성과를 확인하기 위해 어린이들의 노력을 강요해서는 안 된다. 교사는 어린이들이 과제를 다룰 때, 작업 방식의 다양성을 허락해야 하고 용기를 주어야 한다. 그러면 어린이들은 소심함을 버리고, 자신에게 오는 우연적인 관점을 받아들이고 행동할 수 있다.
— 교사들은 학생들이 온 힘을 다할 수 있도록 도와주어야 한다. 학생들이 학습 내용에 스스로 빠져들 수 있어야 한다. 교사들은 학생들이 자신의 '관심과 흥미'가 학습과 전혀 관련이 없다는 생각이 들지 않도록 해야 한다. 자신의 관심사가 아닌 무엇인가를 해야 한다

면 이는 학생들에게 매우 힘겨운 과정이 되기 때문이다. 자신의 내부에서 나오는 의식적인 의도와 희망은 생각과 사고에 활력을 주고, 감성적 반응을 일으킨다. 이로써 학생들은 학습 내용에 몰두할 수 있다.

— 학생들에게 책임감을 길러줘야 한다. 학생들은 학습 내용과 과제에 대해 의식적으로 책임감을 가져야 한다. 물론 자신들의 행동의 결과에 대한 책임감도 포함된다. 자신들이 심층적 사고를 하지 않았을 경우, 해야 할 과제를 하지 않았을 경우, 어떠한 결과가 그들을 기다리고 있을지 학생들은 스스로 알고 있어야 한다.

듀이는 이러한 요구 사항들이 충족되면 '문제의 상황'은 자연스럽게 진행될 수 있다고 보았다. '방식'은 학생들을 지배하는 '권력'이 아니라 '힘'이었다. 방식으로서 학생들의 학습을 도와주고 새로운 시각을 얻게 해주면 학생들은 새롭게 등장하는 연관성을 인식하고 배울 수 있었다. 그리고 사고의 자유는 제한되지 않고 이로써 확장되었다.

듀이는 자신의 '방식적 콘셉트'가 수업의 혁신을 위해 매우 중요한 기여를 할 수 있을 것이라고 확신했다. 학습에서 '문제의 상황'을 중심적 개념으로 보고, 내용과 방식을 분리할 수 없는 통합적 요소로 볼 때, 이는 학생들이 성과에 도달할 수 있는 핵심적인 열쇠가 될 것이라고 보았다. 이를 통해 학생들은 스스로 실수를 피하고,

자신들의 목표에 도달할 수 있을 것이라는 논리였다. (여기에서 실수란 '기계적 사고와 계획 없는 행동'을 말한다.)

이러한 근거로 헤르만 요제프 카이저Hermann-Joseph Kaiser는 자신의 글《교육학적 방식의 개념에 대한 인식론적 기초Erkenntnistheo-retische Grundlagen pädagogischer Methodenbegriffe》에서 '헌법 이론Konstitu-tionsthese'을 개발했는데, 이 가설은 "방식은 객체로부터 분리되지 않은 상태에서 현재 사고하는 내용 자체로 존재한다. 사고의 과정은 내용을 구성한다. 자신의 구성적 방식에 따른 깊은 사고 없이는 내용에 대한 사고도 마찬가지로 불가능하다."였다.

카이저는 듀이의 방식에 담긴 전통적 교육학의 특성인 '기술적 이해'에 대해 비판했다. 카이저는 "내용의 실행에 대한 기능 여부로만 '교육학적 방식'을 제한해서는 안 된다. 객체의 구성적 기능을 의식하고 이로써 목표가 성립될 수 있도록 도와야 한다. 이렇게 성립된 목표는 학생들이 스스로 결정하고 스스로 책임지는 행동을 배울 수 있도록 돕는다."라고 했다.

듀이는 학생들의 민주적 학습과 자발적인 결정이 가능할 수 있도록 '학습적 경험의 방식'으로서 '보편적 방식'을 설계했다. 카이저는 헌법 이론에서 이론적인 면을 분석하면서 수업의 실용적 적용을 완전히 배제하지는 않았다.

독일에서는 프로젝트와 관련된 토론에서 카이저의 글이 매우 중요한 역할을 했다. 프로젝트 교육학자들은 프로젝트 방식을 통한 평등 추구를 위한 그의 노력을 이해했고, 이를 매우 가치 있게 평가했다. 프로젝트는 학습 내용의 전달을 위한 간편한 도구가 아니었다. 듀이가 학생들이 자유를 누리고 스스로 결정하는 연습을 할 수 있도록, 민주주의와 사회적 진보를 실현하기 위해 만들어낸 보편적 방식이었다.

카이저는 '인식 이론'과 '수업 콘셉트', '프로젝트 방식'과 '학습적 경험' 사이에는 동일성이 존재한다고 보았다. 보편성과 민주성의 원칙과 일치하는 부분이 있기 때문이다. 이러한 가정은 매우 설득력이 있다. 듀이와 킬패트릭은 실제로 구성주의를 찬성하는 구성주의의 대변인이었고, 그들은 기술적인 학습 방식을 거부하고, 민주적인 수업의 시작을 원했다.

하지만 프로젝트 교육학자들은 듀이와 킬패트릭이 프로젝트 방식과 관련하여 완전히 다른 성격을 가지고 있다는 것을 간과했다. 듀이는 프로젝트를 특수한 것으로 보았고, 킬패트릭은 보편적인 방식으로 보았다. 듀이는 프로젝트를 적용이 가능한 방식으로 보았고, 킬패트릭은 민주주의 수업을 유일한 방식으로 보았다. 독일 학자들은 듀이가 킬패트릭처럼 구성주의를 직접적으로 프로젝트 콘셉트에 연관시켰다고 믿고 있다. 이는 매우 큰 오류이다.

8 프로젝트 수업에서 자유를 어떻게 볼 것인가?

제1차 세계대전 이후 듀이의 관심은 주로 논리학, 미학, 윤리학과 같은 철학에 집중되어 있었다.

듀이는 그의 명저인 《민주주의와 교육》과 《교육적 혼란의 탈출구》 이외에, 추가로 《교육에서의 개성Individuality in Education》(1923), 《개성과 경험Individuality and Experience》(1926), 《진보 교육과 교육학Progressive Education and the Science of Education》(1928), 《우리는 어떻게 생각하는가How we think》(1933), 《교육철학의 필요성The Need for a Philosophy of Education》(1934), 《시카고 실험의 이론The Theory of the Chicago Experiment》(1936), 《경험과 교육Experience and Education》(1938)과 같은 일곱 개의 추가적인 글과 책을 통해 프로젝트와 관련된 자신의 생각을 지속적으로 대중에게 알렸다.

프로젝트 방식에 대한 그의 관심은 우연적인 것이 아니었다. 듀이는 단지 세계적으로 프로젝트가 확산되는 것을 뿌듯한 마음으로 바라보고만 있었던 것이 아니라, 새로운 교육과 프로젝트 교육학이 미국에 적용되는 진보적 전환을 주의 깊게 관찰하고 있었다. 당시 미국에서는 섣불리 자유주의적 성향과 낭만적인 감성주의로 "교사의 과제는 무엇인가? 학습 계획은 어떤 과제를 갖는가? 어린이들은 얼마나 많은 자유를 필요로 하는가?"라는 질문을 던지곤 했다. 이에 대해 듀이는 어리석다고 답변을 하고 싶었을 것이다.

듀이가 진보 교육 진영에서 마치 그리스 전설에 나오는 영웅 네스토르처럼 추앙받기는 했지만, 듀이는 교사보다 학생이, 학습 목표보다 학생의 의사가 더 중요한 학생 중심의 교육학에 대해서는 찬성하는 입장이 아니었다. 스탠리 홀G. Stanley Hall의 어린이 연구, 지그문트 프로이트Sigmund Freud의 심리학 분석, 프란스 치제크Franz Cizek의 창의성 교육의 영향으로 인해 학교 수업이 학생들의 결정과 생각을 기준으로 구성되는 것에 찬성하지는 않았다.

듀이는 1926년《개성과 경험》의 글에서 스탠우드 콥Stanwood Cobb이 1919년에 진보교육협회Progressive Education Association를 통해서 프로젝트 교육학과 자유 교육학을 도입했을 때를 언급하며, 이에 매우 날카로운 반응을 보였다. 듀이는 이렇게 썼다.

──── 자유를 파는 교육 홍보가들은 어린이들에게 특정한 재료, 기계를 사용하는 방법을 가르친다. 그리고 학생들에게 원하는 객체를 만들어 이를 사용하게 한다. 하지만 이들은 학생들에게 목표나 계획을 제안하지 않는다. 학생들이 무엇을 해야 하는지조차 알려주지 않는다. 그들은 학생들의 독창적인 생각에 참견하는 것은 정당하지 않다고 보았다. 학생들이 자신들의 목표와 목적을 직접 선택할 수 있는 존재라는 이유 때문이다. 이는 매우 어리석기까지 한 일이다. 그들은 바보 같기만 한 일을 시도하고 있다. 목표나 프로젝트의 주제는 성숙하지 않은 학생들이 임의로 정할 수 있는 것이 아니

다. 그들이 제시하는 방식은 매우 막연하며, 엉성하다. 그저 끄적거리기만 한, 알아볼 수 없는 스케치 같은 것이다. 이는 어떤 확실한 결과에 대한 제안도 아니며, 무엇인가를 해야 한다는 암시만 줄 뿐 불명확한 것이다.

항상 그렇듯 듀이는 이때도 마찬가지로 누구의 이름도 구체적으로 언급하지 않았다. 하지만 킬패트릭을 칭한 것임은 추측이 가능하다. 당시에 킬패트릭은 《방식의 기초》에서 언급된 '행동의 자유에 대한 콘셉트'를 통해 어린이 중심 교육에 날개를 달고 새로운 교육 운동을 시작했던 시기였다. 킬패트릭의 생각과 달리 듀이는 어린이들이 책임감 있는 수업을 스스로 계획할 수 없다고 보았다.

듀이는 "학생들은 학습과 성장을 위해 이끌어주는 교사의 도움을 필요로 한다. 교육은 우스꽝스러운 것이 아니다. 능동적인 활동을 지지한다는 것은 동시에 단계적인 체계적 정보와 지식의 질서가 필수적임을 무시하는 것이다. 진보적인 학교조차도 학습 계획이라는 기준 없이는 최소한의 '필수적인 문화적 공통성'을 보장할 수 없고, '교육의 야만성'을 예방할 수 없다."고 했다.

듀이의 실험학교에서 적용된 커리큘럼은 무조건적인 자유로운 커리큘럼이 아니라 융통성 있는 커리큘럼이었다. 실험학교 커리큘럼의 필수 요소는 학습 내용, 주제, 과목이었고, 이들 학교는 이것을 통해 경험의 범위를 확대할 수 있었다. 또한 계획과 체계를 기초로 새로운 지식과 기능을 얻을 수 있었다. 이 커리큘럼은 상당히 융통성이 있어서 제시된 범위 안에서 학생들의 제안이 받아들여지고 실현될 수 있었다.

듀이에게 학습 계획은 수업의 필수적인 조건이었다. 특히 프로젝트 수업처럼 수업은 '특정 상황의 가정'에서 진행되는 것이었다. 상황을 개별화하지 않았고, 우연적 상황은 아니어야 했기 때문에 과정 안에 통합될 수 있는 통일성과 연관성, 지속성을 보장하는 방법을 찾아야 했다.

《우리는 어떻게 생각하는가》에서 그는 구성적 활동과 관련된 분류 카탈로그를 만들었다. 교사들은 이 기준을 참고하여 프로젝트가 교육학적 의미가 있는지 그렇지 않은지를 구별할 수 있다. 그 기준은 다음과 같다.

— 프로젝트는 학생들의 관심사와 일치해야 한다. 프로젝트는 객관적인 필요성이 있고 학생들이 선호해야 하는 주제여야 하지만, 이는 학생들의 주관적인 기분이나 희망 사항에 따라서 선택되는 것은 아니다. 학생들이 관심을 가지고 있다고 가정했을 때 어떤 활동의 방식이 흥미를 자극하는지가 중요하다. "일시적인 것인가? 또는 지속적인 것인가? 흥미와 관심을 자극하는가? 또는 결과에 대한 사고를 유도하는가?"라는 질문이 중요하다.

— 프로젝트는 삶 속에 존재하는 가치 있는 주제여야 한다. 학생 입

장에서뿐만 아니라 성인의 입장에서도 중요하고 필요한 주제여야 한다. 사소한 활동, 즉 현재 이 순간 단순한 즐거움만을 주고 의미 없는 활동인 경우 그리고 학생들의 추가적인 노력을 요하지 않는 주제는 제외되어야 한다.

— 프로젝트는 복합성을 가져야 한다. 현재의 경험을 기준으로 제시되어야 하며, 새로운 지식과 새로운 능력, 새로운 시각을 제공할 수 있어야 한다. 듀이는 이를 "새로운 지식을 배우는 것은 새로운 질문을 할 수 있는 기회를 제공하는 것이다. 이 상황은 추가적인 정보에 대한 목마름을 제공하고, 관찰하고, 쓰고, 질문하는 것으로, 특별한 분야에 대해 좀 더 많이 알아가는 계기가 되어야 한다. 그렇지 않다면 바로 멈춰야 한다."라고 설명했다.

프로젝트는 지속성을 가져야 한다. 이는 특정한 시기 동안 지속적으로 진행되어야 하며, 물론 다음에 계획된 프로젝트로 자연스럽게 연결될 수 있어야 한다. 이로써 학생의 생각의 범위가 확장되며 경험의 질이 개선된다. "성인의 과제는 어린이의 관심을 자극해주는 것과 다음 단계의 활동이 무엇인지 예측하는 것이다. 이러한 내용이 제대로 관철되지 않고, 즉흥적인 방식으로 시도하게 한다면, 이는 매우 불만족스러운 결과를 낳게 될 것이다. 학생들의 흥미와 관심은 학습을 위한 충분한 요소가 아니다."라고 듀이는 말했다.

그리고 킬패트릭의 '동기적 프로젝트 콘셉트'에 대한 자신의 거부감을 "많은 프로젝트들이 매우 짧은 시간에 진행되고 우연적인 이유로 시작된다. 이 경우 지식의 확대와 지식의 원칙을 배울 수 있는 기회를 제공해주지 못한다. 이를 통해 학습적인 효과를 얻기에는 너무 진부하고 평범하다."라고 표현했다.

듀이는 자신의 실험학교에서 실시했던 한 실험에 대해 언급했다. 당시 수업을 주도했던 메이휴와 에드워즈는 "교사의 역할이 없다면 학습 동기와 학습의 질이 자동으로 상승되는 것을 보장할 수 없다. 대부분의 학생들은 이 시기에 사춘기를 겪고 있으며, 제공된 자유에 대해 충분한 책임감을 가지고 있지 않다. 그리고 생산적인 행동을 할 수 있는 능력을 가지고 있지 않다."고 적었다.

— 6번 그룹(14~15세)

이 그룹은 8번 그룹과 9번 그룹의 수준까지는 도달하지 못했다. 학생들은 자신들의 작업 내용을 스스로 선택했지만 결과는 매우 불만족스러웠다. 몇 명의 학생은 전혀 의욕을 보이지 않았으며 중요한 과제조차 해내지 못했다. 몇 명의 학생은 매우 열정적이었으나 몇 명의 학생은 결정에 어려움을 겪었고 인내심이 부족했다. 세심한 작업에 참여할 때 학생들의 활동은 느려지고 진행이 더뎌졌다. 저학년의 학생들에게서 감지되었던 '전심(全心)에서 나오는 노력과 흥미'는 더 이상 찾아볼 수 없었다.

듀이는 추가적으로 자유 교육에 대해 비판을 이어나갔다.

—— 진보주의 교육학자들은 어린이들의 즉흥적인 관심을 프로
젝트 수업의 중요한 요소라고 한다. 그리고 이를 통해 민주주의와
자유라는 이상을 실현한다고 한다. 하지만 어린 학생들이 스스로
결정한 행위의 결과에 대해서 그 진보 교육학자들은 과연 자신들
이 책임을 질 수 있을 것인가?
진보적인 교육학자들은(물론 듀이는 킬패트릭을 칭했을 것으로 짐작된
다.) '행동/활동의 자유'에서 활동의 자유는 어린이들의 자발성을
길러주며 민주주의적 행동을 가르친다는 가정을 갖는다. 이 주장은
나름대로 납득할 만한 내용처럼 보이지만 부족함이 더 많다. 민주
주의는 행동의 자유와 깊은 연관성을 갖는다. 자유와 활동을 보장
하기 위해서는 자유로운 사상이 중요하다. 사고 없는, 정보에 대한
확신이 없는 자유는 단지 혼란과 무질서만 유발할 뿐이다.

듀이는 진보 교육학자들이 수단과 목적조차도 구별을 못 하고
있다고 생각했다. 듀이에 따르면 당시 진보 교육학자들은 "사고는
자유를 연습하는 것을 통해서는 불가능하다. 대신 반대로 사고를
훈련하고 연습하면 이로 인해 자유에 도달할 수 있다."는 원리를 이
해하지 못하고 있었다. 듀이는 교사의 지도야말로 어린이들의 사고
능력 개발을 돕고, 자유의 확장을 돕는 매우 중요한 요소라고 생각

모형 집을 만드는 어린이들

농장 프로젝트, 디어번 요새 프로젝트의 그림과 모형

했다. 물론 이때 교사의 지도는 어디까지나 어린이들의 자유를 억누르는 수단이 되어서는 안 된다고 듀이는 보았다.

듀이는 학생이 모든 것을 스스로 결정할 수 있도록 하기 위해, 민주적인 교육이라는 논리와 교사의 권위를 줄여야 한다는 생각에 절대적으로 반대했다. 킬패트릭은 학생의 계획을 프로젝트라고 보았지만, 듀이는 교사와 학생의 공동 활동을 프로젝트로 보았다. 이때 교사는 지도자, 리더로서 학생보다 성숙하고 경험이 많으며, 프로젝트를 선택하고 프로젝트 과정을 계획하는 의무를 가진다고 듀이는 생각했다. 물론 이때도 역시, 프로젝트 선택에서 학생들을 통해 자유롭게 결정하는 것은 더 이상 말할 여지가 없었다.

기존의 다른 수업 방식에서처럼 듀이는 프로젝트에서도 '학문적 사고'는 '직접적인 목표'이며, '민주주의적 행동의 교육'은 '간접적인 목표'로 보았다. 듀이는 "교사가 계획의 과제와 프로젝트 준비의 과제를 갖는다. 그리고 학생들에게 예측할 수 있는 여지와, 사전에 충분히 사고할 수 있는 기회를 줘야 한다."고 했다.

듀이에게 프로젝트 작업을 다른 방식과 구별 짓는 요소는 킬패트릭의 기준과 달랐다. 킬패트릭은 수업에서 학생들이 행동의 자유를 누릴 수 있다는 점을 다른 방식과 구별 짓는 요소로 보았지만, 듀이는 구성적 활동 내에서 표현되는 '생각의 자유'를 다른 학습 방식과 구별 짓는 기준으로 보았다.

9 진정한 의도는 자극을 통해 시작된다

《민주주의와 교육》과 《생각하는 방식》 이외에도 1938년의 《경험과 교육》을 통해서 듀이는 자신의 기초적 생각과 교육학적 입장을 명확하게 설명했다.

80세가 된 듀이는 《목적의 의미The Meaning of Purpose》라는 에세이를 발행했다. 여기에는 자신의 여러 동료들과 킬패트릭의 학교 이론과 수업 이론에서 중심으로 다루어졌던 '의도'라는 개념에 대한 구체적인 설명이 담겨 있다.

듀이에게 의도란 모든 교육의 중심적 요소이다. 이는 '스스로 명백한', 또는 '스스로 설명하는'이라는 뜻을 담은 것이 아니라, 좀 더 상세하게 정의되어야 할 필요가 있다. 교육학적 의미가 강조될수록 '의도는 무엇인가? 의도는 어떻게 생겨났는가? 어떤 역할을 하는가?'에 대해 정확히 이해해야 한다.

이와 관련하여 듀이는 다음과 같이 설명했다.

—— 진정한 의도는 자극을 통해 시작된다. 첫 번째로 자극을 받게 되면, 인간은 지금 당장 실행할 수 없는 상황을 확인하게 된다. 이때 억압되어 있는 감정이 '희망'으로 바뀐다. 이때 '자극'과 '희망'은 아직 '의도'가 아니다. 자극을 통해 생겨난 목표가 바로 '의도'이다. '의도'는 자극을 기초로 하며, 앞으로 행해질 행동이 이행

되었을 경우 그에 따르는 결과를 미리 예상할 수 있도록 도와주는 요소이다.

결과에 대한 예측은 사고 활동에도 포함된다. 사고가 가능하게 하기 위해서는 '객관적인 조건'과 '상황의 관찰' 과정이 필수이다. '추진력'과 '희망'은 '예상 결과'를 얻을 수 있도록 해주는 '직접적 요소'가 아니기 때문이다. 대신 주변 환경과의 상호 협력은 예상된 결과를 얻을 수 있도록 도와준다.

우리가 집을 지으려고 한다고 가정해보자. 이때 그의 희망이 얼마나 강력한지는 집을 짓는 것과는 관련이 없다. 어쨌든 집을 짓는 것을 실현할 수 있다. 그는 상상을 동원하여 집의 디자인, 방의 구성, 방의 숫자 등을 결정한다. 이를 통해 계획을 세우고, 상세한 설계도를 만들게 된다. 이러한 활동을 위해서는 매우 많은 시간이 필요하다. 집을 짓고자 하는 사람은 자신의 금전적 상황을 검토하고, 은행 융자를 통해서든 비용을 마련해야 할 것이다. 직장과 학교까지의 거리를 미리 알아보는 것도 좋다. 그 외에 여러 가지 필요한 사항을 객관적으로 조사해야 한다. 집을 짓기 위해서는 수많은 사항들을 조사하고 계획해야 한다. 하지만 이러한 작업들이 그 사람이 원했던 구체적인 활동에 속하진 않았을 것이다. 그가 원한 것은 '집을 짓는 것'이었다. 하지만 이러한 희망이 '의도'가 되었을 때, 이 '의도'를 통해 필수적으로 해야만 하는 행동들이 자신이 사전에 예상한 것과 전혀 다른 것들임을 알아야 한다.

듀이에 따르면, 자극, 추진력, 희망은 그 정도가 약할 수도 있고 강력할 수도 있으며, 열정적인 것일 수도 있고 과도기적 성향을 가지고 있을 수 있다. 듀이는 '희망'과 '의도'를 다른 것으로 보았다. 희망이 감정적인 것이라면, 의도는 인식적인 요소이며, 적용과 실행 기회에 대한 즉흥적인 영감과 욕망을 검토해주는 역할을 하는 요소이다.

"희망은 필요한 것이지만 행동을 조정하기 위해서는 충분치 않다. 계획과 과정에 대한 반응이 생겨날 것이며, 그 과정 속에서 희망은 지속적으로 개발되고 구체화되어야 한다. 그 경우가 아니라면 결과란 아예 존재하지 않을 수도 있으며, 또는 전혀 원하지 않은 결과를 불러올 수 있다."라고 듀이는 말했다.

교육에서도 예외가 아니다. 교육에서도 활동과 행동이 앞서서는 안 되며, 사고와 검토와 결정이 매우 중요하다.

"교육학에서 가장 중요한 문제는 희망 사항은 존재하나 이를 위해 직접적인 실행을 하지 못하고 고민하는 과정이다."라고 듀이는 말했다. 나이가 어릴수록 아이디어와 희망이 존재하지만, 빨리 해결되지 않는 것에 대해서는 실망과 불안감도 크다. 어린이는 필수적으로 자신의 행동에 대한 가정 사항과 결과를 미리 예상하는 것을 배워야 한다. 그것이 바로, '우선 생각하고, 그 후에 행동하는 것'이라고 듀이는 보았다.

'러닝 바이 두잉Learning by Doing'은 교육 분야에서 제한적으로 반영된 사항이다.《경험과 교육》에서 듀이는 '목표보다 활동이 더 강조'되는 부분에 대해 경고했다. 목표보다 활동이 강조되는 경우 학생들은 지적인 행동 대신 쉬운 일을 우선적으로 선택할 수 있고, 행동의 반영과 그에 대한 분석보다 '시도의 오류'를 범할 수 있기 때문이다. 실제로 듀이에게는 '활동activity'이 아닌 '탐구inquiry'가 더 중요했고, 생각의 과정에서 이루어지는 '연구의 방식'과 '이성적 결정의 방식'을 그는 더 중시했다.

《경험과 교육》에서 그는 대범하게 "자극과 의도는 하나가 아니다. 의도를 동기나 사고방식으로 해석해서는 안 된다."라며 킬패트릭에 대해 직접적으로 비판했다. 그는 즉흥성은 절대 수업의 원칙이 아니라고 했다.

교사가 본래의 역할을 하지 않는 경우는 학과목과 학습 내용, 학교 시간표를 총괄하는 학교가 제 역할을 하지 않는 것과 마찬가지이다. 킬패트릭의 프로젝트는 듀이의 문제해결방식과 근본적으로 다르다. 듀이의 문제해결방식은 객관적인 어려움, 문제로서 극복되어야 할 대상이지만, 킬패트릭에게는 주관적 관심을 근거로 덧없는 것을 추구하는 것일 수도 있다. 이는 학생이 진심으로 도달하고자 하는 목표를 추구하는 것을 지원하는 방식일 수도 있으나, 학습의 가장 중요한 요소 중 하나인 경험을 지속적으로 재구성하는 부분을 소홀히 하는 것일 수도 있다. 그래서 커리큘럼은 어린이의 주관적인 희망과 느낌을 기초로 구성되어서는 안 된다고 듀이는 생각했다.

90년대 듀이가 시카고에서 실험학교를 설립할 때, 듀이는 헤르바르트 사상을 기초로 어린이에게 맞춘 전문적 기준의 학습 계획을 구성한 바 있다. 이 콘셉트는 특별한 교수법 양식으로 교습학적 요소 세 가지를 갖는다.

— 심리학적 요소 : 어린이들이 천성적으로 가지고 있는 에너지와 의도. 학생들이 과업, 문제, 프로젝트를 받아들이고 자신의 것으로 만드는 것
— 사회적 요소 : 학생들이 가져야 할 사회적 가치와 행동 양식. 사회와 문화, 민주주의에서 기여할 수 있는 능력
— 논리적 요소 : 학생이 공부해야 할 내용과 방식. 학생들은 학과목의 구조를 인식하고, 학문의 과정을 배우게 됨

듀이는 학교 이론이나 수업 이론과 관련된 자신의 글에서 논리적 요소, 사회적 요소, 심리학적 요소라는 세 가지 요소를 다루고 있다. 1910년에 나온《우리는 어떻게 생각하는가》에서도 이 세 가지 요소가 소개되었다.

교육학적 핵심은 테오도어 리트Theodor Litt의 책 제목처럼《이끌어주느냐 스스로 성장하도록 하느냐Führen oder Wachsenlassen》가 아니라 '실질적 문제'로서 어린이의 요구 사항과 그 외의 사회적 요구, 이성적 요구를 충족시키는 가치 있는 활동을 찾아낼 수 있는가이다.

이와 관련해서 듀이는 이렇게 썼다.

—— 우리는 지나치게 극단적인 이론들에 집중하고 있다. 이로 인해 어린이들만의 행동 양식과 문제를 진지하게 느끼고 이해하지 못한다. 교사의 역할 중 가장 중요한 것은 어린이들의 활동 방식을 발견하고, 이에 알맞은 방법을 준비하는 것이다. 이는 어린이들이 성인이 되어서도 책임감을 가지고 살아가는 방법을 준비하도록 할 수 있는 방법이다. 어린이들의 습관을 잘 관찰하고, 이와 연결성을 찾아 가장 효과적인 방법으로 교육적 영향을 주는 것이다.

킬패트릭에게 가장 중요한 역할을 했던 '심리적 동기'는 듀이에게는 수많은 교육적 요소 중 하나의 요소에 지나지 않았다. 킬패트릭은 '학습 계획'을 마치 악마의 작품이라며 거부했지만, 듀이는 '학습 계획'은 학생의 동기를 억누르기 위해 존재하는 것이 아니라, 학생의 숨어 있는 역량을 개발하는 마술과 같은 것이라고 했다.

듀이는 실제로 이러한 학습 계획을 중심적 요소로 보고 세 가지 과제를 동시에 실현했다. 그는 어린이들이 사회적으로 통용되는 학문의 이상적인 기준을 신뢰하도록 했다. 이는 실질적인 흥미와 객관적인 요구이지, 즉흥적으로 가능한 것들이 아니었다. 듀이가 추구한 경험적 학습은 감정이나 충동(의욕)과 관련하지 않았다. 이 개

넘은 절대적으로 전심(全心)에서 나오는 행동이나 만족을 동반하는 행동과는 관련이 없었다. 이처럼 듀이의 교육적 생각은 킬패트릭의 교육적 생각과 매우 상이했다. 듀이는 에드워드 손다이크, 보이드 보드와 혁신 교육학자들과 같이 전문가에 의해 설계된 학습 계획 이론과 수업 방식 이론은 매우 중요하다고 보았다. 이 부분에서도 킬패트릭과 분명히 달랐다.

킬패트릭은 듀이의 이러한 혹평에 대해서 반응을 한 적이 없다. 단지 그는 90세가 되어 임한 인터뷰에서 자신의 생각이 동료 학자들과 약간의 차이가 있었다고 가볍게 언급한 바는 있다. 당시 인터뷰에서 킬패트릭은 듀이가 《경험과 교육》에서 '진보적 교육'에 대해 공격한 일이 있고, 또 어린이 중심 교육을 비판했다는 사실을 언급했다. 그러면서 "많은 이야기를 하지 않겠다. 단지 나는 듀이가 너무 지나쳤다고 생각했다는 말만 하고 싶다."라고 마무리했다.

10 사회의 혁신과 변화에 기여하는 학교 그리고 프로젝트

듀이는 학문의 상아탑 속에서 세상과 떨어져 홀로 살아가는 권위주의적인 학자가 아니었다. 그는 혁신 교육자로서 다른 학자들과는 매우 다른 삶을 살았다. 그는 군국주의, 인종차별주의, 제국주의를 비판한 사람이다. 그는 아돌프 히틀러Adolf Hitler의 파시즘, 이오시프 스탈린Iosif Stalin의 테러리즘, 프랭클린 루스벨트Franklin Roosevelt의 코퍼러티즘Corporatism(협동조합주의)에 반대했다. 또 가난과 소외에 투쟁하던 제인 애덤스Jane Addams를 지원했고, 우드로 윌슨Woodrow Wilson의 평화와 자유주의에 뜻을 같이했으며, 레오 트로츠키Leo Trotzk의 생명과 정당성을 위한 투쟁을 응원했다. 멕시코 정부에 고문으로도 활동했으며, 터키의 교육과 학교 개혁을 적극적으로 도왔다. 미국시민자유연맹American Civil Liberties Union, 전미(全美) 흑인지위향상협회NAACP, National Association for the Advancement of Colored People, 독립정치행동연맹League for Independent Political Action에서는 회장단 및 회원으로 활동적으로 참여하기도 했다. 이와 관련된 주제를 기초로 《독일 철학과 정치German Philosophy and Politics》(1915), 《대중과 그의 문제The Public and Its Problems》(1927), 《자유주의와 사회적 행동Liberalism and Social Action》(1935)이라는 책을 저술했다.

《뉴욕타임스》에 〈국가와 신공화국Nation und New Republic〉과 같은 에세이나 칼럼 등을 집필했으며, 《출산 관리Birth Control》(1932), 《은행의 위기The Banking Crisis》(1933), 《경제 회복을 위한 단계Steps to Economic Recovery》(1934)와 같은 책들을 통해 국내 정치 문제와 같은 이슈를 다루기도 했다. 국외 정치적 문제와 관련해서는 《중국의 학생 반란The Student Revolt in China》(1919), 《시베리안 공화국The Siberian

Republic》(1921), 《터키의 비극The Turkish Tragedy》(1924)이라는 책을
저술했다.

민주주의는 듀이에게 매우 중요한 주제였다. 듀이는 프랑스혁
명의 '자유, 평등, 박애'를 찬양했으며, 소통, 참여, 협력이라는 요소
는 자기결정권, 기회 균등, 정당성을 실현하기 위해 인권에 절대 없
어서는 안 되는 권리라고 보았다. 또 그는 미국 정착민과 영국의 길
드 사회주의의 기준에 따른 사회적 민주주의를 동경했다. 가부장주
의적인 모든 형태가 인간을 지배하는 일이 사라지길 원했고, 사회
적 삶에서 일어나는 모든 종류의 과제와 문제들을 놓고 사람들이
얼굴을 맞대고 토론하길 원했다. 그리고 모든 사람들이 행복하길
바라며 이에 대한 해결법을 찾기를 원했다.

듀이의 이상적인 민주주의는 투표와 다수 의견을 존중하는 민
주주의가 아니라, '내용적 합의'의 민주주의였다. 예전 공산사회주
의를 대변하기도 했던 그는 정치적 차원을 넘어서 민주주의를 이렇
게 설명했다.

"민주주의는 정부의 형태 이상의 것이다. 첫 번째로 공동의 삶
의 형태이며 공동으로 나누는 경험의 형태이다. 삶의 형태는 사회
의 모든 영역과 사회적 실질성의 모든 영역이 포함되어야 한다."

그는 또 미국은 축복받은 민주주의 국가였지만, "어떻게 이 목
표에 도달할 수 있을까?"라며 사실 아직도 갈 길이 멀다고 보았다.

듀이는 정치적 활동은 필요하며 또 필수적인 것이라고 보았다.

그리고 교육의 힘을 신뢰했다.

그는 1897년에 쓴 글《나의 교육학 신조》5장에 이와 관련한 글을 다음과 같이 적었다.

—— 나는 교육이야말로 사회적 진보와 혁신을 위한 가장 근본적인 방식이라고 생각한다. 학교는 이를 위한 기초적이며 효과적인 도구이다.

이때 듀이는 학교를 하나의 일반적인 개념, 즉 어린이가 글을 쓰고, 읽고, 산수를 배우고, 분석하는 것을 배우는 의미의 장소로 본 것이 아니다. 그는 학교를 사회성을 배우는 중심적인 교육적 장소로 보았다. 물론 어린이뿐만 아닌 성인의 배움을 위한 곳이기도 했고, 이곳에서 자신과 함께 살아가는 사람들과 함께 살아가는 방법을 배우는 곳이었다. 듀이는 호러스 맨Horace Mann, 프랭크 워드Frank L. Ward와 프랜시스 파커의 학교에 대한 희망을 표현한 '정신의 공장, 민주주의의 핵심, 진보의 바퀴'라는 말에 동의했다.

듀이는 자신이 직접 실험학교를 운영하면서 생각의 변화를 조금 겪게 된다. 그는 학교가 사회적 발전의 원동력이라는 중요성에 대한 욕심을 조금씩 내려놓기 시작했다.《민주주의와 교육》에서 듀이는 교육은 어린이들에게 세계로 통하는 길을 열어주고 삶을 준비하는 것을 보장해주는 것이어야 하며, 또한 어린이들이 자유롭게 자신들만의 특수한 교육적 과업을 소홀히 하지 않도록 도와주는 것이어야 한다고 했다.

1. 학교는 삶을 쉽게 살아갈 수 있도록 해주는 교육을 제공해야 한다. 학교는 어린이들이 자연과, 문화, 기술을 좀 더 쉽게 이해할 수 있도록 도와주며, 어린이들의 능력을 장려할 수 있는 적절한 선택을 해줄 수 있어야 한다. 그리고 어린이들이 복잡한 대상에 대해 쉽게 이해할 수 있도록 도와주고, 이를 통해 얻은 이해 내용을 수단으로 사용하여 추가적인 질서를 만들어갈 수 있게 해주어야 한다.

2. 학교는 학생들이 불필요하거나 유익하지 않은 것을 배운다면 이를 교정해주고, 깨끗하게 청소해주는 역할을 한다. 모든 사회는 가치 없는 것과 과거의 잔여물과 불안전하고 나쁜 것들로 가득하다. 학교는 이를 제거해주고 이러한 영향으로부터 그들이 스스로를 보호하기 위해 무엇을 해야 하는지 알려줘야 한다.

3. 어린이들의 시야를 넓혀주며, 인종과 계층, 성별의 차별을 극복하는 경험과 인식을 학습할 수 있도록 도와줘야 한다. 학교는 어떤 경우에도 사회적 계층의 경계를 없애고, 살아 있는 경험을 서로 나눌 수 있도록 하는 교육적 지원을 제공해야 한다.

듀이는 "어느 누구라도 학교에서 교육받을 수 있도록 해야 한다. 학교는 더러 궁색하고 닳아 떨어진 것 같기도 하다. 하지만 학교는 정리되어야 하고 가꾸어져야 한다."고 했다.

진실된 교육학자로서 듀이가 이상적인 삶만 중요하게 생각한 것은 아니다. 듀이는 "교육은 삶에 대한 준비가 아니다. 이는 삶 자체이다. 그리고 수업에 활기를 불어넣어주고, 인간미를 넣어주는 것이 교육의 목표이다."라고 강조했다.

듀이는 학교가 민주주의적이어야 한다는 주장을 직접적으로 표현한 바는 없다. 대신 어린이들이 일반 환경에서 접할 수 있는 현상과 과정을 검토한 후 이를 학교 교육에 적용했다. 실제로 그는 학교가 '어린이들의 공동체' 그리고 '완성 과정의 사회'로서 민주주의적 삶을 실현하는 과제를 가지고 있다고 했다. 그는 항시 '사회적 삶을 준비하는 유일한 방법은 사회적 삶에 동참하며 살아가는 것'이라고 했다.

듀이는 "참가와 참여가 용인되는 민주주의적 기본은 학교에서 끝나면 안 된다. 학생들이 삶 속에서 민주주의적 능력을 발휘하려면 그에 해당하는 사고와 사회적 행동 양식을 미리 배워야 한다. 그리고 강요가 아닌, 신뢰를 통해 다른 사람들과 함께 살아갈 수 있어야 한다."고 했다.

이러한 듀이의 사고방식은 독일 프로젝트 교육학자들의 상상력을 자극했다. 진보적이며 평등을 추구하는 교육을 언급할 때마다 독일 학자들은 듀이를 응용했다. 듀이의 수업 방식은 내부 학교 혁신을 위해 매우 유용하며, 자유롭게 스스로 결정하는 학습을 가능하게 하고, 보편적인 사회적 환경에서 민주주의가 싹트게 할 수 있는 매우 매력적인 생각이었다.

요하네스 바스티안과 에르베르 귀종은 세계와의 논쟁, 사고적 경험, 프로젝트는 듀이에게 민주주의적 개념을 명백하게 하는 데 큰 역할을 했다고 언급했었다. 독일 진보 교육의 창립자인 수앵 드 부트마르는 다음과 같이 설명했다.

"그의 프로젝트는 '다른 사람들과 함께 존재함'에서 혁신적이라 할 만큼 '개인'의 중요성을 부각시킨 정치사회적 전통을 기반으로 하고 있다. 이로 인해 자유사회주의적 요구 속에서 문화적, 사회적, 정치적, 경제적 관계를 형성하는 데에 개인은 독립적으로 또는 상호간의 도움을 통해 기여할 수 있다."

다크마어 헨첼도 "듀이는 학생들에게 민주적인 권리와 자기결정권, 공동결정권을 가능하게 하는 강력한 도구를 제공한다. 이는 폭력이 없는 변화로서 사회적인 관계를 가능하게 하고 인간과 환경의 고차원적 성장에 기여한다."고 했다.

듀이는 민주적인 학교를 위한 민주화의 대변인은 아니었다. 듀이는 '교육에서의 민주주의'와 관련하여 자기결정권이나 공동결정권을 발견하고 함께 검토할 수 있는 '자유'를 강조한 바는 없다. 대신 듀이는 자유는 개인의 자발적인 사고와 행동 그리고 독립성에 더 큰 기회를 제공하고, 서로의 우호적인 협력과 이해를 가능케 한다는 점을 강조했을 뿐이다.

개인에 대한 비민주주의적인 억압은 있을 수 없다. 하지만 '자유의 방식과 정도'는 학교에서 결정될 수 있으며, 학교에서는 어린이들의 정신 수준과 이해력 수준에 맞도록 그 방식과 정도를 개발하고 완성할 수 있어야 한다. 듀이는 이 모든 것이 수업 방식을 통해 보장되어야 한다고 보았다. 수업은 놀이와 같이 그리고 실험과 같은 직접 체험을 통해, 관찰 인식 프로젝트 형식으로 적용할 수 있다고 했다. 그리고 어린이들의 능동적이고 활동적인 참여를 장려해야 한다고 했다. 전문적 근거가 뒷받침 될 경우, 제한적으로 어린이들의 생각과 의도는 수업 계획 내에서 작은 범위에 한해 영향을 미칠 수 있다고 듀이는 보았다.

메이휴와 에드워즈의 보고서에 따르면 실험학교에서의 민주주의적인 학생 참여를 통한 결정에 대해 듀이는 그리 확신을 갖지 못했던 것으로 보인다. 보고서는 이렇게 전한다.

—— 교사와 학생들이 목표와 내용에 관해서 이야기를 나누는 기회를 가졌다. 이를 위해 하루에 최대 15분 정도를 소요했고, 만프레트 마크노어가 가정했던 것처럼 학생들과의 토론은 수업 주제 선택, 수업 과정의 계획에 큰 역할을 하지 못했다. 교사의 제안을 통해 아침 시간에 학생들은 다음 작업에 대해 이야기를 나눴다. 이는 단순히 사전 지식에 대한 준비를 하는 데 도움을 주고 동기를 깨우기 위해서였지 그들의 동의를 얻고자 함은 아니었다. 학생과 교사

클럽 하우스를 짓는 어린이들

부엌에서 음식을 준비하는 어린이들

의 생각이 달랐어도 작업 내용을 대체하지는 않았다.

메이휴와 에드워즈는 두 번 정도 학생이 나름대로 자발적인 생각을 할 수 있도록 했고, 어린 학생들에게는 모형집 만들기, 클럽 하우스 만들기를 실시했다.

학생들에게는 수업 내에서 자신들이 받는 구체적인 과제를 어떻게 구체적으로 실행할지 자유롭게 결정할 수 있는 기회가 주어졌다. 우유 용기, 주스 용기, 도자기 화분 만들기 등과 같은 수공예 수업과 순례자가 미국에 도착하는 이야기, 그들의 일상적인 삶, 그들이 인디언을 만나 겪는 이야기, 시골로 소풍 가기와 같은 다양한 글짓기 주제가 다루어졌다.

학생들은 점심 식사를 위해 자발적으로 식탁을 차렸으며, 이때 교사들은 굳이 학생들의 흥미를 자극하는 작업은 하지 않아도 되었다. 이미 어린이들은 어떤 음식을 요리할지 너무나 잘 알고 있었기 때문이다.

학생회장을 선출하는 것도 매우 중요한 일이었다. 학생회장은 학생들의 학교 규칙 준수를 위한 학생 관리, 교사가 자리를 비웠을 때 교사를 대신해 감독하는 업무, 학생들을 강의실로 안내하는 임무 등을 과제로 맡고 있었다. 물론 학생회장은 시간표, 학습 계획, 과목 설정 등에서 선택의 권한은 없었다. 하지만 학생회장 활동을 통해 학생들은 책임감을 키울 수 있는 기회를 얻을 수 있었다.

프랜시스 파커와 프뢰벨 추종자들처럼 듀이는 실험학교 선생님들과 협력하여 어린이들이 자신의 행동을 외부로부터 강요나 압력을 받지 않고 스스로 자발적으로 행하는 것을 권장했고, 이로써 학생들은 학습에 열망과 열정을 갖고 참여하는 것이 가능했다. 학생들은 명백한 지식과 목적을 가지고 교사가 제시한 과제를 수행해야 했다.

만약 수업에서 학생들이 스스로 의견을 제시하고 이것이 수업에 반영될 수 있다면, 이는 쿠르트 레빈Kurt Lewin의 민주주의적 교육 방식이나 라인하르트 타우슈Reinhard Tausch와 아네 마리 타우슈Anne-Marie Tausch가 주장했던 사회 통합 교육 방식을 대변하는 것이라고 볼 수 있다. 교사는 학생에게 학습을 준비하는 마음가짐을 갖도록 해주고, 그들의 동의를 얻어야 한다. 이때 교사는 그들의 관심과 경험을 학습에 연관시켜 자신의 목표와 계획을 충분히 달성할 수 있도록 하는 방법을 찾아야 한다. 교사는 일반적인/전통적인 학교의 의무라는 경계를 넘어서는 안 되고, 프로젝를 평계로 사회적 기준에 넘어서는 행위를 해서도 안 된다.

킬패트릭이 호러스 맨 학교 실험에서 시도했던 학생들과의 '공동의 프로젝트 개선을 위한 노력'과 유사한 시도는 시카고 실험학교에서는 실행되지 않았다. 듀이에 따르면 사회적 진보는 '행동', '학교 활동의 확대'를 통한 것이 아니었다. 대신 '반영'과 또는 '반응', '학문적 사고에 대한 관심'을 통해 가능한 것이었다.

듀이에게 '민주주의를 위한 교육'은 '학문을 향한 교육'의 의미를 가지고 있다. 즉, 학문을 향한 교육은 결국 민주주의를 향한 교육이 된다. 그리고 그는 프로젝트 방식이나 일반적인 수업 방식 모두 각 개인에 대한 공감을 가능하게 하고 민주주의적인 사회 변화에 기여할 수 있다고 보았다.

II 보수적인 혁신가 : 자유와 우연에 반대한다

독일을 지배하던 듀이에 대한 해석은 안타깝게도 역사적 근거와 완벽하게 일치하지 않는다. 그는 전통적인 프로젝트 콘셉트를 대변하는 사람이었지, 진보적인 프로젝트 콘셉트를 대변하는 사람은 아니었다. 하지만 많은 독일의 교육학자들은 듀이를 마치 진보적인 교육학자인 것처럼 여겼다. 우드워드, 리처즈 그리고 다른 유명한 미국 교육학자들과 마찬가지로 듀이는 프로젝트를 다른 일반적인 학습 방식 가운데 하나이며 실용적이고 구성적인 문제를 해결하는 방식으로 정의했을 뿐이다.

'자유를 통한 교육'에 대해 그는 찬성하지 않았다. 프로젝트와 관련된 토론에서 듀이는 통합적 학습에 대한 자신의 시각을 소개했었다. 안드레아스 헬름케Andreas Helmke, 프란츠 바이네르트Franz E.

Weinert처럼 훌륭한 학습의 조건이란 명백한 학습 과정과 구성, 학급 운영의 효율성, 과제를 기초로 한 학생 활동의 장려라고 보았다.

듀이는 실험학교에서 계획이 없는 우연적 수업을 절대 수용하지 않았다. 듀이에게는 자유와 의무의 이원적 개념, 개인과 사회의 이원적 개념, 신교육과 구교육의 이원적 개념을 극복하는 것이 과제였다. 그의 혁신은 절대 단순한 변화만이 아니었다. 그는 불필요한 요소들을 과감하게 버리고자 했다.

이런 듀이의 태도는 킬패트릭의 생각과 전혀 달랐다. 킬패트릭은 프로젝트를 교수법적 원칙으로 천명하고 '전심(全心)에서 나오는 의도적 행동'의 중요성으로 정의했다. 킬패트릭에게는 자유롭고 스스로 결정하는 행위가 민주주의의 학습에서 가장 기초적인 것이었다. 즉, 어린이들은 수업의 내용과 진행 상황을 스스로 결정할 수 있었다. 이처럼 듀이와 킬패트릭은 근본적으로 생각이 달랐다.

킬패트릭은 '사고'보다 '의도'를, '커리큘럼'보다 '어린이'를 더 중시했다. 구식 교육과 신식 교육의 이원론을 타파하기 위해 그는 노력하지 않았다. 로버트 웨스트브룩은 자신의 책《존 듀이 그리고 미국의 민주주의John Dewey and American Democracy》에서 "킬패트릭은 듀이의 비판의 대상이 되었는데, 그 이유는 듀이가 킬패트릭의 콘셉트는 '의미도 목적도 없다'고 보았기 때문이다."라고 적었다. 듀이는 자신의 책에서 자신의 이론과 킬패트릭의 이론 사이의 연관성을 언급한 적이 한 번도 없다.

독일 학자들은 프로젝트와 관련하여 듀이와 킬패트릭의 책과 글에 대해 언급했으나 두 학자의 생각을 명확하게 설명하지 못했다. 듀이의 수업 아이디어를 설명하기 위해서 킬패트릭의 프로젝트에 대한 정의를 응용할 근거나 이유는 존재하지 않는다. 또한 우리는 킬패트릭을 설명하기 위해서 듀이를 비판할 수도 없다.

과연 현재의 교육적 토론을 위해 이러한 논쟁은 어떤 의미를 갖는가? 독일에서의 프로젝트 개념에 대한 논쟁은 다음 세 가지 가설로 분류할 수 있다.

1. 프로젝트 개념은 완벽하게 정의된 하나의 정의가 아니다. 널리 사용되는 한 방식의 개념이다.

2. 프로젝트는 특별한 것이며, 학생들이 스스로 결정하고 민주주의적인 수업을 위한 방식으로 보면 된다.

3. 프로젝트 방식은 이상적인 형태이며, 학교나 사회적인 조건 안에서 실질적으로 실현될 수 없는 것들을 다룬다. 프로젝트는 '프로젝트적'인 '프로젝트하기'라는 타이틀을 가진 수업으로 표현하기도 한다. 역사적으로 관찰할 때 이 세 가지는 킬패트릭의 이론을 근거로 한다.

프로젝트의 개념을 지나치게 확장하고 혼돈을 야기한 사람은 바로 킬패트릭이다. 자유와 민주주의 방식으로서 프로젝트를 찬양한 것도 킬패트릭이었다. 이상적 방식과 퇴화적 방식 사이의 차이를 이야기한 것도 킬패트릭이었다. 듀이는 전통적인 혁신가였고, 이와 같은 내용과는 전혀 관련이 없다. 그는 전통적 방식을 장려했으며, 어린이의 인지적인, 감성적인, 사회적인 성장을 장려하고자 했을 뿐이다.

정확하게 말하자면 이미 20년 전에 듀이는 어린이들의 감정과 심적 상태 중심으로 형성된 프로젝트 방식을 강력하게 비판한 바 있다. 듀이는 지적했다.

"현재 학교에서 이루어지는 가장 심각한 문제는 지루한 수업 그리고 감성주의이다."

콜링스는 실용주의적 혁신가였다.
그는 어린이들이 성장했을 때 필요할 수 있는 필수적인 지식과 능력을
단지 놀이와 관찰, 탐구, 짓고 만드는 것을 통해서만
배울 수는 없다고 보았다.
그래서 그는 실용적인 활동 이외에
'지식을 학습하는 시간'을 제공해
이 시간에는 지식을 배우고 과제를 풀며 문제에 대해서 토론하도록 했다.
물론 공부하는 시간에 오직 집중만 강요하지는 않았다.

Part 4
•••
엘스워스 콜링스 :
"티푸스 프로젝트는
꾸며낸 이야기이다."

엘스워스 콜링스Ellsworth Collings와 윌리엄 허드 킬패트릭William Heard Kilpatrick이 처음 만난 것은 1926년이었다. 당시 33세였던 콜링스는 미국 중서부 지역의 시의회에서 교육의원의 직무를 수행하고 있었다. 콜링스는 이미 미주리 대학교에서 예술학 학사와 과학 석사를 받은 상태였다.

당시 콜링스는 뉴욕의 컬럼비아 대학교의 교육대학에서 박사과정을 밟고 있었다. 그는 자신의 논문에 지역 학교에서 직접 실행했던 실험에 대해 적고자 했다. 킬패트릭은 이에 동의했다. 킬패트릭은 콜링스를 박사과정 학생으로 승인하고, 콜링스가 논문의 주제로 제안한 내용을 매우 환영했다.

9개월 후, 1921년 8월에 콜링스가 킬패트릭을 다시 찾아갔을 때 그는 시의회 교육의원 보직을 포기한 상태였으며, 교육대학에 입학해 연구 장학금 신청을 승인받은 후였다. 그리고 자신이 본래 제안한 박사논문 주제 대신 다른 주제를 킬패트릭에게 제시했다.

처음에 제안했던 논문 주제에 매우 기뻐했던 킬패트릭은 콜링스의 새로운 계획을 전혀 반기지 않았다. 이날 킬패트릭은 일기장에 "나는 콜링스와 그의 박사논문 내용에 대해 이야기를 나눴다. 그는 그의 계획에 매우 열정을 보였다. 하지만 그의 새로운 제안은 전혀 내 맘에 들지 않았다."라며 불편한 심정을 남겼다.

킬패트릭은 콜링스의 새로운 계획에 대해 박사논문 위원회와 논의했고 그 결과를 이렇게 말했다.

"위원회는 그의 새로운 박사논문 주제에 찬성하지 않았다. 대신 이전에 제안했던 주제가 좋겠다는 의견이 많았다. 이렇게 해서 콜링스의 박사논문 주제는 이전의 주제로 결정되었다. 다행스럽게도 콜링스는 이에 실망하지 않았으며, 그는 박사과정을 위한 모든 규정을 훌륭히 이행했다."

1년 후 킬패트릭은 콜링스의 완성된 논문을 받고 매우 만족했다. 킬패트릭은 콜링스의 논문에 대해 자신의 일기장에 "그는 이 논문을 통해서 내가 그동안 굳게 믿어왔던 내용에 대해 증거를 제시해주었다. 나는 이러한 근거를 담은 논문이 존재한다는 것을 매우 기쁘게 생각한다."라고 적었다.

콜링스의 논문은 미주리 맥도널드 카운티의 베스페이지에서 1917년부터 1921년까지 실행되었던 수업 실험에 대한 내용을 담고 있다. 이 실험은 '어린 시절 민주주의의 실현'이라는 내용도 담고 있다. 어린이들은 자신들의 개인적인 질문과 문제를 학교 수업에서 직접 다룰 수 있었다.

어린이들은 자신들이 필요하다고 생각하는 사항을 기초로 커리큘럼을 결정할 수 있는 권한이 있었다. 선생님은 제안하는 역할 그리고 학생들을 돕고 지원하는 역할을 했다. 규정된 학과목이나 학습 내용은 존재하지 않았다. 콜링스는 자신의 논문을 통해 단지 실험학교에서 이루어진 프로젝트 수업에 대해서 보고만 한 것이 아니라, 그 이외의 경험적인 데이터도 제시했다. 실험학교에서 공부한 학생들은 4년 후에 일반 표준시험에 참가했고, 기존의 일반 학교 학생들보다 훨씬 더 높은 성과를 보였다는 결과도 담고 있다.

콜링스의 실험학교 결과를 보고, 킬패트릭은 "자신의 이론, 즉 '어린이 중심 학습'이 절대 가능할 수 없다는 대중의 편견에 대해 이제는 어느 누구도 비판하기는 어려울 것"이라며 매우 자랑스러워했다. 킬패트릭은 말했다.

"어린이 중심 학습이 가능하다는 것을 보여주는 최고의 결과이다. 이 연구는 어린이들이 자신의 의도를 기초로 학습 내용을 결정하고 이를 통해 학습이 가능하다는 것을 보여주었다. 매우 성공적인 실험이다."

콜링스의 논문은 1923년에 《프로젝트 커리큘럼의 실험An Experiment with a Project Curriculum》이라는 제목으로 발표되었다. 그의 논문에 대한 비평 또한 10회 정도 발표되었고, 이 논문은 네 차례에 걸쳐 재발행되었다. 또한 러시아어와 독일어로도 번역되었으며, 영국, 캐나다, 남아프리카, 인도, 브라질, 구소련의 수많은 교사들에게 읽혔다. 이 논문의 인기는 오랫동안 지속되었다. 미국에서 실행된 이 실험은 경험적 수업 연구에 대한 중요한 증거이기도 했다.

이 논문은 열 명의 학생들이 티푸스에 대해 연구한 내용으로, 학생들이 티푸스를 극복하는 과정을 담고 있다. 학교에서 이루어진 수업이었지만, 이는 일반적인 수업의 성격과는 거리가 먼 모델이었기 때문에 교육계에 큰 영감을 주는 프로젝트였다.

티푸스 프로젝트는 독일에서는 1927년에 레오폴트 후버Leopold Huber에 의해 처음으로 언급되었다. 후버는 한 학술지를 통해 〈러시아 직업학교에서의 돌턴 플랜〉이라는 제목으로 글을 발표한 바 있었다.

적극적으로 티푸스 프로젝트가 알려지기 시작한 것은 1935년 페터 페테르젠Peter Petersen을 통해서이다. 페테르젠은 콜링스의 책에 대해서 설명하면서 '킬패트릭 소개', '경험적 결과를 요약', '콜링스의 프로젝트 보고서'라는 세 개의 주제를 다루었다. 콜링스의 책에는 1918년의 킬패트릭의 프로젝트와 관련된 글, 그 외에 킬패트릭의 다른 글들과 듀이의 글들이 함께 담긴 '프로젝트 계획Project Plan'의 내용도 인용되어 있었다. 독일 학자들은 이 책을 접한 이후 콜링스를 '프로젝트 방식의 대가'로 여기게 되었다.

독일 학자들에게 티푸스 프로젝트는 프로젝트의 전형처럼 여겨졌다. 이 프로젝트가 독일 학자들에게는 킬패트릭과 듀이의 프로젝트 개념을 일목요연하게 설명할 수 있었던 하나의 좋은 예였던 것이다.

하지만 안타깝게도 콜링스가 《프로젝트 커리큘럼의 실험》에서 설명한 것은 사실 실제가 아니었다. 그의 논문에 적힌 내용들은 절대 존재하는 사실이 아니었다. 그는 논문에서 학생들이 프로젝트에 대해 즉흥적으로 결정하는 일이 가능했다고 하지만 당시 그 학교의 학생들은 그러한 권한이 없었을 뿐만 아니라, 학습 내용과 과정을 결정하는 데 그 어떤 영향력도 행사할 수 없었다. 콜링스가 주장한 것과 달리, 티푸스 프로젝트는 처음부터 매우 치밀하게 조작된 수업이었다. 이제부터 이와 관련해서 상세히 설명하도록 하겠다.

교사는 수업을 준비하면서 어떤 질문을 제시할지, 어떻게 토론을 이끌어가며 어떤 활동들을 적용할지에 대해 고민하고 선택했다. 그리고 교사는 학습 목표와 규정된 학과목, 시험의 중요성에 대해 절대적 신뢰를 가지고 있었으며, 이는 매우 중요한 요소였다.

베스페이지에서 진행된 실험은 전통적인 학습 과정을 따랐다. 독일이나 미국 학자들이 수 세기 동안 유지해왔던 바로 그 학습 방식이었다. 그동안 독일 학자들이 주장하고 믿었던 바에 따르면, 콜링스의 수업은 자유로운 분위기에서 학생이 학습 내용과 과정을 스스로 결정할 수 있는 것이어야 했다. 하지만 이는 사실이 아니다.

콜링스는 현실에 없었던 내용을 마치 사실인 양 자신의 논문을 통해 발표했다. 그리고 오랫동안 많은 학자들이 그의 실험 결과를 신뢰했다. 티푸스 프로젝트는 킬패트릭이 말한 것처럼 불가능한 것을 가능하게 했다는 증거를 보여준 것이 아니었다. 그 논문 내용처럼 9~11명의 학생들이 스스로 자발적으로 수업을 형성하고, 사회에 영향력을 주는 역할을 한 것은 사실이 아니다.

I 실용주의적 혁신가 :
부드러운 교육 방식에 찬성하지 않는다

엘스워스 콜링스는 1887년 10월 23일에 미주리의 맥도널드 카운티에서 태어났다. 이때 그의 부모는 그에게 프라이어 맥비 콜링스Pryor McBee Collings라는 이름을 지어주었다. 그는 학교에 다녔지만, 학교에 재미를 붙이지 못했다. 결국 졸업은 하지 않고 자퇴했다. 그는 1년 정도 아버지의 목장에서 일을 도왔다. 카우보이, 목장 관리원으로 일하는 것은 모험적이고 흥미진진했지만 그는 이에 만족하지 못했다.

그는 우연히 매우 열정적인 수업에 참여할 수 있는 기회를 얻었다. 그 교사의 수업에 자극을 받은 그는 다시 학교에 입학했고, 21

세의 나이의 늦은 나이로 스텔라 고등학교Stella High School에 입학했다. 그 후 호너 인스티튜트Horner Institute를 졸업하고 결혼을 한 후, 주립학교 교사로 임명되었다. 그 이후 뉴턴Newton과 스텔라Stella로 자리를 옮겨 교사를 하면서, 시카고 대학교에서 수업을 들었고, 스프링필드Springfield 미주리 주립 사범학교Missouri State Normal School를 졸업했다. 그곳에서 약 3년 정도 학업을 마친 후, 그는 교육학 학사를 수여받았다.

그 후 그는 교육 분야에서 승승장구하기 시작했다. 1912년에 로키 컴포트Rocky Comfort 학교의 학장으로 임명되었고, 1913년에는 시의회 교육의원으로 임명되었다. 1915년에는 맥도널드 카운티에서 지역 교육의원으로 선정되기까지 했다. 파인빌Pineville에 위치했던 맥도널드 카운티는 1,400평방킬로미터의 매우 작은 지역으로 16,000명의 인구가 살고 있었다. 66개의 초등학교와 여섯 개의 고등학교가 있었고, 모든 교육기관의 총 학생 수는 4,600명이었다. 1년에 120~180일 수업이 이루어졌고, 110명의 교사들이 수업을 이끌어갔다.

콜링스는 지역 교육의원으로서 매우 열정적이었다. 이 고장의 교육은 매우 전통적인 성격을 띠고 있었으며 다른 지역보다는 뒤떨어져 있었다.

콜링스의 목표는 맥도널드 카운티를 미주리에서 가장 진보적인 교육 중심지로 만들고자 했던 것이었지만, 그는 이곳의 학교 혁신

엘스워스 콜링스, 1887~1970

과 수업 혁신이 쉽지 않다는 것을 누구보다 잘 알고 있었다.

콜링스는 이런 자신의 과제를 매우 영광스럽게 받아들이고 참여했다. 1915년 그는 미주리 대학교 교육학과에 입학했다. 1918년까지 직업과 학업을 병행했고, 학교 혁신가 주니어스 메리엄Junius L. Meriam, 교육철학가인 제스 커설트Jesse H. Coursault, 커리큘럼 전문가인 차터스W. W. Charters, 교육학자인 조지프 엘리프Joseph D. Elliff, 교육심리학자인 윌리엄 파일William H. Pyle의 지도를 받았다.

콜링스는 엘리프와 함께 〈미주리 맥도널드 카운티의 농촌 학교에 대한 연구A Study of the Rural Schools of McDonald County, Missouri〉라는 보고서를 통해 '지역 학교의 상태와 시설'에 대해 기록했다. 파일 교수의 지도 아래 〈농촌 학생들의 정신적, 물리적 성장The Mental and Physical Development of Rural Children〉이라는 제목으로 석사논문을 완성했으며, 이 논문에는 맥도널드 카운티 2,300명 학생들의 신체 및 정신적 개발 정도와 이를 일반 도시 학생들과 비교한 구체적인 데이터가 담겨 있었다.

1918년에 콜링스는 자신의 연구를 통해 농촌의 학생들이 도시의 학생들보다 폐활량이 좋고 근육이 튼튼한 반면, 학습 능력이나 규칙 준수와 관련해 도시 학생들보다 그 능력이 훨씬 떨어지는 것을 발견했다. 이러한 부족함을 개선하기 위해서 그는 다음과 같은 조건들을 제시했다. 학습 계획의 새로운 구성, 교사 교육의 혁신, 맥도널드 카운티에 '농촌 지역사회 학교Rural Community Schools'를 설립하는 것이었다. '농촌 지역사회 학교'는 학교 공동체로서 어린이들과 어른들의 요구 사항을 수집할 수 있는 매체로서 큰 역할을 했다.

'지역사회 학교Community School'나, '사회센터Social Center'라는 아이디어는 사실 당시 획기적인 아이디어는 아니었다. 1890년대 말에도 이와 비슷한 아이디어는 이미 존재했다. 1902년에 존 듀이John Dewey가 자신의 글에서 이미 언급한 적이 있는 내용이었으며, 1908년 시어도어 루스벨트Theodore Roosevelt의 제안으로 설립된 바가 있고, 리버티 베일리Liberty H. Bailey가 이끌었던 '전원생활Country Life' 위원회를 통해서도 홍보된 적이 있었다.

이 위원회가 맡은 과제의 핵심은 도로 건설, 건강과 보건, 직업 교육과 문화적 공동체 등으로 농촌 지역의 삶의 질을 개선하고, 농부의 수입이 증가하도록 도와주며, 젊은이들이 도시로 빠져나가는 것을 예방하는 활동이었다. 콜링스는 이러한 목표를 전원생활 운동 Country Life Movement이라고 부르고 이에 열정적으로 참여했다.

지역의 대형 신문사인 《파인빌 데모크래트Pineville Democrat》에서 그는 자신이 매우 중요하다고 생각하던 주제들을 '농촌과 농장을 떠나는 청소년들Keep the Youngsters on the Farm', '농촌 문제와 관련된 전원 교회Country Churches in Relation to Rural Problems', '좋은 도로와 농촌 문제Good Roads and the Rural Problem', '학교와 과정의 연관성The Home in Relation to the School'과 같은 글을 통해 발표하기도 했다. 당시 이러한 사회 연관 활동을 통해 학교들은 매우 중요한 사회적 기여를 하게 된다.

콜링스는 새로운 교육적 과제를 총괄하는 사회적 중심 기관으로서 지역사회 학교가 어떤 역할을 담당할지에 대한 방법을 찾았다. 일리노이주 대학교의 메이블 카니Mabel Carney는 1912에 발행된 《전원생활과 전원 학교Country Life and the Country School》를 통해 이미 이 운동을 위한 표준 작업을 진행했으며, 메리 터너 하비Mary Turner Harvey는 미주리의 어데어 카운티Adair County라는 마을에서 포터 스쿨Porter School이라는 한 방치된 학교를 매우 모범적인 교육기관으로 변모시키는 데 성공했고, 해당 마을의 지자체를 통해 이에 대한 관리 기능을 담당하는 기관을 만들기도 했다.

콜링스는 자신의 멘토였던 미주리 대학교의 메리엄으로부터 상당한 도움과 지원을 받았다. 메리엄은 존 듀이의 딸 에벌린 듀이Evelyn Dewey의 책《미래의 학교》(1915)로부터 큰 영향을 받았는데, 메리엄 역시 듀이와 비슷한 생각을 가지고 있었고, 수업의 내용은 어린이들의 실질적인 관심과 성인의 사회적 활동들을 기초로 만들어져야 한다고 보았다.

콜링스는 기존의 학과목을 '삶의 활동'으로 대체하는 커리큘럼을 만들기도 했다.

'관찰' — 자연과 산업에 대한 탐구
'놀이' — 어린이들의 현재 관심사 추구
'수공예' — 실용적인 도구를 만드는 수업
'즐기기' — 그림 그리기, 역사, 노래 부르기 등 즐거운 활동

전통적인 학과목의 내용은 선생님이 선택하거나 계획한 활동을 실행하기 위해 필수적이라고 여겨질 때에만 사용했다. '삶의 활동'을 위한 이 콘셉트에 대해 콜링스는 매우 확신에 차 있었다. 그리고 메리엄의 지도를 받고, 베스페이지의 윌리엄 스쿨Williams School

에서 헤지스 에드먼즈Hedges Edmonds와 베시 켈러Bessie Keller의 도움을 받아, 초등학교의 8개 학급을 위한 커리큘럼을 개발했다. 1915~1916년 학기에 그는 이 과정을 실제로 실행할 수 있는 모든 준비를 마쳤다.

이 커리큘럼은 1916년 가을에 《농촌 학교를 위한 수업 개요 An Outline Course of Study for Rural Schools》라는 이름으로 발표되었다. 1918년 여름에는 《농촌 남녀 학생을 위한 학업 과정. 맥도널드 카운티 농촌 학교, 미주리A Course of Study for Rural Boys and Girls. McDonald County Rural Schools, Missouri》라는 제목으로 확장된 버전이 소개되었다. 이 책에는 첫 번째 지역 교사들의 모임을 통해 이루어진 집중적인 연구 내용에 대한 업그레이드된 내용이 담겨 있으며, 콜링스의 교육철학에 대한 설명도 도입에 포함되어 있다.

—— 교육은 어린이들이 문제를 해결할 수 있도록 도움을 주는 것이다. 어린이들은 효과적으로 문제를 풀 수 있는 능력을 얻기 위한 최고의 교육을 받을 수 있어야 한다. 수업의 중심은 어린이들이어야 한다. 학생들에게 스스로 활동하고 자신들의 관심사를 따라 행할 수 있는 환경을 제공해야 한다.

콜링스의 독립적인 활동은 단순히 그저 행함이 아니라, 교육적인 활동을 말하는 것이다. 그가 말하는 실질적인 관심과 흥미는 주

미주리주 베스페이지의 윌리엄 스쿨

A COURSE OF STUDY
for RURAL BOYS AND GIRLS

McDONALD COUNTY RURAL SCHOOLS
MISSOURI

By
PRYOR McBEE COLLINGS, B. S., A. M.
Superintendent of Schools
McDonald County

HUGH STEPHENS PRINTING COMPANY
JEFFERSON CITY, MISSOURI
1918

《농촌 남녀 학생을 위한 학업 과정. 맥도널드 카운티 농촌 학교, 미주리》

관적이고 즉흥적인 것이 아니라 자연스러운, 교사의 계획 범위에서 벗어나지 않는 것을 의미했다. 교사의 과제는 삶 속에서 진정 발견할 수 있는 활동과 연결된 '활동'을 찾아내는 것이다. 그는 "'계산, 독서, 필기, 미술'의 경우 구체적인 삶의 활동과 연결되면 학생들은 훨씬 더 즐겁게, 효율적으로 배울 수 있다."고 했다.

콜링스는 다음과 같이 설명했다.

"어린이들은 필수적인 기능이 무엇인지 매우 빨리 인식했다. 그리고 그 기능을 자신들이 배우고 직접 사용한다면, 자신들이 원하는 활동을 독립적으로 해낼 수 있다는 것을 알고 있었다. 그렇기 때문에 어린이들은 전심(全心)으로 열정적으로 학습하게 된다."

콜링스는 교사들에게 놀이, 관찰, 조사, 구성을 통해 어린이들에게 원동력을 제공하는 활동을 선택할 것을 제안했다. 그리고 수업의 장소를 학교에 제한하지 말고 외부로까지 확장할 것을 제안했다. 학생들은 그들의 지역 공동체 전체를 그들이 연구할 수 있는 연구소처럼 여겼다. 거꾸로 부모님과 지역 공동체의 일원들은 학교를 방문하기도 했으며, 학생들과 대화하고 가르치기도 했다.

콜링스는 실용주의적 혁신가였다. 그는 어린이들이 성장했을 때 필요할 수 있는 필수적인 지식과 능력을 단지 놀이와 관찰, 탐구, 짓고 만드는 것을 통해서만 배울 수는 없다고 보았다. 그래서 그는 실용적인 활동 이외에 '지식을 학습하는 시간'을 제공해 이 시간에는 지식을 배우고 과제를 풀며 문제에 대해서 토론하도록 했다. 물론 공부하는 시간에 오직 집중만 강요하지는 않았다.

그는 어린이들에게 농장에서의 삶과 학생 자신들과의 연관성을 인식하도록 해주었고, 이를 통해 학습을 자극하고 사회적 문제를 함께 생각하는 분위기를 만들어주었다. 학생들은 자유롭게 결정하는 능력을 배우며, 주변인들과 가깝게 협력할 수 있는 능력을 배워야 한다. 이를 통해 그들은 자신들의 요구를 충족시키고, 성과를 높일 수 있는 역량을 개발하는 기회를 가질 수 있다. 콜링스는 '부드러운' 교육 방식에 대해서는 찬성하지 않았다. 그는 교육의 조건을 청결함과 정확성으로 보았다. 즉, '기준을 지킬 것', '근본적인 기능을 중시할 것', '정기적인 시험을 실행할 것'을 강조했다.

이처럼 콜링스는 메리엄의 직접적인 영향을 받았다는 것 그리고 간접적으로는 듀이의 영향을 받았다는 것을 쉽게 알 수 있다. 메리엄과 듀이처럼 콜링스에게는 '능동적인 작업'이 수업의 중심이 되어야 했다. 그는 학교와 삶, 교사와 학생, 관심과 노력이라는 이원성을 극복하고자 했다.

학교의회는 커리큘럼의 교사들에게 280페이지에 달하는 학업 과정을 제공했고 이 학업 과정에는 학과목, 학급, 월별 계획이 담겨 있었다. 그리고 어떻게 실질적으로 학생들을 가르치고 자극할 수 있는지에 대한 제안도 담겨 있었다. 이《농촌 남녀 학생을 위한 학업 과정》에는 수많은 주제와 과목이 상세히 적혀 있었다. 따라서 교사들은 이를 바탕으로 수업을 진행할 수 있었다.

2 티푸스 프로젝트 :
전염병과 관련된 수업을 어떻게 진행할까?

──────

콜링스와 많은 교육학자들이 당시 매우 중요하다고 생각했던 과목은 보건학이었다.《농촌 남녀 학생을 위한 학업 과정》(이하《학업 과정》으로도 표기함)에는 물론 위생, 건강관리, 건강한 식품에 관한 내용이 포함되어 있었다.

이 프로젝트는 '전염병'이라는 주제로 학생들이 주변의 전염병으로부터 자신을 보호하는 방법을 학습하는 목표를 가지고 있었다. 프로젝트는 "학생들은 주변 환경을 깨끗하게 유지하며 전염병으로부터 자신을 보호하는 필수성을 인식하고, 이에 대해 대응책을 마련할 수 있어야 한다."라고 천명했다.

콜링스는 미주리 대학교에서 열린 심리학과의 예방의학 세미나를 방문한 이후, 교사들에게 이 주제를 10월 수업에 적용하기 위해 체계적으로 준비할 것을 권장했다. 이에는 전염병의 원인과 확장 그리고 예방과 치료의 내용이 포함되었다. 이때 말한 체계적이라 함은 학생들이 지루해하는 방법을 사용하거나 추상적인 것을 학습하라고 한 것이 아니다. 그는 전염병을 하나의 구체적인 케이스로서 지속적으로 대처할 수 있는 방법을 찾기 위해 수업을 진행하고자 한 것이다. 이 프로젝트가 바로 그 유명한 '티푸스 프로젝트'이다.

결핵과 디프테리아, 티푸스는 당시에 가장 널리 퍼진 전염병이 었다. 미국 전국에서는 1년에 30만 명이 이 병에 전염되었으며 3만 명이나 되는 사람들이 이 전염병으로 인해 사망했다. 듀이의 아들 코든 그리고 킬패트릭의 여동생과 누나도 이 전염병의 희생자였다.

티푸스는 보건 교육에서 매우 중요한 주제이기도 했고 학교뿐 만 아니라 사회 전체의 매우 중요한 이슈였다. 티푸스는 특히 가을 에 많이 유행하는 전염병이었다. 이와 관련해 신문과 학교, 성인 학 교와 지역 공동체 모임에서 8월과 9월에는 예방과 치료를 위해 토 론이 이루어지기도 했다.

콜링스는《학업 과정》을 통해 티푸스와 전염병과 관련된 수업을 어떻게 진행해야 할지 교사들에게 전달했다. 어린이들이 스스로 생 각하고 활동할 수 있도록 동기유발이 가능한 방법을 찾아 교사들에 게 질문과 과제를 제시해주었다.

—— 전염병을 앓아본 적이 있는가? 전염병은 어떤 방식으로 전 염되나? 티푸스의 원인이 되는 세균은 어떻게 우리에게 전염될 까? 티푸스를 예방하기 위해서 우리는 무엇을 해야 하는가? 파리 들로 인한 전염을 피하기 위한 방법에는 무엇이 있는가? 예를 든다 면, 파리의 알이 부화할 가능성이 있는 환경을 제거하는 방법, 쓰레 기나 하수구, 또는 짐승의 배설물을 잘 관리하는 방법은 무엇인가? 파리가 많은 장소를 관찰하도록 한다. 어린이들에게 파리를 제거하

는 방법들로 파리 접착제, 파리 함정, 파리채, 문과 창문에 모기장을 설치하는 방법 등을 제시한다. 어린이들에게 파리의 삶의 과정을 그림으로 그리도록 하고 그에 대한 주제로 작문을 쓰게 한다. 작문 내용에는 왜 파리가 사람들에게 위험한지, 어떤 방법으로 파리를 제거할 수 있는지에 대한 내용이 포함되어야 한다. (…) 학생들은 미주리 대학교에 편지를 보내 집파리에 대한 참고 자료를 구하도록 하고, 이 내용을 참고로 어린이들에게 수공예적 프로젝트를 실행하게 한다. (…) 이에는 파리 함정, (…) 모기장 만들기 등이 포함된다.

이와 더불어 콜링스는 학생들에게 기초적인 자료로서 존 리치John W. Ritchie의《위생 지침서Primer of Sanitation》, 프랜시스 제웨트Francis G. Jewett의《건강Good Health》, 마이클 오쉬Michael V. O'Shea와 존 켈로그John H. Kellogg의《건강을 위한 습관Health Habits》이라는 책을 제공하여, 이 책을 학생들이 참고할 수 있도록 하였다. 또한 콜링스는 교사들에게 수업을 넘어서, "건강은 어린이들의 훌륭한 학습 성과를 위한 가장 핵심적인 조건이며, 이 목표를 달성하기 위해 학교와 가정이 긴밀히 협력해야 한다."고 당부했다.

1918년에 발행된《농촌 남녀 학생을 위한 학업 과정》이 그해 여름의 티푸스 프로젝트의 기초 역할을 했다는 것은 의심할 여지가 없다. 주제, 문헌 제시, 계절, 부모의 협력, 토론, 탐구, 학생들의 프로젝트 등 모든 내용들이 콜링스의 논문《프로젝트 커리큘럼의 실험》과 일치하며 이러한 일치는 우연이 아닌 것으로 보인다. 추가적인 새로운 내용은 없었다.

논문에 설명된 것처럼 티푸스 프로젝트는 즉흥적인 학생의 결정이 아니었으며, 교사들이 사전에 계획한 내용의 결과였다. 그리고 이 방식은 매우 엄격하게 지켜졌다.

'커뮤니티 패어Community Fair', '롤리 폴리Roly Poly', '미세스 머피의 해바라기Mrs. Murphy's Sunflowers'와 같은 프로젝트에 대해서는 이미《학업 과정》에 상세하게 기록되어 있었다. '미세스 머피의 해바라기'는《학업 과정》에서 생략되었다가《프로젝트 커리큘럼의 실험》에 다시 추가되었다. 두 가지 버전의 내용에 아주 작은 차이는 존재했다.

《농촌 남녀 학생을 위한 학업과정》에서 콜링스는 프로젝트 개념을 약간 축소한, 또는 본래의 의미를 사용했고, 어린이들이 '특정한 객체'를 만드는 경우, 자신들의 계획을 실행했을 당시를 프로젝트라고 칭했다. 킬패트릭이《프로젝트 방식》에서 언급한 넓은 의미의 프로젝트의 정의, 즉 '전심(全心)에서 나오는 의도를 통한 행동'과 관련해서는 실제 상황에서는 전혀 언급된 바가 없다.

3 베스페이지의 공동체학교의 개설

1918년 8월 29일은 맥도널드 카운티의 학교 역사에서 매우 중요한 날이었다. 바로 이날 에크 카운티 시트 하이웨이Ecke County Seat Highway와 굿맨 모터 루럴 메일 딜리버리Goodman Motor Rural Mail Delivery에 새로운 학교가 개교한 날이기 때문이다. 지역 일간지《파인빌 데모크래트》는 학교가 개설된 다음 날짜에 '맥도널드 카운티의 농촌 시범학교Model Rural School for McDonald County'라는 헤드라인으로 크게 이를 보도했다.

—— 지역의회의 교육의원 콜링스와 베스페이지의 학교위원회는 베스페이지에 농촌 학교를 설립했다. 이 학교의 과제는 새로운 교육 방식을 지역 학교에 알맞게 적용하는 데 있다. 이 학교에서는 농업 수업, 목재 수업, 요리 수업, 가정 수업이 제공된다.

이 기사는 어떤 수업들이 이 학교에 적용되고 실행될지에 대해 자세한 설명을 담고 있다.

—— 마을 공동체의 활동은 이 학교에서 검토된다. (…) 어린이들은 씨앗을 구별할 줄 알고, 돼지를 기를 줄 알고, 닭장을 만들 줄 알고, (…) 문을 나무판으로 제작할 줄 알며, (…) 말굽을 직접 만들고,

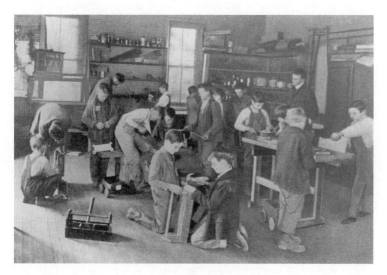

목재 가공 프로젝트

(…) 신발을 꿰매고, (…) 음식을 준비하며, (…) 의상을 바느질할 줄 안다. 대신 기존의 전통적인 농업 커리큘럼은 축소되었다. 추가적으로 직업 관련 수업은 저학년 수업에도 적용되었으며, 이야기 설명하기, 자연 수업, 노래하기, 놀이하기도 있었다. 고학년의 경우에는 문학, 기초 자연과학, 사회, 노래하기 등이 추가되었다. 새로운 농촌 학교의 커리큘럼 목표는 어린이들이 활동을 통해 행동을 배우는 것이며 이로써 공동체에 기여할 수 있는 방법을 학교에서 배울 수 있도록 하는 것이다.

지역 일간지는 이 시범학교가 예전의 오래된 윌리엄 스쿨의 건물을 사용했다는 것과 이 학교에 도입되는 수업 계획은 고학년의 경우 《농촌 남녀 학생을 위한 학업 과정》을 기준으로 한 실질적 직업 계획에 중점을 두었다는 점은 언급하지 않았다.

이 학교에서는 지역 공동체와 주민들을 중심으로 문학 작품 낭독의 밤, 강의, 토론이 이루어졌고, 여러 주변 지역 학교의 교사들이 모여 공동체학교를 지속적으로 발전시키기 위한 모임이 개최되었다. 이 학교는 당시 '사회 교류의 중심지'와 다름이 없었다.

콜링스는 지방의 삶을 개선하기 위한 운동이었던 전원생활 운동의 범위 내에서 20세기 초기에 새롭게 등장하는 아이디어들을 적용하는 데 노력을 기울였다. 이 학교는 교육대학의 대학생들이 직접 참여하는 시범학교가 아니었다. 이 학교는 농촌 지역에 실제로 재직하고 있는 교사들이 교습학적, 방식적 역량을 개발할 수 있는 곳으로, 가장 적은 비용으로 가장 효율적인 기회를 제공하기 위해 설립된 것이었다.

《파인빌 데모크래트》 지역신문에서는 학교 개설 날짜를 1918년 8월 29일로 보도했지만, 콜링스가 제시한 날짜와는 일치하지 않는다. 그의 논문 《프로젝트 커리큘럼의 실험》에서 콜링스는 굿맨 Goodman에 위치한 실험학교가 1917년 가을에 시작되었다고 적었다. 날짜가 일치하지 않는 부분은 매우 흥미롭다.

이미 교육계에 알려져 있듯 1916~1917년 학기에 새로운 내용을 담은 학습 계획의 개발이 시작되었으며, 윌리엄 스쿨의 헤지스 에드먼즈, 베시 켈러가 함께 이 실험에 참여했었다.

콜링스는 2년 후인 1918~1919년 학기에 교사 재교육을 늘리고 자신의 계획을 공개했다. 자신이 집중적으로 준비한《농촌 남녀 학생을 위한 학업 과정》을 학부모, 학생, 교육위원회에 소개했다. 그리고 자신의 수업이 지닌 의미와 목적, 성과에 대해 전달했다.

이러한 소통의 과정은 베스페이지 지역에서는 매우 중요한 역할을 했다. 우선 농촌이라는 특수성이 있었고 전형적인 학교 교육, 즉 읽기, 쓰기, 수학을 넘어 기술적 수공예, 농업, 가정 수업을 배운다는 점, 요리와 바느질, 철공예(주조) 등과 집에서나 농장에서도 학습이 지속된다는 점에 대해 학부모들의 반대가 컸다. 당시 콜링스는 "학부모와의 갈등이 이 실험에서 극복해야 할 가장 어려운 과제였다. 이를 해결하는 것이 학교 혁신의 단계에서 가장 큰 어려움이다."라고 했다. 콜링스는 학생들에게 지역신문에 기재될 내용을 직접 쓰는 것을 제안했다. 이 내용에는 공동체학교에서 이루어진 내용들이 상세하고 정확하게 담겨 있었다. 학교에 도입된 도서들, 학교에서 구매한 그림과 기계들, 학교에서 실행된 수리 작업, 학교를 찾아온 손님들에 대한 상세한 정보들이 포함되어 있었다.

콜링스의 전 교수인 스프링필드의 주립 사범학교 톰슨F. F. Thompson 교수는 윌리엄 스쿨을 감독했고 지역 시범학교가 개설된 이후에는 자신의 교육대학 학생들을 위해 실습학교에 관심을 가지고 주목하기도 했다. 실습학교는 비용 면에서나 이상적 교육철학 등의 이유로 꽤 매력적이긴 했지만 실제로 실현되지는 못했다.

학생들은 신문을 통해 신문 독자들에게 수업에 대해서도 보고 할 수 있었다. 학생들은 자신이 읽은 역사나 이야기, 관찰한 동물, 직접 체험한 놀이, 직접 요리한 요리 그리고 유럽에서 전쟁에 참여 하는 미국 장병들을 위해 그들이 직접 짠 적십자 이불에 대해서도 적었다. 흥미롭게도 1918년 가을에 시작된 티푸스 프로젝트처럼 비중 있는 프로젝트였어도 지역신문에 크게 보도되지 않았다.

이러한 신문을 통해 소개되는 보고서는 매주 한 번씩 정기적으 로 발행되었다가 그 후에는 비정기적으로 발표되었고, 1919년 2월 말부터는 더 이상 발행되지 않았다. 아마도 학생들의 관심이 줄어 들었을 가능성이 있고, 그렇지 않다면 교사들이 무관심했거나 신문 사에서 항상 반복되는 주제를 더 이상 흥미롭지 않게 생각했을 가 능성도 있다. 당시는 지역 교육의원 선거가 다가올 즈음이었기 때 문에 콜링스 역시 신문 보도와 관련해 신경 쓸 시간이 없었을 수도 있다.

선거에서 콜링스의 경쟁자였던 뉴토니아Newtonia 출신의 올리버 T. J. Oliver는 당시 학부모들이나 학교위원회와 더 각별한 관계를 맺 고 있었으며, 교사들의 감독과 교사 재교육을 강화하겠다는 공약을 내세웠다. 그는 "나는 우리 지역의 학교들이 다른 지역의 학교들보 다 훨씬 더 높은 수준의 학교로서 유명해지도록 하기 위해 노력하겠다."고 말했다.

지역신문《파인빌 데모크래트》와《파인빌 헤럴드Pineville Herald》는 콜링스의 그동안의 업적을 "콜링스는 열정적으로 열심히 일했으며, 수많은 자발적인 활동들로 많은 지역 주민들의 사랑을 받았다."고 보도했다. 그리고 진보적인 학습 계획의 도입과 무료 교과서 대여 시스템, 기능적인 시범학교와 공동체학교, 어린이와 성인을 위한 교육의 기회를 제공함으로써 지역 주민의 지속적인 신뢰를 받을 수 있을 것이라고 짐작했다.

콜링스는 어려움 없이 선거에서 승리할 수 있었고, 이미 4년 전에 시작했던 학교 개혁을 위한 활동들을 지속할 수 있었다. 1919~1920년 학기 초기에는 이전의 정책에 새로운 두 가지 제도를 추가하여 도입했다.《농촌 남녀 학생을 위한 학업 과정》은 그동안 공동체학교에서만 사용되었으나 앞으로 전 지역의 학교에 의무화하기로 했으며, 학생의 평가를 위해 간단한 표준평가제도를 도입했다.

학습 성과를 측정하는 표준을 도입함으로써 콜링스는 현대사회와 발걸음을 맞출 수 있다고 생각했다. 맥도널드 카운티의 교사연합 가을회의에서 콜링스는 자신이 소개한 새로운 교육학적 프로그램을 이렇게 설명했다.

"한 여성이 상점에 가서 옷감을 산다고 했을 때 점원은 옷감의 길이를 손가락으로 측정하지 않을 것입니다. 당연히 정확한 측정도구를 이용해 측정할 것입니다. 학교도 이와 마찬가지입니다. 오늘날에는 학생들의 성과를 책 읽기, 쓰기, 산수에 대하여 객관적으로 평가하는 측정 기준이 존재합니다. 여자 학생과 남자 학생을 과학적인 목록을 기준으로 구별하고, 그룹화하고, 대체하는 방법이 존재합니다. 표준화된 평가는 단지 교육학적 목적만을 가지고 있는 것이 아니라 정치적인 목적도 가지고 있습니다. 주민과 세금 납부자들에게 객관적인 숫자를 통해 학교와 수업의 성과를 보여줄 수 있기 때문입니다."

이를 위해 콜링스는 파인빌 고등학교Pineville High School의 교장과 함께 학교 감독자 하우스홀더S. L. Householder를 초대해 표준평가제도의 도입과 평가에 대해 고문을 맡아줄 것을 부탁했다.

표준평가제도의 도입은 교사들이 학교 행정 업무자로 전락한 '학문적 경영'과 달리, '민주주의적인 학교 경영'과 관련된 구상이었고, 교사들이 학교와 수업 혁신을 위해 참여하고 활동하는 것을 장려했다. 콜링스는 이에 대해 두 가지 종류의 회의를 개설했다. 하나는 모든 지역 선생님들이 모이는 연회의로 새로운 학습 계획의 원칙에 대해 토론하는 기회였고, 하나는 월 단위 회의로 소그룹별로 선생님들이 모여 수업 원칙을 실현할 방안과 이에 관련된 토론을 하는 기회였다. 이 콘셉트는 하나의 특수한 조건을 제시했다. 모든 교사들은 최소 1년에 하루 이상은 베스페이지 공동체학교에서 보내면서 현재 실행되는 현대 교육 이론에 대해서 배워야 한다는 의무를 가졌다.

4 티푸스 프로젝트

공동체학교에서 실시되는 현대 교육 이론에는 원초적인 것만 존재하는 것이 아니었다. 콜링스는 학교의 콘셉트를 지속적으로 업데이트하고 새로운 아이디어를 추가했다.《미주리 스쿨 저널Missouri School Journal》에는 1919년 11월부터 1920년까지 〈농촌 학교 커리큘럼The Rural School Curriculum〉이라는 제목으로 베스페이지에서의 변화와 발전에 대한 글이 지속적으로 발표되었다.

그동안 콜링스는 파일, 커설트와 메리엄의 이론을 주로 예로 들었다면, 이 글에서는 듀이와 킬패트릭의 이론을 주로 인용했다. 그는 듀이의 후계자로서 '민주주의를 위한 교육'을 학교의 목표로 언급했고, 킬패트릭의 후계자로서 학생의 '전심(全心)에서 나오는 의도'가 수업의 핵심을 결정해야 한다고 언급했다. 그리고 이에 더해 콜링스는 '조직성'을 새로운 사항으로 도입했다.

그는 여덟 개의 학급을 재편해 세 개의 그룹으로 만들고, 열한 개의 과목을 네 가지 활동으로 분류해 사회적 활동, 실용적 활동, 직업적 활동, 자유시간 활동으로 개편했다. 학생과 교사는 공동으로 어떤 탐구 활동과 계획을 진행하는지와 관련해 이야기를 나눌 수 있었고, 프로젝트와 실험을 통해 어떤 지식과 이해를 획득해야 하는지 토론하는 회의 시간을 도입했다.

콜링스는 이러한 변화를 매우 의미 있다고 보았고, 공동체학교

AN EXPERIMENT
WITH A
PROJECT CURRICULUM

BY
ELLSWORTH COLLINGS
PROFESSOR OF EDUCATION, THE UNIVERSITY OF OKLAHOMA

WITH AN INTRODUCTION
BY
WILLIAM H. KILPATRICK
PROFESSOR OF EDUCATION, TEACHERS COLLEGE, COLUMBIA UNIVERSITY

New York
THE MACMILLAN COMPANY
1923
All rights reserved

콜링스의 박사논문《프로젝트 커리큘럼의 실험》

가 이제는 실험학교로 불려도 된다고 보았다. 이는 물론 정당했다. 다과목의 통합이 가능해졌고, 수업 계획에 대한 학생들의 참여가 가능해졌다. 그리고 기초적 지식과 기능은 실용적 프로젝트와 문제 해결방식과 연관되면서 훨씬 강력한 학습 요소가 되었다.

이 학교는 집중적인 프로젝트 작업과 집중적인 학생 참여를 중시했으나, '학생 중심' 프로젝트인 킬패트릭의 이론보다 듀이의 '공동 참여'에 더 큰 가치를 두었다. 즉, 수업은 선생님의 제의와 계획으로 이루어지고, 학생들의 협력과 동의를 얻는 방식을 채택했다.

그 외에 핵심적인 내용은 이전의 형식을 따랐다. 학생들의 자연스러운 관심사를 중시하고 성인이 되었을 때 삶에서 필요할 수 있는 사회적 활동을 장려했으며 학과정 및 시험을 체계적으로 적용하고 학습과 연습, 스터디 타임Study time을 유지시켰다.

콜링스는 "삶과 연관된 활동은 커리큘럼에 매우 중요한 부분이다. 그리고 계산하기, 문법 등의 중요한 과정을 강요하지 않는다."라고 강조했다.

《농촌 남녀 학생을 위한 학업 과정》에서 콜링스는 학교에 대한 구상뿐만 아니라, 베스페이지의 수업이 실제로 어떻게 운영되는지에 대한 예를 보여주었다. 그가 보고서에서 상세하게 설명한 하나의 예시 프로젝트가 바로 티푸스 프로젝트이다. 이는 세 번째 그룹, 즉 6~8학년 학급에서 실행했던 프로젝트 내용으로 다음과 같이 요약해볼 수 있다.

이 그룹은 프로젝트 주제와 관련한 회의를 사전에 진행했다. 이 회의에서 제안된 여러 가지 주제 중 하나가 바로 지역 공동체의 보건과 건강에 대한 것이었다. 이 당시 마을 공동체에서는 여러 번의 티푸스 감염이 있었고, 이와 관련하여 교사는 학생들에게 본 프로젝트를 제안했다. 학생들과 나눈 토론에서는 물론 다양한 의견들이 있었다. 그리고 지역 공동체의 보건 상태가 주제로 선택되었다. 이때 한 명의 학생 이외에 모든 학생들이 찬성했다.

이 프로젝트는 다음과 같은 과정을 거쳤다. 학생들은 지난 5년 간의 티푸스 감염자 수와 티푸스 감염으로 인한 사망자 수를 조사했다. 그들은 티푸스 감염자 또는 티푸스로 인해 사망한 사람의 가족을 직접 방문하고 병의 원인을 찾을 수 있었다. 이를 통해 그들은 원인을 제거할 수 있는 방법을 연구할 수 있었다.

이와 관련하여 학생들은 파리 함정, 모기장, 파리채, 쓰레기통 뚜껑 등을 만드는 작업을 진행했다. 그리고 자신들이 얻은 인식과 직접 만든 기구들을 마을 공동체에 소개하고 발표했다. 콜링스가 설명했듯이 프로젝트는 살아 있는 어린이 중심의 수업이다. 열두 명으로 이루어진 10세에서 14세까지 학생들은 이웃을 방문하여 인터뷰하고, 농장을 방문하여 조사했으며, 파리를 잡는 기구들을 직접 만들었고, 이를 기초로 보고서를 쓰고 그림을 그렸다.

학생들은 수업하는 과정에서 자신들의 의견을 발표할 수 있는 기회를 얻었으며, 아이디어를 제안하거나 주제를 놓고 토론할 수 있었다. 이때 대체할 수 있는 활동에 대해서도 결정하는 것이 가능했다. 하지만 학생들의 의견으로만 수업이 형성될 수는 없었다. 콜링스는 모든 행동과 활동에 대해 학생들은 선생님과 이야기를 나누어야 하며 모든 활동이 선생님의 의견과 지도를 받아 이루어져야 함을 강조했다. 교사는 수업에 대한 방향을 제시하고, 토론과 결정의 방향을 조정해야 하는 과제를 가지고 있음을 강조한 것이다.

간략하게 정리하면, 학생들은《농촌 남녀 학생을 위한 학업 과정》을 기초로 사회적 통합을 위한 방식으로 수업을 준비하며 자신들의 작업과 자신을 동일시할 수 있어야 했다. 교사는 학생들이 이렇게 함으로써 자신들의 환경 속에서 스스로 체계적인 분석을 할 수 있도록 했다.

콜링스가 실제 실험을 실시하면서 작성했던《농촌 남녀 학생을 위한 학업 과정》에 적힌 내용은 무미건조하지만, 그의 논문인《프로젝트 커리큘럼의 실험》에는 이에 비해 매우 흥미로운 내용이 담겨 있었다.

──── 토미 비버스Tommie Beavers라는 학생과 그의 동료 학생들은 스미스 가족의 티푸스 감염에 대해 조사했고, 쓰레기와 오물을 관리하는 일에 무관심한 스미스 가족에 맞서 투쟁한다. 그리고 실질적으로 이 문제를 해결할 방법을 찾아낸다.

이와 같이 그의 논문에는 훨씬 더 생생한 이야기가 담겨 있다.

프로젝트의 내용과 구조를 관찰하면,《프로젝트 커리큘럼의 실험》과《농촌 남녀 학생을 위한 학업 과정》두 가지 보고서는 매우 정확하게 일치한다. 콜링스는 어떠한 질문 사항에 대해 학생들이 조사를 실시해야 되는지, 어떤 해결책을 찾아야 하는지, 어떤 책을 읽어야 하는지, 어떤 학술지를 주문해야 하는지, 어떤 그래프를 그려야 하는지에 대해서 적었는데 이는 모두 두 가지 보고서에 동일

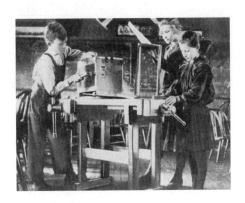

파리 함정을 만들고 있는 윌리엄 스쿨의 학생들

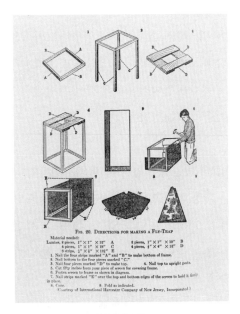

파리 함정 설계도

하게 설명되어 있다. 실제로 정확하게 일치하는 부분이 매우 많았다. 《농촌 남녀 학생을 위한 학업 과정》에 있는 내용이 업그레이드되어 《프로젝트 커리큘럼의 실험》에 소개된 것이다.

1920년 6월의 마지막 글은 그가 뉴욕의 교육대학에서 자신의 박사과정을 지도해줄 교수를 찾기 위해 뉴욕으로 떠나기 바로 몇 달 전에 발표했다. 자신의 박사과정 논문의 첫 번째 초안에서 사용되었던 구체적인 질문들은 후에 삭제된 것으로 보인다. 실제로 콜링스는 《농촌 남녀 학생을 위한 학업 과정》에 대한 구상을 머릿속에 담고, 베스페이지에서의 실험을 주제로 논문을 쓸 것을 계획한 후 킬패트릭에게 간 것이 분명해 보인다. 단지 제시된 시간만 다를 뿐 내용과 작업의 성립, 표현과 양식, 티푸스 프로젝트의 구성 등이 모두가 일치한다. 콜링스가 《프로젝트 커리큘럼 실험》에 제시한 사진도 일치한다.

5 학문적 경영자 : 공장의 목표는 이미 정해져 있다

《농촌 남녀 학생을 위한 학업 과정》을 통해 콜링스는 큰 유명세를 탔다. 그는 그 연방 주에서 가장 훌륭한 교육의원으로서 유명세를 누렸고, 《미주리 스쿨 저널》에 정기적으로 글을 쓰는 몇 명 안 되는 교육학자가 되었다. 1920년 가을, 그의 글은 두 번째 시리즈로 발표되기 시작했다. '커뮤니티 센터 활동Community Center Activities'이라는 주제로 선생님과 교장 선생님들에게 많은 유용한 내용을 제공하고, 부모님 방문의 날, 학교 행사, 공동체 모임과 같은 행사를 조직하고 계획하는 방법에 대한 정보도 제공했다.

그의 활동을 보면, 콜링스가 듀이와 메리엄 추종자로서 어떤 생각을 했는지를 상세히 알 수 있다. 2021년 9월에 발간한 글에서 콜링스는 자신이 실용적인 혁신가였음을 증명해 보였으며, 지금까지 발표된 수업과 관련된 기획, 아이디어 개발, 표준화 관리 등 그 이상을 보여주었다.

《초등학교 목적의 재구성The Reconstruction of Elementary School Aims》에서 콜링스는 베스페이지의 월리엄 스쿨을 공동체학교로서 소개했고, 이 학교에 자신의 커리큘럼이 제공되었음을 설명했다. 이 책에서는 그동안 많이 언급되었던 흥미, 민주주의, 참여와 같은 용어보다는 효율성, 학문, 운영이라는 용어가 더욱 강조되었다. 1911년에 프레더릭 테일러Frederick W. Taylor의 산업 발전과 생산의 증가와 관련한 콘셉트와 1918년에 프랭클린 보빗Franklin Bobbitt의 《커리큘럼The Curriculum》이라는 책이 소개된 바가 있었는데, 콜링스는 이 두 학자의 콘셉트에 상당한 관심을 보였다.

보빗의 '학술적 운영'의 과제는 직업 활동을 분석하고 특별한 지식과 재능, 습관, 사고를 확립하기 위한 것으로, 어린이들이 성장했을 때 자신의 직업에서 성공할 수 있는 방법이 무엇인가를 알려 준다. 이 커리큘럼은 일반적인 전통적 학습 내용으로 채워진 리스트가 아니라, 어린이들에게 미래에 기대되는 행동 양식과 목표를 담은 목록으로 이루어져 있다.

보빗은 표준화된 활동과 학습 목표 관리의 과정을 정리했고, 가정이나 직업에서 필요할 수 있는 필수적인 지식과 역량을 효율적으로 배우고 연습할 수 있도록 하는 내용을 담았다.

콜링스는 보빗과 생각이 비슷했다. 그에게 학교는 실질적 삶을 준비할 수 있는 곳이어야 하며 실질적 삶의 행동 방식을 배울 수 있는 곳이어야 했다. '학문적 운영 콘셉트'는 현시대의 과학과 산업 시대에 알맞은 커리큘럼으로서 도구를 제공한다고 보았다.

"산업 시대의 기초는 우선적으로 '무슨, 어떤 생산품이 생산되어야 하는지'에 대한 계획이 있어야 한다. 그에 따라 생산 활동이 이루어지는 것이다. 우리는 학교를 거대한 생산 장소로 만들었지만 어떻게 제품이 생산되는지에 대해서 정확하게 결정하지 못했다."고 콜링스는 말했다.

콜링스는《농촌 남녀 학생을 위한 학업 과정》의 내용이 보빗의 사고에 뒤처지는 매우 진부한 것이라고 생각했다. 그래서 보빗의 구상을 기초로 한 전문가 위원회를 만들게 되었고, 이 위원회는 '학문적 운영'의 원칙에 따라 공동체학교에 사용할 수 있는 새로운 학습 계획을 개발할 것을 요구했다. 위원회는 그의 요구를 다음과 같이 진행했다.

위원회는 맨 먼저, 건강, 사회, 직업, 레저 분야에 대한 목표를 설정했다. 이 목표는 어린이들이 성인이 되었을 때 유용하고 충만한 삶을 살기 위한 것이어야 하고, 특별한 행동 방식으로서 목록화할 수 있으며, 교사와 공동체학교는 이에 관해 토론하고 이를 검열한다. 또한 이 내용은 개인의 행복과 사회의 행복을 위하여 필수적인 지식과 사고 습관을 배양하기 위한 것이어야 한다.

콜링스는 위원회가 개발한 전체적인 학습 목표를 공개하지는 않았지만, 건강 보건과 관련한 하나의 예를 소개했다.

I. 프로젝트 목표 : 농촌 학생들을 대상으로 하는, 일상적인 건강 보건에 대한 능력 개발

II. 프로젝트 목표는 30개의 다양한 능력으로 설명됨

1. 치아 건강과 케어

2. 눈 건강과 케어

3. 귀의 건강과 케어

20. 일반적인 질병의 증상을 인식하고 질병에 걸리지 않는 방법을 아는 능력

21. 스스로 또는 친구들이 세균에 감염되지 않을 수 있도록 보호하는 능력

25. 가정의 위생 상태를 개선하는 능력

28. 가정에서 건강 보건에 많은 관심을 가지고 노력을 기울임으로써 지역 건강과 지역 관련 조직을 돕는 능력

29. 가정생활과 학교생활 모두에서 건강에 기여하기 위해 필요한 물건과 기계를 만드는 능력

이에 더해 콜링스는 추가로 제시된 30가지의 능력을 특별한 습관, 재능, 가치 유지, 사고로 나누어 하위 단계에 분류했다. 후에는 "신체의 개발을 최적화할 음식을 만드는 능력"도 포함시켰다. 그리고 이 목표를 충족시키기 위해 배워야만 하는 50가지의 행동 방식을 여기에 덧붙였다.

1. 다양한 식품의 생리학적 가치에 대한 정보 ─ 야채, 과일, 단백질, 곡식, 지방

2. '우리의 몸은 왜 다양한 식품을 필요로 하는가?'에 대한 정보

3. 나이, 심장, 몸무게, 계절, 작업의 방식에 따라 필요로 하는 식품 종류와 양에 대한 정보

14. 건강과 신체의 상태는 식품의 선택과 섭취의 세심한 관리와 매우 밀접한 관계가 있다는 확신

15. 신체의 요구와 식품건강학을 존중해야 하는 사고

24. 식사 시간에 충분한 즐거움을 누리는 습관

25. 일정 시간에 식사를 하는 습관

36. 식사 시간에 포크, 나이프, 스푼, 냅킨을 잘 사용하는 습관

37. 사탕을 비롯한 단 기호품을 먹는 습관을 자제하는 능력

38. 균형이 잡힌 음식의 양을 알고 먹는 능력

39. 식탁을 예쁘게 꾸미는 능력

하지만 아쉽게도 이러한 새로운 학습 계획이 공동체학교에 정확하게 언제 도입되었는지, 교사들이 어떤 구체적인 목표를 가지고 학습을 진행했는지, 능력, 가치에 대한 평가가 건강 보건 수업에 실제로 어떻게 적용되었는지에 대한 정보는 찾을 수 없었다.

콜링스는 공동체학교에서 현대 산업 시대에 걸맞은 새로운 커리큘럼을 찾았다며, 확신에 차 이렇게 말했다.

"초등학교를 공장으로 비유한다면, 공장의 목표는 이미 정해져 있다. 그들은 매우 특정한 제품을 생산해낸다. 남녀 학생 모두 매우 건강한 상태를 유지하려고 노력한다. 이로써 그들은 공동체의 보건 개선을 위한 활동에 적극적으로 참여하고 있는 상태가 되는 것이다. 학생들은 또 사회적 생산품인 음식과 의류, 주택과 관련하여 이성적인 책임감을 갖게 된다. 이를 바탕으로 학생들은 자유 시간을 의미 있고 다양한 방식으로 즐길 수 있는 능력을 키울 수 있다."

콜링스가 이 당시 시도했던 변화는 그동안 중점 사항이었던 어린이와 커리큘럼이라는 범위를 벗어나, '생산 계획'과 같은 커리큘럼이 되어버렸고, 교사는 공장의 작업자, 어린이는 산업 생산물이

되는 상황이 벌어지고 말았다.

1921년 봄에 콜링스는 〈초등학교 목표의 재설계The Reconstruction of Elementary School Aims〉라는 글을 썼다. 이 글은 그가 자신의 박사논문과 관련하여 킬패트릭을 만나기 위해 두 번째로 그를 찾아가기 바로 직전에 완성되었다.

콜링스는 당시 킬패트릭을 찾아가 이전 주제를 포기하고 새로운 주제로 박사논문을 쓰겠다고 제안했다. 그러나 킬패트릭은 그의 제안을 거절했다. 콜링스가 제안한 새로운 주제는 킬패트릭이 오랫동안 대항해 투쟁해왔던 것으로, 킬패트릭이 제안한 콘셉트의 수업을 더 작게 분리하고, 특별한 '행동 방식 연습', '표준화된 시험 도입', '커리큘럼의 사전 확정'을 담고 있었다. 이에 대해서 킬패트릭이 콜링스에게 '소용없는 계획'이라고 말한 것은 충분히 이해가 되는 부분이다. 킬패트릭이 콜링스가 이전에 제안했던 논문 주제를 박사학위 논문 주제로 요구한 것은 당연한 일이었다.

6 극적인 전환 : 어린이 중심의 교육학자가 되다

콜링스는 킬패트릭의 요청을 즉시 받아들여 자신이 이전에 생각했던 주제로 논문을 쓰기로 했다. 그는 이전에는 메리엄 또는 듀이의 활동 콘셉트를 주로 인용했었다. 하지만 이 시기를 기준으로 해서는 자신의 박사논문을 지도했던 킬패트릭 교수의 교육철학을 더 많이 수용했고, 그것은 쉽게 확인할 수 있었다. 이러한 전환은 매우 극단적이었으며 돌발적이었다. 아이러니와 같았다. 콜링스는 바로 얼마 전까지만 해도 보빗의 '학문적 운영'에 감탄한 바 있었다. 하지만 논문을 쓰기 시작하면서 자신의 교육철학을 킬패트릭 프로젝트 콘셉트로 단숨에 바꾸어버렸다.

논문의 주제는 바로 자신의 실험학교에서 지역 교육의원으로서 직접 시도했던 주제였다. 자신의 학교 실험이 마무리된 이후, 그리고 1921년 여름 교육대학에서 입학 허가를 받은 이후부터 콜링스는 킬패트릭의 열정적인 추종자가 되었으며 '어린이의 전심(全心)에서 나오는 의도적 행동'의 콘셉트에 대해 열광하는 것처럼 보였다.

콜링스가 킬패트릭의 프로젝트 정의에 적극성을 갖게 된 것은 1922년 제임스 호식James F. Hosic이 발행했던 《교육방식 저널》에서 킬패트릭의 '프로젝트 홍보 클럽'에 대해 쓴 글을 보면 알 수 있다. 그는 태명인 프라이어 맥비 콜링스 대신에 엘스워스 콜링스라는 이름을 사용했다. 그가 이름을 바꾼 데는 몇 가지 이유가 있을 것으로 추정된다.

프라이어Pryor라는 이름이 너무 아일랜드식 이름으로서 진부한 느낌을 가지고 있었기 때문인 것으로 추정되며, 미래 자신의 경력에 좋은 이미지의 이름을 원했던 것 같다. 그리고 논문을 쓰기 시작

The Community Fair

Ralph Durham, Experimental School

Despite the rainy weather the Community Fair held at the Experimental School, Friday, October 20, was without doubt, a successful event. Two hundred school children from the Success, Barlow, Bethpage, and Cross Roads Schools joined the children of the Experimental School in preparing an exhibit of school and farm products. The visiting schools came in beautifully decorated wagons.

The morning session was given over to checking in and listing the products in addition to the speaking and community dinner. There was a big display of agricultural products, representing all phases of farming. The school exhibits were fine. The County Superintendent talked on the relation of the School and Modern Community Life. He was followed by Professor Mitchell of the State Normal School, Pittsburgh, Kansas. Mr. Mitchell's subject was the Modern School. At twelve o'clock a big community dinner was prepared and served to all of the children and parents.

The evening session was devoted to judging the exhibits, demonstrations, and awarding the prizes. In judging the farm products the county agent, who acted as judge, explained the good points of the products to the farmers as he selected the best exhibits. The Experimental School gave two demonstrations. The pupils of the Second Group demonstrated how to cull poultry. The Third Group gave a Cold Pack Canning Demonstration. Prizes were awarded for the following exhibits:

Canned Corn — Gaye Kelley, Experimental School.
Canned Tomatoes — Neva Brock, Experimental School.
Canned Rhubarb — Myrtle Moser, Bethpage School.
Canned Strawberries — Alta Chase, Barlow School.
Canned Gooseberries — Lillie Jones, Cross Roads School.
Cucumber Pickles — Rhoda Collings, Experimental School.
Chili Sauce — Retha Richardson, Cross Roads School.
Canned Grapes — Mira Jones, Barlow School.
Spiced Tomatoes — Gaye Kelley, Experimental School.
Grape Butter — Alat Chase, Barlow School.
Grape Conserve — Ollie Carden, Experimental School.
Canned Sauerkraut — Dora Long, Cross Roads School.
Blackberry Jam — Retha Long, Cross Roads School.
Apple Preserves — Jewell Collings, Experimental School.
Canned Peaches — Katie Linton, Bethpage School.
Apple Jelly — Annie Moser, Bethpage School.

콜링스의 박사논문에 사용된 공동체 행사 보고서

하기 바로 직전에 자신이 주장했던 교육 콘셉트가 논문의 주제와 반대되는 주제였다는 것을 다른 학자들이 바로 알아차리지 못했으면 하는 바람일 수도 있다. 이런 사실이 알려지게 되면 자신의 경력에 도움이 되지 않는다는 것을 알았을 것으로 짐작된다.

콜링스는 "이 프로젝트는 커리큘럼 계획을 위한 실험에서 개발된 프로젝트의 형태이다. 이 실험은 미주리의 맥도날드 카운티의 매우 전형적인 농촌 학교에서 실행되었으며 4년간 적용되었다. 킬패트릭 교수가 컬럼비아 대학교에서 만들었던 프로젝트 방식의 원칙들을 직접 실제에 적용해 실험한 것이다."라고 썼다.

물론 이 주장이 사실과 다르다는 것을 우리는 알고 있다. 그가 실제로 실시한 실험은 메리엄과 페터슨의 활동 콘셉트였지 킬패트릭의 교육 방식이 아니었다.

이러한 불일치를 해결하기 위해 그는 《농촌 남녀 학생을 위한 학업 과정》을 업데이트하고 내용을 변경해야 했다. 티푸스 프로젝트를 킬패트릭 교육철학 기초로 설명해야 했기 때문이다. 물론 킬패트릭의 '의도'의 개념을 이 논문의 핵심 개념으로 사용한 것은 당연하다.

콜링스는 이 학교에서는 어떤 프로젝트를 실행하고, 어떤 놀이를 하고, 어떤 이야기를 나누고, 어떤 물건을 만드는지에 대해 학생들의 의도를 듣고 이를 바탕으로 결정했다고 했다. "의도는 나에게 최우선적이며 지배적인 의미였다. 의도는 특정 수업 내용의 타협을 위해 사용된 것이다."라고 콜링스는 설명했다. 하지만 실질적으로는 그 반대였다. 수업 내용은 이미 확정된 학습 내용이었고, 단지 학생들의 의도를 좀 더 만족스럽게 적용할 수 있도록 미리 기획된 것이었다.

교사는 감독관인 콜링스와 협력을 통하여 학생들에게 의도를 제시하도록 하고, 학생들의 의도에 대한 교사의 제안을 다시 학생들에게 제시한다. 그리고 이에 대해서 토론이 이루어진다. 토론에서는 수업의 진행 형식에 대한 모든 질문이 가능하며, 학생들이 전심(全心)으로 좋아하는 프로젝트를 선택할 수 있도록 한다. 이 프로젝트를 통해서 학생들은 새로운 지속적인 경험을 할 수 있게 되며, 성공적으로 성취를 경험하게 된다. 모든 과제의 책임은 학생들에게 전적으로 위임된다.

콜링스는 "교사의 참견과 참여는 학생들이 자신들이 할 수 있는 모든 방식을 적용했음에도 방법을 찾아내지 못했을 경우에만 가능하다. 계획의 실행 판단은 학생을 통해 이루어지고 절대 교사가 사전에 준비한 계획이 적용되어서는 안 된다."라고 말했다. 콜링스는 킬패트릭처럼 학생들의 자유가 프로젝트 수업에서 가장 핵심적인 요소라고 강조했다.

"학생들은 내재적인 동기를 바탕으로 민주적인 영감을 받을 수 있을 것이다. 이를 위해 미리 교사의 손으로 작성된 학습 계획이 제시되어서는 안 된다. 이는 학생들이 스스로 프로젝트를 실현하고 스스로 학습 계획을 계발할 수 있는 기회를 얻게 하기 위함이다."

이러한 새로운 해석을 통해 그는 그동안의 자신의 멘토였던 다른 학자들의 생각을 제외시켰다. 이제는 더 이상 '민주주의로 향하는 교육', 또는 '공장으로서의 학교'에 대한 내용 대신 '어린 시절의 민주주의'를 강조하고, 학교를 마치 '포도 농장'으로 표현한 것이다. 콜링스는 자신의 박사학위 논문을 도와주는 킬패트릭 교수의 교육철학에 100퍼센트 동의하고 의존하고 있었다. 이에 대해 콜링스는 전혀 흔들림이 없었다.

그는 '의도'를 변화무쌍한 '충동'이 아닌, 지속적으로 유지되는 '흥미'로 정의했다.

킬패트릭은 콜링스의 논문을 처음 읽었을 때, 바로 다음과 같이 자신의 감상을 적었다.

—— 콜링스는 나의 생각을 상당히 잘 대변하고 있다.

학생들이 계획하고 실행한 1,947개의 프로젝트를 포함한 수업에 대해서 그는 《프로젝트 커리큘럼의 실험》에 기록했는데, 그중 가장 특별한 프로젝트는 티푸스 프로젝트였다. 이는 다음과 같이 소개되었다.

—— (…) 1918년 8월 월요일 아침에 메리와 조니 스미스는 수업에 나오지 않았다. 티푸스에 감염된 것이었다. 그들 학급의 학생들은 (3학년에서 5학년이 포함된 두 번째에 해당하는 학생 그룹은) 걱정에 잠겼다. 그들은 티푸스의 원인이 무엇이며, 어떻게 전염되고, 어떻게 치료할 수 있는지에 대해 고심했다. 그들은 티푸스 관련 정보지를 주문하고, 이웃 사람들을 인터뷰했다. 그리고 책을 읽고 조사했다. 그들은 가족의 농장을 직접 방문하고 조사를 실시했다. 마시는 물

이 깨끗한지, 우유에 이상이 없는지, 부엌이 깨끗한지, 쓰레기와 짐승의 배설물이 잘 관리되는지, 창문과 문에 모기장이 설치되어 있는지 확인했다. 그들은 위생을 고려하여 쓰레기통과 파리 함정을 만들었다. (…)

그들은 스미스 씨를 위한 보고서를 작성했다. 보고서에서 학생들은 메리와 조니가 티푸스에 걸린 원인이 파리로 보인다는 가정과 더불어 어떻게 하면 적은 비용으로 간단하게 파리를 없앨 수 있을지에 대한 방법을 제안하고 있다.

—— 스미스 씨는 학생들의 모든 제안 내용을 받아들이고 실행했다. 4주 이내에 그들은 창문과 문에 모기장을 설치했다. 농가의 마당에 있던 짐승들의 배설물을 치우고, 잡초를 뽑았으며, 돼지우리를 다른 장소로 옮겼다. 전에는 파리를 증식시키는 주체자였으나, 학생들의 제안으로 파리를 제거하는 농장주가 되었다. 이러한 노력을 통해 다음 해 가을에 스미스 씨 집안에는 티푸스가 다시는 출몰하지 않았다.

이 프로젝트와 연관된 그다음 프로젝트에서 학생들은 어떤 전염병이 전염이 가장 많이 되는지에 대해서 조사했다. 그들은 프로젝트 결과에 대해 지역 공동체 주민들이 모인 주민회의에서 발표하고, 파리의 증식을 막기 위해 어떤 노력이 필요한지 설명했다.

콜링스의 논문에 따르면 티푸스 프로젝트는 학생들에 의해서 결정된 사항이며 학생들이 스스로, 즉흥적으로 이 주제를 선정하였다. 그리고 이에 대해 학생들은 토론을 진행하고 프로젝트 과정을 확정했다. 그리고 작업을 분배하고 학습 자료를 준비하고 결과를 판단했다. 교사는 물론 학생들과 함께했으나 기존의 교사가 가진 역할과는 달랐다.

그는 강의를 하지도 않았으며 질문도 하지 않았다. 그리고 어떤 과제도 내지 않았다. 더러는 충고나 제안을 할 수도 있으나 이마저도 전혀 하지 않았다. 학습 계획은 존재하지 않았다. 학습 내용을 선택하는 것도 학생이었으며 무슨 지식을 배우기를 원하는지조차도 학생 스스로 결정할 수 있었다.

이 보고서는 매우 매력적이다. 하지만 《농촌 남녀 학생을 위한 학업 과정》과 관련해 우리가 알고 있는 내용과는 차이가 있다. 이는 콜링스가 원래의 첫 번째 프로젝트 실험에서 적용했던 방식과는 분명히 다른 부분이다.

이 논문에서는 프로젝트가 마치 흥미로운 이야기처럼 정리됐고 표현하는 방법도 신선했다. 어린이들의 나이는 더 어린 나이의 학생으로 대체되었고, 학생은 수업 전문가, 자연과학자, 사회 혁신가의 역할을 맡았다. 스미스 씨를 등장시켜 학생들의 과제 대상으로 만들었다. 이전에 실험학교 상황을 살펴볼 때, 실제로는 비교적 중요한 역할을 했던 교사의 역할, 학습, 계획, 지시 사항은 전혀 드러

베스페이지 지역 공동체 행사에 대한 신문기사

나지 않았다.

　콜링스는 프로젝트 과정을 더욱 단순화시키고 긴장감 있게 변형시켰다. '어린이 중심 수업'이 '어린이 집중' 프로젝트로 바뀌고, 실질적인 보고서는 공상적인 이야기로 둔갑했다. 그는 '팩트fact'를 희생시켰다. 그의 논문에 따르면, 그 커리큘럼은 즉흥적으로 계획되었으며, 수업은 100퍼센트 프로젝트 수업으로 이루어졌다고 했다. 하지만 이 수업은 실제로는 철저하게 계획된 학업 과정에 따른 것이었다.

실험학교에서 선생님은 단순히 도움을 주는 사람이 아니었다. 대신 문화의 중재자 그리고 사회의 대변인이었다. 또한 선생님은 프로젝트를 계획한 사람이었고, 어린이들에게 프로젝트 주제와 관련된 흥미를 일깨워주는 사람이었다. 콜링스 자신이 1918년에 정리하여 완성한 일련의 '학업 과정'에 대한 고문이었고, 내용과 방식을 결정한 사람이었다.

콜링스가 이러한 사실을 몰랐을 리는 절대 없다. 그는 박사학위 논문 마지막 장에 성공적인 프로젝트를 위해서 최소한의 조건으로서 학생들의 흥미를 자극하는 방법이 담겨 있는 《학업 과정》을 언급했는데, 실제로 여기에는 수많은 다양한 프로젝트의 방법에 대한 상세한 설명이 담겨 있다.

7 정직하지 않은 학자 : 대중을 속이다

———

콜링스의 논문에 대해서는 처음부터 여러모로 말이 많았다. 박사논문 평가위원회에서도 많은 비판이 있었다. 1922년 가을에 킬패트릭은 자신의 일기장에서 위원회의 중요한 직책을 맡은 윌리엄 배글리William C. Bagley, 토머스 브릭스Thomas H. Briggs, 니콜라우스 엥

겔하르트Nickolaus L. Engelhardt, 에드워드 에벤든Edward S. Evenden, 폴 먼로Paul Monroe, 에드워드 레이즈너Edward H. Reisner가 논문을 불합격시키고, 추가적인 작업을 요구했다고 적은 바 있다.

"나는 이제껏 이렇게 신선한 교육 방식에 대해 어른들이 이렇게 답답하게 반응할 줄은 몰랐다."라고 킬패트릭은 일기장에 적기도 했다. 그는 자신의 동료들이 매우 보수적이라는 것을 비판했지만, 우리가 이미 알다시피 핵심은 콜링스가 정직하지 않게 일을 추진했다는 것이다. 만약 논문을 정확하게 들여다본다면 그 근거는 뚜렷해진다.

동료들이 이에 반대를 했던 것은 포용성이 없고 생각의 범위가 좁아서가 아니다. 킬패트릭의 이데올로기적 사고와 콜링스의 학문적 정직성이 문제였다.

콜링스의 논문은 콘셉트 자체로는 비교를 중심으로 한 연구였다. 내용은 실험학교의 즉흥적인 커리큘럼에 대한 자세한 설명, 두 개 관리학교의 전통적인 커리큘럼에 대한 짧은 요약, 세 학교 학생들의 성과 비교 결과 그리고 그에 대한 포괄적인 설명을 담고 있다.

콜링스에 따르면, 기존 학교 형태의 관리학교Controll School는 아주 일반적인 농촌 학교였다. 교사는 한 명이었으며, 학생은 29에서 31명으로 총 여덟 개의 학급이 있었다. 그리고 열다섯 개의 학과목으로 1919년 기준의 '미주리주 초등학교 학습을 위한 공식 학습 과정State Course of Study for Elementary Schools in the State of Missouri'을 기초로 진행되었다.

실험학교는 관리학교와 달리 두 명의 교사에 추가로 한 명의 학습부장이 있었으며 총 41명의 학생들이 있었다. 소위 프로젝트 커리큘럼이라고 불리는 커리큘럼에 따라 수업이 진행되었고, 연령대별로 세 개의 모둠으로 이루어졌다. 네 가지 학습 활동이 이루어졌으며, 이 활동은 두 개 교실에서 실시되었다. 이 교실에는 수많은 책들과 도구, 기구로 가득했다. 콜링스는 실험학교를 시작했을 때 학생들의 지식과 능력, 행동 양식 수준은 거의 비슷했으며, 4년간의 실험을 마쳤을 때 그들의 독해 능력과 작문 능력, 수학 능력은 훨씬 더 개선되었다고 적었다.

—— 학생들의 절약 정신은 더 강해지고 결석률이 줄어들었다. 치아 관리를 더 잘했으며, 건강관리에 대한 인식이 높아져 전염병에 잘 감염되지 않았다. 그들의 부모도 마찬가지였다. 그들은 신문을 더 자주 읽고, 지역 공동체 회의에도 더 자주 참석했다. 학교는 처음에는 사람들의 관심을 받지 못하는 진부한 장소였다. 하지만 이러한 프로젝트를 통해 시간이 지나면서 '사회적인 공간', '사회적인 중심지'로 바뀌었다. 학교는 지역 공동체의 삶을 개선하는 데 중요한 기여를 하게 되었다. 기존 학교 형태의 관리학교는 실험학교가 이러한 과감한 발전을 하고 있는 동안 어떠한 개선도 관찰되지 않았다. 이는 분명 커리큘럼의 부족 때문이다.

콜링스는 70개의 표, 통계, 그림, 그래프, 수업 프로토콜 등을 첨부하였으며, 박사논문은 매우 견고하고 잘 작성된 논문처럼 보였다. 하지만 그는 대중을 속이고 있었다. 그가 적고 있는 근거들은 학문적 규정을 무시하고 데이터를 바꾸고 보고서의 내용을 속이고 결과와 문서를 꾸몄기 때문이다. 이에 대해 하나하나씩 근거를 설명해보겠다.

우선 이 논문에서는 실험학교가 굿맨에 위치한다고 쓰어 있다. 하지만 이는 불가능한 일이다. 《파인빌 데모크래트》와 《파인빌 헤럴드》에 따르면 실험학교는 배스페이지의 카운티 시트 하이웨이와 굿맨 모터 루럴 메일 딜리버리에 있어야 한다.

그 외의 혼돈을 야기할 수 있는 사항에 대해서는 추가적으로 언급하지 않도록 하겠다. 맥도널드 카운티에는 오직 한 개의 실험학교가 있었고, 그 외의 학교들은 굿맨에서 20킬로미터가량 떨어져 있었다. 바로 근처의 근교에 존재하는 여러 지역의 명칭과 일치하지 않는다.

왜 콜링스가 실제와 다른 지역의 이름을 선택했는지는 알 수가 없다. 학생들 이름들을 포함한 여러 디테일한 상황들이 여과 없이 사용된 것으로 보여서, 데이터에 대한 익명을 보장하기 위한 의도는 아닐 것이라고 생각된다.

《프로젝트 커리큘럼의 실험》이라는 그의 논문에서 그는 관리학교의 학습 계획을 '전통적인 예'로 들었다. 당시 이 학교에서는 1919년 발행된《미주리주 학업 과정Missouri State Course of Study》을 사용했으나, 이에 대한 내용은 아예 언급하지 않았다.

또한 그는 주정부 수업 계획 내에서 정해진 전염병과 관련한 수업으로서 티푸스에 대한 주제를 다뤘던 것은 언급하지 않았다. 이 프로젝트를 교사들이 제한하고, 활동과 프로젝트를 통해 과제를 완성할 것을 지시했다는 사실을 언급하지 않았다. 교사의 지시를 통해서 과제를 이행하는 학생들은 주변 이웃들을 인터뷰하고 물의 청결함을 조사하고, 지역 공동체에서 위생 캠페인을 진행했으며, 학교 건물에 모기장을 만들어 설치했다.

《농촌 남녀 학생을 위한 학업 과정》을 실시할 때《미주리주 학업 과정》의 내용은 꼭 지켜줘야 하는 내용이다. 현실적으로는 관리학교와 실험학교의 학습 실행에서 차이가 있을 수 없다. 그의 박사 논문에는 관리학교의 수업이 실험학교보다 더 지루하고 전통적이었다는 근거를 찾아볼 수 없었다.

1916 및 1917학기에《학업 과정》은 당시 지역 선생님들에게 주정부 학습 계획의 보충 자료로 제공되었다. 주정부 학습 계획이 1919년에 발행된 것이라면, 1917년부터 실시했던 학교 실험의 기초가 되었다는 것은 논리적으로 맞지 않는다.

두 번째로 콜링스는 시험 결과 '프로젝트 커리큘럼'이 탁월하다

레코드판을 들으며 '이야기 프로젝트(Story Project)'에 열중하는 어린이들

오클라호마 터너 펄스 파크(Turner Falls Park)에 있는 '콜링스 캐슬(Collings Castle)'

고 결론 내렸다. 하지만 이도 논리에 맞지 않는 이야기이다. 그는 평균값, 차이값, 성장의 수치를 제시했지만, 본래의 값과 빈도, 표준값을 기초로 한 차이를 제시하지 못했다. 그는 석사학위 논문에서는 결과를 평가하기 위해 충분한 데이터를 제시했었다.

이러한 근거로 콜링스의 실험이 학술적 증거를 충분히 가지고 있는지에 대한 의문을 갖게 된다.

마지막으로, 콜링스는 처음부터 학교를 비교하는 연구를 하고자 했다고 말했다. 하지만 이는 물론 근거가 없다.

위에서 이미 언급한 여러 가지 이유로 우리는 콜링스의 박사학위 논문이 충분한 학문적인 가치를 가지고 있는지 확신할 수 없다. 무엇보다 킬패트릭과 듀이의 프로젝트와 관련해 학문적 가치가 없다고 보아야 한다. 그의 논문은 어린이들이 사회적 성장을 위해 스스로 그 특정한 방법을 찾을 수 있다는 논리에 대한 근거가 절대 될 수 없다.

위에서 살펴본 바와 같이 논문에 제시된 예들의 신빙성이 의심된다면, 이 논문은 논문으로서 가치를 유지할 수 없다고 생각해야 할 것이다.

8 지나친 욕심과 거짓 그리고 열정적인 카우보이

여기에서 소개되는 연구는 20세기 초반에 미국의 한 지역에서 학교 감독관으로서 진행했던 실험을 기초로 한 케이스 연구이다. 이 연구는 진보적인 교육이 새롭게 자리를 잡고, 바람직한 사회적 영향력을 획득했다는 매우 좋은 예를 보여준다.

콜링스도 뉴욕이나 시카고 보스턴에 있는 자신의 동료들처럼 교육을 위한 획기적인 구상을 하고 있었다. 하지만 그는 자신의 활동 지역을 지속적으로 변경하고 5년이라는 짧은 시간 동안 다양한 교육 방식을 소개하며 수업을 혁신하고자 했다. 하지만 문제는 그가 추구한 방식들이 서로 극단적으로 반대되는 성향을 가지고 있었으며 일관성이 없다는 점이었다.

그는 실제 교육계에서 활발하게 활동하고 있을 때, 초창기에는 '행동을 통한 학습', '혁신 교육'을 주장했다, 그다음 단계에는 '표준화된 테스트의 도입', 마지막 단계에서는 '자유를 통한 학습'이라며 '어린이 중심 교육'을 주장했다. 매번 상반되는 교육 방식으로 관심을 전환하면서 그는 계속 새롭게 사람을 설득하고 반대에 저항해야 했다.

그의 논문은 진보적인 교육 방식의 한 예를 보여주는 좋은 본보기가 되었으나, 교육 분야에서 성공하고 싶다는 욕심이 과도했다는 것도 보여준다. 교육 감독관에서 교수가 되고자 하는 야망이 지나처 학문적, 윤리적 원칙을 지키지 않은 것이다.

진보적인 교육 방식에 힘쓴 그의 노력이 크다고 해서 이것이 그의 정직하지 않은 박사논문에 대한 변명이 될 수는 없다. 교수가 되기 위해서 그는 박사학위를 받아야 했다. 그의 박사학위 지도교수가 킬패트릭이었다는 것은 그에겐 큰 행운이었다. 킬패트릭은 교수로서 그의 멘토이기도 했다. 그를 지켜주고 지원해주었으며 용기도 주었다. 킬패트릭은 콜링스가 자신의 마음에 드는 박사학위 주제를 선택하기를 바랐고, 다행히 콜링스는 그의 뜻을 따라 그 주제를 선택했다.

이 모든 행동은 윤리적 관점에서 볼 때 옳지 않다. 킬패트릭도 질책을 받아야 한다. 모든 사실을 알고 있음에도 이를 저지하지 않고 지속적으로 지원해준 것은 교수로서 책임감이 없는 행동이다.

물론 논문의 내용을 사실과 달리 변경하고 꾸며내면서 새로운 내용을 추가한 것은 콜링스 자신이었다.《프로젝트 커리큘럼의 실험》에 제시된 예들은 물론 당시의 교육학적 연구 기준에서 볼 때 매우 특별한 연구라고 볼 법하다.

콜링스의 논문은 당시 비슷한 영국 논문들과 비교했을 때 확연히 다르고 특별한 부분이 있다. 앨리스 크라코비처Alice M. Krackowizer(1919)와 마거릿 웰스Margaret E. Wells(1921)의 논문들은 교사가 계획하는 수업에 중점을 두었다. 콜링스가 자신의 논문에 담은 프로젝트 작업이 학생들에게는 유토피아 같아 보일 수밖에 없다. 그 이유는 학습 계획이 없고 교사의 지도가 없는, 그동안 볼 수 없던 수업의 특성을 가지고 있었기 때문이다. 당시에 출간되었던 몇몇 논문들과 비교한다면 분명 확연히 다르고 특별한 부분이 있다. 크라코비처와 웰스의 논문들은 교사가 계획하는 수업에 중점을 두었다. 그들에게 프로젝트는 학생들에게는 유토피아 같은 세상이기는 하지만, 학습 계획이 없고 교사의 지도가 없는 수업을 일반적인 수업 방식으로서 보이기에는 너무 지나친 감이 있었다.

콜링스의 프로젝트 보고서는 사실과는 거리가 멀었으나, 이와 함께 상당한 에너지와 역동성을 가지고 있었다. 존 듀이, 헬렌 파크허스트Helen Parkhurst, 윌리엄 워트William A. Wirt처럼 언어적인 설명으로만 독자들에게 확신을 주려고 한 것이 아니라 객관적인 데이터를 사용한 부분은 매우 훌륭했다.

《프로젝트 커리큘럼의 실험》을 읽은 그의 동료들은 진심으로 감동했다. 애그너스 드리마Agnes DeLima, 루시아 모스Lucia B. Morse, 에를리히 스미트E. Ehrlich Smith와 같은 학자들은 이 논문에 대해 "매우 훌륭한 논문, 살아 있는 논문, 매우 흥미로운 논문, 매우 유익한 논문"이라며 칭송했다. 프랭클린 보빗과 같이 학문적 매니지먼트를 주장했던 차터스도 "만약 내가 학교에 다닐 때, 우리 학교 수업이 이렇게 진행되었더라면 매우 즐겁게 학교를 다녔을 것이다."라고 할 정도였다.

물론 많은 칭송과 칭찬이 빈번했지만 이에 못지않게 비판도 있

었다. 교육철학에 반대했던 가이 윌슨Guy M. Wilson은 콜링스의 프로
젝트 방식은 어린이들이 문화적 기술을 획득하기에는 매우 부족한
방식이었다고 했으며, 이에 대해서는 더 이상 언급하지 않겠다고
했다. 마거릿 웰스도 마찬가지로 프로젝트 수업과 관련한 박사학위
논문을 썼는데, 콜링스가 제시한 데이터의 정확성에 대한 의심을
떨칠 수 없었다고 했다. 그녀는 매우 솔직한 방식으로 지속적인 '기
회 수업'의 개념에 대해 비판했다. 그녀는 학습 계획의 내용을 중시
하지 않는 것은 옳지 않다는 입장이었다.

《농촌 교육 저널Journal of Rural Education》의 발행인인 버지니아
채프먼Virginia B. Chapman은 콜링스의 실험을 매우 스펙터클하다고
보았지만, 지면을 통해 다음과 같은 질문을 던졌다.

—— 그가 제안하는 커리큘럼은 과연 실제 적용이 가능하고 효력
이 있을까? 과연 원인과 효과의 연관성이 있을까? 어느 곳에서도
구체적인 학습 내용이 명시되지 않았다. 표준 테스트에서 정말 높
은 점수를 보였다는 것은 믿을 수 있는 사실인가? 정말 학습 내용
은 예외 없이 오직 우연성을 기초로 선택되었는가?
과연 어떤 방식으로 연습 내용과 연습 자료들을 수집했을까? 실험
학교의 조직적 일상은 어땠을까? 대부분의 학부모들이 반대를 했
다고 전해진다. 과연 학부모들의 협력을 구하기 위해서 학교는 어
떤 노력을 했는가? 과연 이런 커리큘럼은 어느 학교에서도 문제없

이 실행이 가능한 것일까?

헤럴드 러그Harold Rugg는 그의 유명한 저서 《커리큘럼 메이킹.
과거와 현재Curriculum Making. Past and Present》(1927)에서 콜링스에 대
해 언급하기도 했고, 조지 윌리스George Willis도 《미국 커리큘럼. 다
큐멘터리 역사The American Curriculum. A Documentary History》(1993)에서
그를 언급했다. 콜링스의 실험은 실질과 이론이 함께 어우러져 구
체적인 유토피아의 모습을 보여주었다. 이는 사람들의 관심을 끌어
모으기에 충분했다.

킬패트릭은 그의 논문에 대해서 처음부터 전적으로 동의하고
전적으로 돕지는 않았다. 티푸스 프로젝트에 대한 논문이 아직 발
표되지 않은 상태에서, 킬패트릭은 《뉴욕 이브닝 포스트New York
Evening Post》에 많은 사람들을 초대해 이에 대해 아주 상세하게 설명
한 바가 있다.

콜링스가 《프로젝트 커리큘럼의 실험》을 통해 단지 오늘날 가능
했던 최고의 실험학교에 대한 이론적 설명만을 전달하고자 한 것은
아니다. 그는 실험학교를 미래의 학교에 대한 하나의 모델로서 자
신의 프로젝트 철학을 알리고자 했던 것이다.

아마도 콜링스는 킬패트릭처럼 자신의 욕구를 채워줄 수 있는
멘토를 어디에서도 찾기 어려웠을 것이다. 그는 매우 행운아였다.
또한 박사학위를 취득한 후 다른 직업으로 전향하는 데 전혀 어려

움을 겪지 않았다. 이는 매우 자연스러운 행보였다.

1922년 여름에 첫 번째 논문이 발행된 이후, 아직 박사학위가 공식적으로 수여되지 않은 상태에서 그는 노먼의 오클라호마 대학교University of Oklahoma in Norman에서 연락을 받게 된다. 그는 그 요청을 수락하고 그곳에서 자신의 경력을 쌓는다. 1923년에 그 대학에서 실험학교 총책임자가 되었고, 1926년 서른아홉 살의 나이에 교육학 학장으로 승진했다.

1958년 정년퇴직을 할 때까지 콜링스는 프로젝트, 수업 심리학, 학교 감독, 지역 공동체 교육학과 관련하여 수많은 학술지와 신문에 글을 발표했고 책을 집필했다. 이 과정에서 사실 새로운 사항은 없었다. 자신의 논문에 있었던 내용들이 반복된 것뿐이었다. 독자들은 책을 평가하는 데 매우 조심스러워했으며, 물론 책들이 재발행되지는 않았다. 30대 중반이 된 콜링스는 더 이상 교육학이 전부인 것처럼 보이지 않았다. 그 이후 그의 행보를 보면 그는 자신의 어린 시절의 추억에 빠지는 일이 더 많은 것처럼 보였다.

어린 시절 카우보이였던 콜링스는 말 농장을 구입해 성을 지었다. 그리고 말을 키우고 오래된 안장들을 수집하는 취미를 가졌다. 60헥타르에 이르는 그 거대한 오클라호마의 땅에서, 아버클 산맥Arbuckle Mountains이 보이는 이 아름다운 환경에서 어린이들과 어른들이 모험적인 휴가를 보낼 수 있는 장소를 제공했다.《목장에서의 모험Adventures on a Dude Ranch》(1940)에서 그가 예전에 언급했던 그런 자신의 모습이었다. 그 후 그는 농촌 이야기들을 쓰기 시작했고, 인디언, 카우보이의 삶에 대한 크고 작은 연구를 지속했다. 그리고 그에 대한 책을 집필했다.

1937년에 그가 쓴 책《101 목장The 101 Ranch》은 매우 큰 인기를 얻었다.《뉴욕타임스》는 "이 책에서 콜링스가 들려주는 이야기는 매우 놀랍고 매혹적이다. 오래된 미국 서부의 모험과 그 시기에 살던 사람들이 겪은 일뿐만이 아니라, 단순한 농장이 매우 큰 세계적인 농장으로 도약하는 이야기가 담겨 있다."라고 썼다. 처음부터 끝까지 매우 역동적이며 살아 숨 쉬는 이야기가 무척 감동적이다. 1964년에 그가 쓴 보고서《인디언 영토에 자리한 윌 로저스의 영역The Will Rogers Range in the Indian Territory》은 수 차례에 걸쳐 발행되었으며 오늘날 서점에서도 판매되고 있다.

프로젝트라는 정의는 독일어권에서 여러 방식으로 정의되었다.
가장 중요한 질문은 물론 '프로젝트의 목표는 무엇인가?'이다.
카를 프라이는 프로젝트 목표를 '개인의 교육',
수앵 드 부트마르는 '사회적 관계의 변화'라고 했다.
헨젤은 이 두 가지 모두를 연관시켜 하나의 목표로 보았으며,
프로젝트를 통해 이루고자 하는 마지막 목표는
'인간과 세상의 상승적 개발'임을 내세웠다.

Part 5
• • •
원칙 대 방식

독일에서는 1920년 중반부터 프로젝트에 대한 관심이 점점 커지기 시작했고, 이에 대한 활발한 토론이 이루어지기 시작했다. 프로젝트와 관련해 독일 학계는 크게 두 갈래로 나뉘었다. 미국적 사고를 기초로 한 진보 교육학자들인 헤리 오버스트리트Harry Overstreet와 베아트리스 엔서Beatrice Ensor는 전형적인 프로젝트에 대한 생각을 가지고 있던 반면, 앨버트 핀케위치Albert Pinkewitch와 프로토포프A. Protopopow 같은 진보 교육학자들은 미국 진보 교육이 러시아를 거쳐 변형된 형태를 지지했다.

구소련에서 프로젝트와 관련된 토론이 국가적 차원에서 이루어졌다면, 독일의 경우에는 비교적 소규모 토론에 그쳤다. 그럼에도 이 프로젝트는 당시 매우 도발적인 주제였으며 교육계에 상당한 혼란을 일으키기도 했다. 당시 독일에는 찰스 맥머리Charles A. McMurry

의 프로젝트가 어느 정도 알려진 상황이었고, 이러한 분위기 속에서 존 듀이John Dewey와 윌리엄 허드 킬패트릭William Heard Kilpatrick의 프로젝트는 대중의 관심을 쉽게 얻을 수 있었다. 독일 전문가들의 프로젝트의 대한 관심은 매우 컸다.

물론 역설적인 면도 존재했다. 듀이는 자신의 제자인 킬패트릭의 이론에 동의하지 않고 비난한 부분이 많으나, 킬패트릭에게 듀이는 유일한 멘토였다. 엘스워스 콜링스Ellsworth Collings가 자신의 지도교수인 킬패트릭의 교육철학을 따라 실험학교 연구를 진행할 때도 모든 사람들은 킬패트릭을 듀이의 천재적인 제자라고 칭송했다.

독일에서는 처음부터 듀이와 킬패트릭, 콜링스에 대한 해석이 실제와 조금 다르게 알려졌다. 그러다가 1936년 페터 페테르젠Peter Petersen의 글이 발표된 후에 점차 조금씩 다른 해석들이 나오기 시작했다.

바이마르공화국에서는 프로젝트가 어느 정도 관심을 받기는 했으나, 큰 주목을 끌지는 못했다. 베르톨트 오토Berthold Otto의 종합교육과 게오르크 케르셴슈타이너Georg Kerschensteiner의 직업학교, 후고 가우디히Hugo Gaudig의 자유정신활동 사상이 주목받으며 상당히 치열한 경쟁을 벌이고 있던 상황이었기 때문이다. 단지 얼마 되지 않아 프리츠 카르젠Fritz Karsen, 오토 하제Otto Haase, 아돌프 라이히바인Adolf Reichwein 같은 몇 명의 혁신 교육학자들만이 점차 프로젝트 개념에 관심을 가졌다.

베를린 노이퀼른Berlin-Neukölln의 카를 마르크스 슐레Karl-Marx-Schule 학교장이었던 카르젠은 사회의 문화적 수준을 향상시키기 위한 방법으로서 프로젝트가 최고의 방식이라고 했다. 티펜제Tiefensee 출신인 라이히바인도 독립적인 교육 공동체를 실현하기 위한 핵심적인 방법을 프로젝트라고 보았다.

프랑크푸르트 안 데어 오더Frankfurt an der Oder의 교육 아카데미 학장인 하제는 프로젝트를 종합 수업과 훈련으로 보았고, 초등학교 수업에 적용이 가능한 형식으로 보았다. 이 세 명의 교육학자들은 미국에서 이루어지고 있는 프로젝트와 관련된 토론회에 대해 잘 알고 있었지만, 당시 독일 교육학계는 '자연스러운 소통', '전문적인 작업', '완성된 작업'에 집중하고 있었기 때문에 프로젝트에 그다지 큰 관심을 두지 못했다.

독일에 나치 정권이 들어오면서 하제는 학교에서 해고당했으며 카르젠은 추방당했다. 그리고 라이히바인은 사형당했다. 이로써 나치 정권으로 인해 당시에 가장 주목받던 독일의 교육학자들은 모두 사라지고 말았다.

그 후 독일 교육학자들은 혁신 교육에 대한 유산을 바이마르 시기의 전통에서 찾게 되고, 그리고 이 시기에 프로젝트도 새로운 르네상스를 맞이하게 된다. 게오르크 가이슬러Georg Geißler의 경우는 《교육학 운동에서의 수업 방식의 문제점Das Problem der Unterrichtsmethode in der pädagogischen Bewegung》(1952)이라는 책을 통해 그동안 듀이, 킬패트릭, 콜링스에 대한 페테르젠의 생각에 도전했다.

그는 넬슨 보싱Nelson L. Bossing의《중등학교에서의 진보적 교수법》을 독일어로 번역하고 찰스 리처즈Charles R. Richards, 데이비드 스네든David S. Snedden, 루퍼스 스팀슨Rufus W. Stimson의 콘셉트를 독일에 알리고자 했다. 그리고 그는 킬패트릭 프로젝트의 정의는 매우 비이성적이며 킬패트릭의 생각은 듀이의 생각과는 매우 다르다고 언급했다. 그리고 킬패트릭의 생각은 미국의 일반적인 교육학자들 대부분에게 인정받지 못했다고 설명하고 있다. 추가적으로 보싱의 연구는 여러 곳에서 인용되었다. 보싱과 리처즈의 생각과 의견은 서독의 프로젝트 역사에서 매우 중요한 역할을 했다고 볼 수 있다.

가이슬러는 과연 독일의 교육학자들 사이에 퍼져 있던 일반적인 프로젝트 역사에 대한 인식을 변화시키는 데 성공할 수 있었을까? 물론 에른스트 마이어Ernst Meyer, 카를 하인츠 슈바거Karl-Heinz Schwager, 테오도어 슈베르트Theodor Schwerdt, 볼프강 샤이베Wolfgang Scheibe와 같은 교육학자들과 교과서 저자들은 프로젝트의 유래와 관련된 내용을 다룰 경우 대부분 듀이와 킬패트릭을 인용했다.

60년대, 70년대의 혁신 교육학자들은 새로운 학습 영역 또는 작업 실습이나 사회적 실습에 프로젝트를 적용했고 고등학교와 종합 학교에도 이를 적용했다. 대부분의 교육자들은 페테르젠이 만든 프로젝트 모델에 절대적으로 의존했다. 그리고 시간이 지나면서 오래된 독일과 미국의 전형적인 콘셉트는 과감하게 버렸다.

안타깝게도 그들은 철저한 검토나 연구도 하지 않은 채 보싱의 프로젝트 정의를 무조건 기술관료주의적이라며 비판했고, 듀이의 교육철학과 콜링스의 학교 실험을 훌륭하고 유익한 것이라고 생각했다. 그 이유는 두 사람이 실제 삶과 연결된 실질적인 수업에 대한 학자로서의 생각, 사회적 학습, 민주주의적 전환을 역사적으로 증명하고자 했고, 이에 대한 이론적인 기반을 마련하고자 했다고 보았기 때문이다. 독일 학자들은 프로젝트를 전형적인 수업과 대체할 수 있는 방식으로 보았지만, 전통적인 학과목 수업을 대체할 수 있는 방식으로 생각하지는 않았다.

위르겐 크레프트Jürgen Kreft는 이런 말로 프로젝트 수업을 설명했다.

"프로젝트 수업은 자유를 억압하고 실제 세계와 단절되어 있는, 강요에 의한 수업과 완전히 다르다. 학생 스스로 결정할 수 있는 권리가 있으며 내재적 동기를 기반으로 학습할 수 있도록 돕는다."

위르겐 침머Jürgen Zimmer는 1972년에 자신이 동료들과 함께 킬패트릭의 구상을 따라 그동안 존재했던 학습 계획, 학년 제도, 학과목 분배, 성적표 시스템을 모두 없애고 학교 전체를 프로젝트로 구성하는 계획을 세운 바 있다. 물론 그 계획의 실행은 상당한 난관에 부딪혔다.

만약 학교 수업이 오직 학생 중심으로 이루어지고 그동안 존재했던 학교라는 시스템 자체를 부정하는 것이라면 어떻게 학교가 유지될 것인가? 과연 학생들의 발전과 성장을 약속할 수 있을까? 만약 어린이들이 오직 자신들의 즉흥적인 흥미와 관심사를 기초로 학습 주제를 선택한다면 과연 그들은 체계적인 학습을 습득하고 자신들의 기술과 재능을 충분히 연마할 수 있을까?

혁신가들은 이에 대해서 여러 가지 콘셉트를 제시했다. 이 중 대표적인 콘셉트로는 베르나르 수앵 드 부트마르Bernhard Suin de Boutemard의 행동주의적 콘셉트, 카를 프라이Karl Frey의 개인주의적 콘셉트, 다크마어 헨젤Dagmar Hänsel의 실용주의적 콘셉트가 있다. 이에 대해 간단하게 설명해보도록 하겠다.

I 베르나르 수앵 드 부트마르 : 평등에 대한 열정

수앵 드 부트마르는 올덴부르크Oldenburg 교육대학 조교로 일하면서 박사학위 과정을 밟고 있었다. 당시 그는 프로젝트와 관련된 대부분의 연구 서적을 검토한 유일한 독일어권의 교육학자였다.

그는《학교, 프로젝트, 사회적 수행 방식Schule, Projektunterricht und soziale Handlungsperformanz》이라는 책을 통해 프로젝트 수업의 역사와 개요, 프로젝트를 실질적으로 적용하는 데 필요한 좋은 정보들을 소개했다. 그리고 이 책에서 듀이의 실용적 경험철학과 허버트 블

루머Herbert Blumer의 상징적 상호작용주의를 기초로 프로젝트 수업의 일반적 이론을 개발하고자 했다. 이 책에는 알프레트 쉬츠Alfred Schütz, 페터 베르거Peter Berger, 토마스 루크만Thomas Luckmann, 존 듀이의 프로젝트 개념에 대한 집중적인 연구가 담겨 있다.

프로젝트 수업에 대한 그의 입장은 기본적인 전통적인 학교에 대한 비판으로 시작된다. 어빙 고프먼Erving Goffman, 이반 일리히Ivan Illich처럼 그는 학교가 강요적인 기관이며, 인간화와 민주주의화가 필요한 장소라고 보았다. 부트마르는 이렇게 썼다.

—— 만리장성과 같은 학교의 높은 담은 무너져야 하고, 교육 시스템과 사회의 구조적 거리감은 극복되어야 한다. 수업과 삶의 절단, 학교의 사회적 고립은 속히 해결되어야 할 문제이다.

사회역사적 관점에서 볼 때 학교의 위기는 '행동과 해석의 차이', '삶과 사고의 차이', '작업에 대한 계획과 실행의 차이'에서 온 것이었고 이는 산업화로 인한 전문화와 차별화의 결과이기도 하다. 행위와 지식의 동일성을 회복하기 위해서 학교의 수업은 기초적인 단계에서부터 사회성을 기반으로 한 개인의 행동 수행 능력을 교육할 수 있어야 한다.

학교는 단순히 정해진 학습 목표를 따르고, 교사가 알고 있는 지식을 학생들에게 전달하는 차원에서 끝나는 교육기관이어서는 안 된다. 학교는 일상적인 사회적 삶을 연구하는 곳이어야 하며, 학생들

페터 페테르젠, 1884~1952

다크마어 헨젤, 1943~

베르나르 수앵 드 부트마르, 1930~2007

카를 프라이, 1942~2005

이 비판적인 태도로 수업에 참여할 수 있는 장소가 되어야 한다.

수앵 드 부트마르에 따르면 학생들은 학교라는 장소에서 자신들이 겪은 경험을 연구할 수 있고 실질적인 사회현상을 인식할 수 있으며 이를 통해 재능을 배우고 익힐 수 있어야 한다. 학교는 공동의 의도를 실제적으로 탐구하는 곳이어야 한다. 그리고 경험의 확장과 재구성이 가능할 수 있는 장소여야 한다. 그의 주장은 일반적인 학교 교육학자들처럼 오직 사회적 행동 능력 개발만을 강조하는 것이 아니다. 그가 주장하는 것은 사회적 행동 교육과 본래 존재했던 학교의 의미와 목적을 충족시킬 수 있는 사회적 시스템을 만들자는 것이었다.

그가 말하는 혁신적 학교 시스템은 '평등에 대한 열정'으로 시작한다. 먼저 어린이들에게는 사회적 규정을 이해하고 파악할 수 있는 능력을 키워주고 행동의 전략을 가르치며 연습하도록 한다. 이로써 모든 방식을 통해 사회에 존재하는 소외, 강요, 약탈의 행위를 인식할 수 있도록 돕고 이와 같은 사회의 문제에 대응하며 문제를 제거하고 해결할 수 있는 능력을 키워준다. 그리고 학교는 학생들에게 일상적인 사회적 삶과 관련된 충분한 교육을 제공할 수 있어야 한다. 학교가 '학생들의 평등', '사회의 변화'라는 새로운 과제를 갖게 되면 새로운 수업 교수법과 방식이 필요할 수밖에 없다.

수앵 드 부트마르는 20세기 초에 미국에서 존 듀이와 킬패트릭에 의해 설계되었다는 프로젝트를 독일 학교와 비교하며, 독일에서의 학교 분위기는 매우 억압적이었으며 극단적인 민주주의와 자율적-사회주의적 사고가 강했다고 보았다. 그는 프로젝트를 이렇게 해석했다.

"산업혁명 이후에 만들어진 미국의 정치적 환경이 그 배경이 되었고, 당시 이민자들과 국민들은 성직자의 이야기에 귀를 기울이는 분위기였다. 그들이 말했던 문화적, 사회적, 정치적, 경제적 상황을 국민 스스로, 또는 함께 협력해서 만들어나가자는 메시지가 프로젝트에 담긴 것이다."

미국은 그 나름대로의 매우 특별한 사회적 배경을 가지고 있었다. 상호부조가 바탕에 깔린 사회였고, 개방적인 민주주의공화국 사회였기 때문에 대중들이 듀이의 생각에 관심을 가질 수 있었다. 듀이도 그런 분위기에서 학생들의 생각에 귀 기울일 수 있었으며, 학생들이 그들의 의무와 행동 관계를 스스로 결정할 수 있는 실용적인 교육철학과 학교 이론을 개발할 수 있었던 것이다.

듀이의 설명에 따르면 프로젝트는 학생들의 실질적인 경험을 바탕으로 하지만, 추가적으로 민주주의적 국민의례 권리와 사회적 인간으로서의 권리를 실현하는 기능 또한 수행한다. 수앵 드 부트마르는 이 부분을 이렇게 강조했다.

"폭력과 강요가 없는 사회로 변화해나가는 사회 분위기에 어울리는 교수법이며 방식이다. 이러한 이유로 프로젝트가 상당한 관심을 끌고 있다. 이 내용만으로도 굉장한 매력이 있기 때문이다."

카를 프라이와 에르베르 귀종Herbert Gudjons이 프로젝트 과정의 체계를 통해 프로젝트의 특성을 찾았다면, 수앵 드 부트마르는 당시 일반적이었던 수업과 비교하여 프로젝트의 특성을 설명했다. 그는 수업을 정보 수업, 문제해결 수업, 프로젝트 수업으로 분류했다.

정보 수업의 경우에는 상호적인 외적 지식이 학생들에게 전달되는 것이다. 문제해결 수업은 외적 지식이 자신의 지식과 연결되고 이를 통해 자신의 주제를 다루게 된다. 그리고 질문과 과제를 해결하는 점이 정보 수업과 달랐다. 또한 문제해결 수업은 상징적인 상호적 관계의 과정에서 상호 전달만 되는 것이 아니라, 새롭게 구조화되고 새롭게 해석될 수는 있다. 수앵 드 부트마르는 프로젝트 수업과 관련하여 다음과 같이 설명했다.

—— 프로젝트 수업은 정보 수업, 문제해결 수업을 모두 포함한다. 또한 지식의 전달과 재구조화를 넘어서 지식의 성립과 문제의 성립은 해석적인 상호작용 과정을 포함한다. 상호작용과 사고하는 과정 안에서 이루어지는 해석적 과정을 통해 만들어진 지식은 프로젝트 수업에서는 단순히 사고를 통한 지식의 전달만이 아닌, 개인적인 행동 안에도 존재한다. (…) 실질과 관련된 사회적 연관성은 단지 분석적인 객관화만을 말하는 것이 아니다. 이는 직접 겪고 경험한 것이다. 정보 수업과 문제해결방식 수업이 제3자의 경험에 의

한 내용이 전달되는 것이라면 프로젝트 수업은 학생들이 직접 참여해 스스로 겪고 스스로 해석하고 스스로 실행하는 것이다.

수앵 드 부트마르는 여러 가지 학습 방식에 순위를 매겼고, 프로젝트 방식을 가장 훌륭한 방식으로 선택했다. 그에게는 프로젝트 수업은 수업의 종류 중 가장 높은 수준의 수업 형태였다.

탐험은 다음과 같이 이루어진다. 학생들은 학교 내에서 또는 외부 환경에서 경험을 쌓으면서 학습 재료를 수집하는 활동을 한다. 이때 외부에서 수집된 내용을 학생들은 다시 학교로 가지고 들어오고, 이를 토대로 상호적인 활동을 통해 해석하는 단계를 거친다.

강의는 탐구와 다른 기능을 가진다. 학과목에 따른 학습 내용이 강의에서 이루어지고, 문제를 해결하는 대화가 이루어진다. 마지막으로 배운 내용을 개념화하고 분류하고 저장하고 그동안의 경험과 인식을 복습한다.

수앵 드 부트마르는 "강의를 프로젝트 수업의 기본적 형태로 본다면 탐구도 강의와 동일하게 중요한 기본적 형태이다. 두 가지는 서로 보충적 성격을 가지고 있다. 프로젝트 그룹 내에서, 또는 학교 외부 사람과 복합적이고 상징적인 상호작용을 할 수 있으며, 이때 강의와 탐구의 독립성이 제한받을 수 있는 가능성이 있다. 하지만 서로 분리되지 않는 동시에 복합되어 있다면 탐구와 강의는 수업을 구성하는 프로젝트의 중요한 기초라고 할 수 있다."라고 했다.

그의 책을 주의해서 살펴보면, 탐구와 강의 이외에도 한 가지 기본적인 수업 형식이 추가되어 있다. 바로 '행동'이다. 그는 학습과 정치적 행동 사이의 단절에 대해서 언급한 적이 있고, 이 단절감의 거리는 프로젝트를 통해서 극복할 수 있으며, 사회적 분위기를 바꾸는 데에도 큰 도움이 될 수 있다고 했다. 프로젝트 수업은 현재의 수업 방식에 존재하는 문제를 해결하기 위한 방식으로만 볼 것이 아니라 학교에서 학생들이 실제로 참여하는 '행동과 탐구'로서 적용되어야 한다. 그렇게 되면 '행동'이라는 요소는 당연히 프로젝트 수업에서 중요한 요소가 된다.

그가 말하는 교육의 의미는 우리가 살아가는 세상에 대해 설명할 수 있고 학생들이 그에 대해 이해하는 것이 아니라 세상을 바꾸고 개선하는 것을 말했다. 그는 프로젝트 학습에 관련된 한 모델을 제시했는데, 이것은 우드워드, 리처즈 그리고 듀이를 참고한 것이다. 그리고 그는 콜링스의 '티푸스 프로젝트'를 완벽한 프로젝트의 예로 보았다.

그에게 교육은, 어린이들이 자라서 어른이 되었을 때 학교 시절에 배운 경험과 인식을 실제 상황에 그대로 적용할 수 있는 것이어야 했다. 또한 그는 콜링스의 '티푸스 프로젝트'에서 학생들이 학교에서 배운 경험과 인식을 어른이 될 때까지 기다리지 않고 바로 현재 그 상황에서 사용할 수 있었던 점을 매우 훌륭하게 생각했다.

그는 '행동적 모델'을 업그레이드했고 모험 교육학, 놀이터 교육학을 이용하여 감각 운동적 프로젝트, 기능 프로젝트, 목표 지향 프로젝트, 역할 프로젝트, 그룹 프로젝트와 같은 다섯 가지의 프로젝트 유형을 만들었다.

이와 동시에 다양한 학문적 시각을 통해 자신만의 독특한 '프로젝트 수업 방식'을 개발했다. 그의 프로젝트 수업 방식은 일곱 개의 요소와 단계로 이루어져 있다. '공론화하기', '문제화하기'로부터 시작하여 '규정하기', '결정하기', '계획하기'를 거쳐 '깊이 생각하기' 그리고 '직접 행하기'로 구성되어 있다.

그가 개발한 내용 중에는 미국의 교육학자들이 전혀 생각하지 못한 새로운 한 가지가 있었다. 그는 이를 경첩회의Scharniersitzung(경첩 : 창문이나 출입문 또는 가구의 문짝과 옆널에 달아 문짝을 열고 닫는 데 쓰는 철물 — 역주)라고 부르고, 이 회의에서는 정기적으로 또는 필요한 상황에서 다양하고 중요한 과제들을 다루었다.

이 회의에서는 조직적인 문제들과 내용적인 문제들을 다루고, 다른 한편으로는 수업과 관련이 없는 사건들에 대해서도 토론을 했다. 그룹 내의 문제나 인간관계에 대해서도 이야기를 나눴다. 부트마르의 저서 《프로젝트 수업 — 어떻게 해야 하는가?Projektunterricht- wie macht man das?》중 〈프로젝트 수업의 구성과 조직〉이라는 제목의 장에서 그는 프로젝트 수업에서 학생과 교사는 동일한 정도의 수준으로 참여해야 한다고 언급한 바 있다. 그는 책에서 자신의 이론을 다음과 같이 설명했다.

―― 학생들의 참여를 장려하는 주제를 선택하는 데 몇 가지 제한 사항이 있다. 주제는 사회적인 주제를 선택하도록 한다. 정규 과정 또는 다른 규범적 기준을 기초로 선택한 주제는 객관화된 학습 개념, 교습 개념으로 다루어야 한다.

부트마르는 듀이와 같이 학생과 교사의 과제를 정확하게 정의하기 위한 방법을 찾았다. 그 방법이란 주제를 결정하는 데에 지정된 특정한 학습 범위에 속하는 '의도적 범위' 안에서 주제를 선택하고, 학생과 선생님은 이에 대해 토론을 진행하는 것이었다. 토론을 통해 프로젝트 주제를 구체화시키고 서로 동의한 프로젝트에 대해 교사는 학생과 '약속'을 한다. 그리고 이 약속 내용을 기준으로 프로젝트 '계약'을 확정하면 되었다.

교사와 학생이 동의한 연관 범위 안에서 학생들은 스스로 프로젝트를 설계했다. 물론 프로젝트는 커리큘럼의 조건에 적절해야 한다. 학생들이 누리는 자유에 대해서는 수앵 드 부트마르의 모델에서도 리처즈, 듀이의 관점과 유사한 방법으로 정의되었다. 학생들은 이성적인 독립된 인간으로서 소중한 존재이며, 모든 학생은 프로젝트의 내용과 방식과 관련해 스스로의 생각을 기초로 결정할 수 있었다.

결정과 관련해서는 학생들의 의지가 가장 중요하다고 수앵 드 부트마르는 주장했다. 만약 학생들이 원하지 않는다면 어떤 결정도

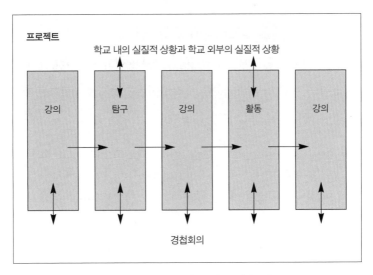

베르나르 수앵 드 부트마르 : 행동주의적 모델

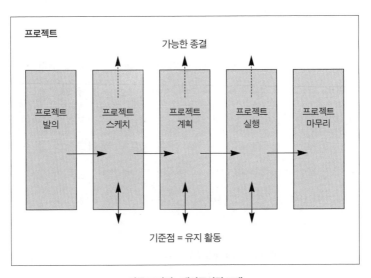

카를 프라이 : 개인주의적 모델

유효하지 않았다. 행동주의 모델의 경우에는 교사의 역할이 약간 달랐다. 학생들이 프로젝트에서는 설문지를 돌리기도 하고, 지역 주민들을 인터뷰해야 하는 경우가 있었다. 이러한 활동을 실시하는 과정에서 마찰이 생길 수도 있으나 교사는 전적으로 학생들을 보호하는 역할을 맡아야 했다.

교사는 프로젝트 진행 시 문제가 발생할 수 있는 상황을 미리 예상해야 하고, 사전에 이와 관련해 학생들과 충분히 이야기를 나누어야 했다. 만약 학생들이 위험 행동이나 비생산적인 행동을 할 경우, 사회적인 저항을 받게 될 것이라는 것을 미리 인식하고 있어야 했다. 아이들이 어려움을 겪을 때 그들을 혼내거나 업신여겨서는 안 되며, 이를 계기로 학생들이 사회적 역량과 행동과 관련된 안전에 대해 학습하는 좋은 기회로 삼을 수 있도록 도와야 했다.

전통적인 학교 교육에서처럼 교사는 학생들의 대변인이었다. 하지만 부트마르의 프로젝트 방식에서는 미국의 프로젝트 모델에서 한발 더 나아가 교사가 학생들의 코치이며 동맹자가 되었다. 교사는 학생들이 어려운 프로젝트를 실현할 때 그리고 인간적이며 민주적인 사회를 만들고자 노력할 때 도움을 주는 존재여야 했다.

수앵 드 부트마르는 독일 프로젝트 교육 역사에서 가장 중요한 학자라고 보아도 과언이 아니다. 그가 주장한 프로젝트를 위한 '상징적인 상호소통'은 독일 프로젝트에서 매우 중요한 이론이었으며, 이를 기초로 새로운 추가적인 프로젝트에 대한 구상들이 진행될 수 있었다. 그리고 프로젝트에 대해 활발한 토론이 가능한 환경이 마련될 수 있었다. 그는 일반적으로 비판을 받는 교수법들에 대해서도 큰 수용력을 보였고, 이를 자신의 이론과 연결시켜 더욱 강화해 나갔다. 그의 이러한 태도는 독일 교육학의 중요한 기초를 세우는 데 크게 기여했다.

2 카를 프라이와 개인 교육 : 교육으로 나가는 유일한 길은 교육이 성립되는 과정이다

———

프로젝트와 관련하여 70년대 말에 독일 전역에서 가장 집중적으로 대두되었던 토론 주제는 카를 프라이와 '개인의 교육Bildung des Individuums'이라는 주제이다. 당시 이 주제로 상당히 많은 기사와 논문들이 발행되었고, 프로젝트 과목, 프로젝트 단계와 관련된 수많은 발행물들이 독일 곳곳에 넘쳐났다. 1982년에 카를 프라이가 저술한《프로젝트 방식Die Projektmethode》은 독일 교육계에 매우 큰 파장을 일으켰다.

이 책은 본 주제와 관련하여 오늘날까지도 최고의 표준서로 여겨지고 있다. 그 이유는 매우 간단하다. 우선 이 책은 모든 사람들이 쉽게 이해할 수 있는 용어로 써졌다. 그의 논리와 설명은 매우 간단하며, 역사적인 개요와 실질적인 예시가 풍부하게 담겨 있다. 단순히 교육학적 이론의 도움을 받은 것뿐만 아니라 다양한 연관된 학문의 도움을 빌렸다. 학습심리학, 소통 이론, 상호작용 평가 연구에 관해서도 담겨 있다.

독일 북부에 위치하고 있는 킬Kiel이라는 작은 도시에서 자연과학교육 연구소Instituts für die Pädagogik der Naturwissenschaften의 소장으로 근무했던 프라이는 많은 성공적인 책들을 저술했다. 예를 들자면, 클라우스 미에Klaus Mie와 공동으로 쓴《프로젝트 물리학Physik in Projekten》, 볼프강 뮌칭어Wolfgang Münzinger와 함께 쓴《프로젝트 화학Chemie in Projekten》, 우르스 위데스Urs Jüdes와 함께 쓴《프로젝트 생물Biologie in Projekten》이 있다. 그의 책은 1982년에 발행되었는데, 70년대 이후에 자주 사용되었던 표현인 '프로젝트 수업'이라는 용어 대신에 '프로젝트 방식'이라는 표현을 주로 사용했다. 이는 그가 킬패트릭의 후계자인 것을 간접적으로 보여주고 있다. 그는 프로젝트를 단지 학교와 대학에 제한된 것이 아니라, 직업 재교육 또는 성인 교육 모두에 적용될 수 있는 것으로 보았다. 교육이 존재하는 어느 곳에서도 사용될 수 있는 방식이라고 생각한 것이다.

물론 그가 말하는 프로젝트 개념은 교육에서의 중심적 개념이다. 그는 프로젝트 개념을 단순히 정신과학 교수법의 의미에서 보지 않았다. 정신과학 교수법의 의미에서는 학습계획위원회와 시험위원회가 있어, 학생들이 배워야 할 내용을 결정한다. 그는 권위적인 결정에 의한 학습 내용과 방식들이 절대 학생들의 성장과 교육의 질을 보장할 수 없다고 강조했다.

그는 자신이 직접 개발한 일반적인 커리큘럼 이론을 제시했다. 이 커리큘럼은 사실 다른 커리큘럼과 크게 다르지는 않다. 그는 "커리큘럼 이론은 특정한 객체나 교육적 행위에 대한 특정한 목표로 그 영역을 제한하지 않는다. 이전에 배운 것에 대한 해석을 추구하는 것이 아니라, 학습 후에 새로운 사고를 얻도록 해주는 것이다. 지식으로서나 학습으로서 가치가 있다고 정해진 것은 없다."고 했다.

프라이는 교육으로 향해 나아가는 유일한 길은 교육이 성립되는 과정이라고 보았다. 교육 자체를 목표로 본다면 교육을 받기 위해서, 교육을 이루기 위해서 나아가는 과정과 방식이 교육의 핵심이라는 이야기이다. 이를 위해서 그는 의도하고 있는 '학습 상황' 속에 존재하는 '품질'이 그 공식이라고 전했다. 즉 교육을 받고자 하는 사람이 스스로 '교육으로 나아가는 과정'에 존재하고 그 안에서 자신의 목표를 성립하고 만들어간다면, 이것을 진정한 교육이라고 볼 수 있다는 것이다.

프라이는 프로젝트 수업을 위한 하나의 이상적인 커리큘럼 프로세스 방식을 제시했다. 먼저 프로젝트에 관심이 있는 학생들을 한 그룹으로 모은다. 모인 학생들은 저마다 관심 있는 내용들을 제시하고, 제시된 내용을 기초로 행동 계획을 개발한다. 이 커리큘럼을 성공적으로 진행하기 위해서는 '구성 요소'에 대해 주의해야 할 몇 가지 사항이 있다. 가장 먼저 학생들은 일상적인 삶 속에서 새로운 행동을 할 수 있는 자극을 받아야 한다. 그리고 이때의 '행함'은 '교육적 행동'이어야 한다. 프로젝트 그룹을 위한 규정은 학생들이 대화를 통해 만들어나간다. 이 규정은 협동, 자율, 책임, 인권 등의 내용을 포함하고, 이를 기초로 평화롭고 생산적인 공동체를 만들 수 있다. 상호작용은 사전에 대화를 통해 만든 범위 내에서 가능하다. 참가자들은 특별한 목표와 내용, 방식, 구체적인 규칙과 분야에 대해 동의하고, 이를 통해 자신들이 결정한 프로젝트를 계획하고 실행한다. '상황적 휴식'을 두어 참가자들이 프로젝트 작업을 진행하는 과정 사이사이 정기적인 휴식을 취하고, 그동안의 과정과 그동안에 발생된 문제에 대해서 고민하는 시간을 갖기도 한다.

프로젝트 내에서 상호작용을 위한 방식으로 토론의 방식 이외에도 인간의 생각을 표현하는 여러 방식들이 존재한다. 프라이는 이 같은 커리큘럼 프로세스 방식을 '메타 상호작용'이라고 불렀다 (메타 상호작용이란 프로젝트 내에서 이루어지는 소통의 과정이며, 메타 상호 과정 속에서는 프로젝트와 관련된 일상적인 소통이 이루어진다. 프로젝트 내에서 이루어지는 활동은 메타 상호작용을 통해 교육적 차원의 활동으로 형성되며, 이는 프로젝트에서 매우 중요한 요소가 된다 ― 역주). 이에는 명상, 감정을 표현하는 방법, 신체적 행동 등이 있다. 프라이는 이러한 방식을 허용했다. 그는 좀 더 높은 수준에서 필요한 특별한 상호작용의 방식은 '메타-메타-상호작용'이라고 했다. 이는 위에서 말한 방법으로 해결이 되지 않을 경우에 사용했다. 학습 상황의 발전을 위해서는 즉흥성과 의지도 필요하지만 때로는 더 이상의 것들이 필요하다고 프라이는 보았다.

이때 중요한 점은 결정 프로세스를 투명하게 해야 한다는 것이다. 그리고 학습 내용 방식을 개방하는 것이다. 프라이는 이를 통해 참여자들이 자신들의 관심과 사고방식이 강요되지 않는 환경에서 프로젝트를 진행할 수 있고, 학급에서 목소리가 큰 사람에게 결정권을 주는 리스크를 대비할 수 있다고 했다. 이러한 과정은 프로젝트를 계획하는 과정에서 모든 학생들이 수용할 수 있는 범위 내에서 진행될 수 있도록 해야 했다. 계획은 공동의 심사숙고를 통해 가능하며, 절대 게으르거나 엉성한 타협은 허용되지 않았다.

프라이는 교육이란 다양한 사람들에게 같은 관심과 흥미를 갖게 하는 것이 아니며, 서로 대화하고 의견을 나누면서 상대를 이해하는 과정과 타협 속에서 가능한 것이라고 생각했다. 이러한 집중적인 타협 과정을 경험하면서 제시된 활동이 처음에는 자신의 관심사가 아니었더라도 원하는 활동이 될 수도 있기 때문이다.

프라이는 이와 같은 내용을 통해 커리큘럼의 정당성과 프로젝트의 교육적 가치를 증명할 수 있었다. 1971년에 발표된《커리큘럼의 이론Theorien des Curriculums》과 1990년에 발표된《교육학Pädagogik》에서 그는 이에 대한 결정적인 근거를 제시하기도 했다.

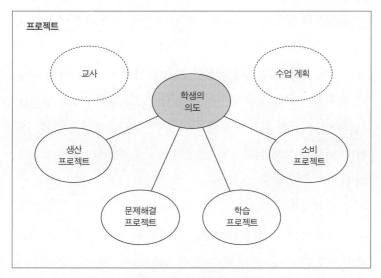

윌리엄 킬패트릭 : 보편적 모델

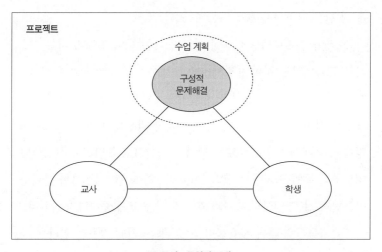

존 듀이 : 통합적 모델

프로젝트 방식은 교육으로 나아가는 과정 그리고 길이다. 프로젝트 방식은 교육학적 효과를 보여주는 학습적 행동 양식이다. 이때 중요한 것은 학습자가 행동의 범위를 사전에 계획했다는 것이다. 계획된 활동에 대한 내용을 이해하고, 이를 토대로 활동 범위를 개발하고, 이러한 과정을 통해 의미 있는 결론이 만들어진다는 것이다. 이로써 마지막에는 자랑스럽게 보여줄 수 있는 멋진 생산품이 탄생하기도 한다.

프로젝트가 항상 노골적으로 드러나는 어떤 구체적 문제를 다루는 것은 아니다. 모든 아이디어, 모든 주제, 모든 현상, 모든 사건들이 프로젝트의 주제가 될 수 있다. 예를 들면 '로코코 양식의 건물과 학교 건물 양식의 비교', '풍력기', '괴테의 시', '외톨이의 기분'과 같은 다양한 주제를 다룰 수 있다.

프라이의 프로젝트에 대한 사고가 다른 수업 방식과 다른 점은 바로 교육이라는 것이 프로세스를 통해서 어떤 방식으로 완성되는지 보여주고 있다는 점이다. 학습자는 프로젝트에서 제시된 학습계획과 학업 과정을 행하는 것이 아니라 학생들이 함께 스스로 확정한 규정과 규칙을 토대로 타협하고 계획하고 개발하고 실현한다. 대부분의 독일 학자들과 달리 프라이는 환경 관련성, 사회 관련성, 다문화적 접근, 생산성 접근과 같은 특성을 크게 중시하지 않았다.

"학생들이 도구를 사용한다는 것, 책을 읽고 작문을 한다는 것, 특정한 재료를 다룰 줄 안다는 것. 이 모든 것은 교육학적으로 볼 때 매우 표면적이다. 예를 들어 연극 작품, 영화, 기계의 완성과 같은 어떠한 결과가 가능한지가 중요한 것이 아니다. 진정 중요한 것은 이러한 결과물이 나오는 과정 속에서 얼마나 교육학적 효과가 있는 방식이 적용되었는가이다."라고 프라이는 강조했다.

그는 프로젝트 과정을 프로젝트 발의(프로젝트에 대한 제안을 받는 과정), 프로젝트 스케치(프로젝트 내용에 대한 염려나 걱정이 있을 경우 이에 대한 토론과 의견 교환), 프로젝트 계획(정해진 주제에 대한 준비), 프로젝트 실행(정해진 주제에 대한 적극적인 활동과 실현), 프로젝트 마무리(발의된 프로젝트에 피드백을 받아 의식적으로 마무리하거나 또는 지속하기)의 다섯 단계로 나누었다.

이런 기본적인 모델은 기술적 기준으로 함부로 사용해서는 안 된다. 충분한 사고가 함께 이루어져야 한다. 그래서 그는 프로세스의 단계를 강조하기보다 프로젝트 요소에 대해서 강조했다. 요한 프리드리히 헤르바르트Johann Friedrich Herbart 사상이 보여줬던 것처럼 지나친 단계의 강조는 수업을 단순화시키고 지루하게 만든다. 그래서 단계를 지나치게 강조하는 것은 교육과 학습 프로세스에서 가장 큰 리스크이기도 하다.

프라이는 리처즈 이후에 유명해진 '연계 모델'을 프로젝트의 중요한 핵심으로 이해했다. 그래서 수앵 드 부트마르가 주장했던 '경첩회의Scharniersitzung'를 도입해 두 개의 요소로 분리했다. 첫 번째 요소는 '기준점Fix Point'이다. 기준점은 프로젝트의 기간을 정하고 정보를 교환하고 조직적인 질문에 대해 충분히 이야기를 나누고 결정하는 시간을 말한다. 두 번째 요소는 이미 언급한 바와 같이 메타 상호작용이라고 부르는 것으로 목표에 대한 사고, 방식에 대한 규칙, 프로젝트 활동에 대한 검토, 어려움에 대한 토론과 대화를 나누는 시간이다. 이를 통해 답을 찾지 못한 전문적 질문과 프로젝트 단계에서 발생될 수 있는 인간관계의 문제에 대해서도 해결하고 고민하는 시간을 가질 수 있다. 프라이의 기준점에서 가능한 상호작용은 학습자들이 내용적인 이유, 조직적인 이유, 개인적인 이유로 인해 사고할 시간이 필요할 때마다 융통성 있게 도입될 수 있다. 이런 점에서 프라이의 생각은 수앵 드 부트마르와 생각이 동일했다.

프로젝트가 진행 중일지라도 해결할 수 없는 문제가 발생한 경우나 프로젝트가 비효율적이라고 판단된다면 프로젝트를 중단해도 되었다. 또는 프로젝트의 목적에 생각보다 빠른 시기에 도달한 경우라면 미리 마무리해도 되었다. 프라이는 프로젝트 참가자가 원한다면 프로젝트를 무조건 지속해야 할 필요가 없다는 원칙을 따랐는데, 이는 킬패트릭의 생각과 동일했다.

프로젝트에서 가장 중요한 요소는 학생들이 프로젝트를 지속하고 중단하는 여부를 학생들이 스스로 결정할 수 있다는 것이다. 하지만 프라이는 언제든지 프로젝트를 중단할 수 있다는 가능성은 학생들에게 기획이나 조직, 실행 면에서 최선을 다하지 않아도 된다는 여지를 주는 것이라고 했다. 그리고 그 자신은 "이 부분에 대해 어떤 개선 방안이 있는지는 나도 잘 모르겠다."고 했다. 하지만 학생들의 자발적인 프로젝트 중단이나 포기가 교육학적인 시각에서 하나의 경험이 된다면 이 또한 긍정적인 것이라고 볼 수 있겠다.

그는 프로젝트를 두 가지 방식으로 구별했는데 하나는 '활동 중심 프로젝트' 그리고 다른 하나는 '생산 중심 프로젝트'였다. '왜 담배는 건강에 좋지 않은가?', '왜 사람들은 공격적인 성향을 가지고 있는가?'라는 주제는 '활동 중심 프로젝트'를 위해 선택할 수 있을 것이며, '생산 중심 프로젝트'를 위해서는 '모터보트 만들기', '장애인을 위한 도시 만들기'와 같은 주제의 선택이 가능할 것이다.

참가자들이 내용과 방식에서 스스로 자유롭게 결정할 수 있는 것은 고차원적 프로젝트라고 프라이는 말했다. 그는 '프로젝트적 학습'이라는 정의를 사용했고, 이는 프로젝트를 구성하는 총 일곱 개의 요소 중 두 개에서 세 가지 정도의 요소만 선택적으로 적용하는 학습을 칭했다.

자연과학 프로젝트 작업과 관련해서 프라이는 프로젝트 관련 수업을 세 가지로 구별했다. '프로젝트 중심 수업', '프로젝트 중심 수업을 약간 축소한 프로젝트', '좀 더 축소한 프로젝트'가 바로 그것이다.

프라이는 페터 본Peter Bonn이 개발한 '복합성과 난이도의 단계'를 수용하면서 자신의 콘셉트를 좀 더 명확하게 할 수 있었다. 프라이는 교사들이 프로젝트 작업에 대해 두려움과 걱정을 가지고 있다는 것과 프로젝트 수업에 대한 부담감을 가지고 있다는 것을 누구보다도 잘 알고 있었다. 그래서 그들에게 도움을 주고 용기를 주기 위한 노력을 아끼지 않았다.

그가 제공하는 정보를 통해 교사들은 프로젝트의 여러 가지 변형된 형식들을 직접 시도해볼 수 있었고, 교사는 지식을 전달하는 역할, 수업을 계획하는 역할 모두를 경험할 수 있었다. 그리고 혁신교육의 도입으로 인해 교사의 역할이 점차 변해가는 과정과 관련해서 사고할 수 있는 기회를 얻을 수 있었다.

3 다크마어 헨젤 : 프로젝트로 해결한다는 생각은 위험한 환상이다

다크마어 헨젤은 빌레펠트 대학교Universität Bielefeld의 교육학 교수로 교사 교육과 교사 재교육을 위한 책들을 모아 1986년에 《초등교육의 프로젝트 북Das Projektbuch Grundschule》을 집필한 교육학자이다.

이 책은 다섯 번이나 재발행될 정도로 많은 인기를 끌었다. 헨젤은 여러 교육 관련자들의 프로젝트에 대한 자신들의 경험을 이 책에 담았다. 또한 이 책은 프로젝트에 대한 안내서 역할을 했다. "프로젝트 수업은 무엇인가?", "프로젝트 수업은 어떻게 만들어졌는가?"에 대한 질문에 명백한 해답을 제시하였고, 프로젝트 학습, 프로젝트 실습, 프로젝트 이론에 대한 자신의 생각과 고민을 담았다.

헨젤은 킬패트릭과 하르트무트 폰 헨티히Hartmut von Hentig의 연구를 매우 흥미롭게 여긴 반면, 듀이의 《민주주의와 교육》을 통해서는 큰 감명을 받았다. 듀이의 사고는 그녀의 프로젝트에 대한 사고에 결정적인 영향을 주었다. 헨젤은 "듀이의 프로젝트에 대한 설명을 통해서 나는 프로젝트 수업은 무엇이며, 왜 프로젝트가 만들어졌는지에 대한 충분하고 포괄적인 답변을 얻을 수 있었다."라고 했을 정도이다.

헨젤의 글들은 당시 교육계에 상당히 큰 영향을 주었다. 또한 그 책들은 그녀가 듀이에 대해 얼마나 공감하고 있는지 충분히 느끼게 해주었다. 《중등고등교육의 프로젝트 북Projektbuch Sekundarstufe》 (1988), 《프로젝트 수업 매뉴얼Handbuch Projektunterricht》(1997)에서도 마찬가지이다.

헨젤 이후 독일의 교육학은 매우 침체된 분위기였다. 프로젝트와 관련된 토론이 이미 수십 년 동안 진행되어왔으나, 프로젝트에 대한 일반화된 개념의 정의와 개념에 대한 판단이 일관성이 없었기 때문이다. 당시 독일은 프로젝트 콘셉트 이론과 프로젝트 실습과 관련해 상당한 혼란에 처한 상황이었다. 당시 독일의 프로젝트 전문가들은 독일의 프로젝트 개념에 대한 혼란에 대해서 헨젤에게 책임을 묻기도 했다.

에르베르 귀종은 프로젝트 개념을 명백하게 하고자 비교적 포괄적인 '프로젝트 특성 목록'을 만들었다. 이 목록에 '자기중심적 프로젝트', '실질적으로 사회와 관계를 맺는 프로젝트', '생산 중심적 프로젝트', '다문화적 접근 프로젝트' 등 총 열 가지의 프로젝트 특징 요소를 담았다.

이와 다른 프로젝트 사고를 가지고 있던 학자들은 단계적 모델에 집중했는데, 예를 들면 프라이는 일곱 개의 요소로서 '프로젝트 발의', '프로젝트 스케치', '프로젝트 계획' 등으로 구별했다. 그리고 이 단계의 준수는 성공적인 프로젝트를 위해 필수적이라고 했다. 두 그룹의 각자의 이러한 시도는 독일 교육학계의 혼란에 크게 도움이 되지는 않았다. 양쪽의 내용은 모두 나름대로의 문제를 가지고 있었기 때문이다.

헨젤은 '단계적 모델'에서는 프로젝트에서 다루는 내용이 학생의 선호도에 따라 선택된다는 점 그리고 수업이 단순한 방식으로서만 보인다는 점, 프로젝트 특성 목록에 대해서는 프로젝트 수업을 학교 수업 현실의 현상으로서만 다룬다는 점을 문제로 꼽았다.

한편으로는 아주 상반되는 현실, 즉 매우 '추상적이면서 이상적인 형태'가 이질적인 방식으로서 수업의 현실과 부딪히는 상황에 처하고 말았다고 했다. "현재의 수업 현실이 절대적인 또는 이상적인 프로젝트 수업을 성취하기에 불가능해 보인다면, 수업을 프로젝트 수업이 아닌 프로젝트 중심 수업으로 프로젝트 원칙을 조금씩 적용하는 것도 좋을 것이다."라고 그녀는 덧붙였다. 프로젝트 수업 특성 목록을 기준으로도 프로젝트 수업에 대한 정확한 기준이 아직 부족한 상태였기 때문에 완벽한 프로젝트는 아니어도 약간의 프로젝트 성격이 가미된 '프로젝트 중심 수업'은 가능하다고 보았기 때문이다.

이에 대해 모든 프로젝트 교육자들이 동의했다. 헨젤은 형식적인 기준의 명확성이 부족한 탓에 교사들이 이를 실행하는 데에 큰 어려움을 겪을 수 있다는 것을 너무나 잘 알고 있었다.

"나는 프로젝트 특성을 정의하고 프로젝트 단계를 정하는 것이 지나치다는 말을 하고자 하는 것이 아니다. 이러한 시도는 프로젝트 수업의 포괄적인 정의를 성립하는 데 중요한 역할을 할 수 있기 때문이다."라고 헨젤은 말했다.

헨젤이 원하는 포괄적이며 교습학적인 실용적 콘셉트는 이미 듀이가 경험 중심 교육 이론과 학교의 이론으로 충분히 설명한 바 있다. 듀이의《민주주의와 교육》,《교육적 혼란에서의 탈출》,《경험과 교육》이라는 연구서에서는 듀이의 수업 프로젝트 주제에 대한 중심적인 사고가 이미 총정리되어 있다.

헨젤은 듀이의 생각에 매우 공감하는 학자였다. 헨젤의 교육학적 노력은 다음과 같이 정리할 수 있다.

— 헨젤의 프로젝트 방식은 매우 교육적이며 정치적인 목표를 가지고 있다는 생각에서 듀이와 일치한다. 헨젤은 행동과 변화에서 실용성을 강조하고 교육은 '개인의 상승적 발전', '민주주의', '사회의 상승적 발전'임을 강조했다. 그리고 이를 실현하고자 노력했다. 프로젝트 방식은 단순히 특정한 수업의 내용을 전달하거나 특정한 교육 목표를 달성하기 위한 수단이 아니다. 이는 교육의 목표 또는 수단이라는 원칙하에 학교의 모든 요소와 수업의 모든 동기를 포괄한다.

— 프로젝트는 프로젝트 참가자에게 이미 규정된 특정한 목표와 내용을 제시하지 않는다. 프로젝트는 교사와 학생들의 '구체적인 활동'이며 '공동의 시도', '교육적인 현실 속에서의 실험'이다. 프로젝트 방식은 살아 있는 '상황'에서 시작하고 '실질적 문제'가 주제가 된다. 여기에서 말하는 실질적 문제는 현재 학생의 '경험'과 '관심사'와 연관되는 문제이며, 이 문제를 통해 학문에 대한 이해가 가능하고 실제를 학습하게 된다.

— 자연과학에서는 실험적 방식을 프로젝트 방식과 연관시켜 진행할 수 있다. 생각과 행동이 직결되며 실질적인 내용과 결과들이 함께 따라온다. 그 단계는 다음과 같다. 문제의 인식, 계획 수립, 문제의 검토, 해결점 파악, 결과의 검증이다.

— 헨젤은 듀이의 '구속력이 없는 자유'와 '자기결정 중심'과 관련한 문제를 제대로 이해하지 못했다. 듀이는 계획 및 조직의 필요성

을 강조했고, 수업의 즉흥성이나 교사를 본래의 역할에서 제외시키는 것과 학생의 역할을 제외하는 것 등에 대해서는 반대했다. 듀이는 이 새로운 학습 방식에서 교사는 자신의 책임을 절대 포기해서는 안 된다고 했다. 이러한 듀이의 사고방식은 헨젤의 교육철학의 기초가 되었다.

헨젤은 프로젝트 학습을 두 가지 방식으로 정의했다.

— 교사와 학생의 실용적인 교육학적 활동으로, 인간의 상승 발전과 세상의 상승 발전을 위한 특별한 형식
— 실질적인 교육학적 활동 형성을 위한 특별한 형태로서 인간과 세상의 상승 발전이라는 목표를 가지고 현실에 적용되는 교육학적 실험으로서의 프로젝트

헨젤은 내용적인 면과 방법적인 면을 나누었다. 내용 면에서 바라볼 때 프로젝트 수업은 학생과 교사가 실제로 존재하는 문제를 공동의 노력을 통해 실질적으로 풀어가는 과정이다. 내용을 선택할 때에는 학교나 사회에서 일반적으로 접할 수 있는 내용을 찾는 것이 좋다. 방법 면에서 바라볼 때 프로젝트 수업은 학교나 사회가 교육적 목적을 가지고 실질적인 교육학적 행동을 추구하는 실험으로서의 역할을 한다.

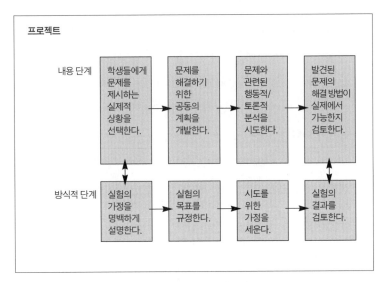

다크마어 헨젤 : 실용적 모델

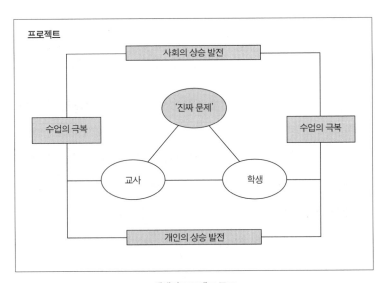

헨젤의 프로젝트 구조

헨젤의 프로젝트는 두 가지 명백한 성격을 가지고 있는데 바로 '수업으로서의 특징' 그리고 '실험으로서의 특징'이다. 이는 헨젤만이 제시한 매우 특수한 프로젝트의 특징이다. 헨젤은 프로젝트에 대한 새로운 시각을 가지고 있었고, 이는 듀이, 프라이, 수앵 드 부트마르가 전혀 생각하지 못한 내용들이다. 헨젤의 '인간의 상승 발전'이라는 프로젝트의 목표는 단순히 학생들뿐만 아니라 교사에게도 해당되기 때문이다.

헨젤은 모든 교육기관의 교사들에게 다음과 같은 내용을 촉구했다.

"학생들을 학습하고자 하는 존재, 스스로 발전시키고자 하는 존재로 보아야 한다. 프로젝트 수업은 학생들에게 자신들의 개인적 사고와 사회적 행동 양식을 변화시키고 그들의 전문적인 지식과 전문적인 영향력을 확대할 수 있는 매우 중요한 기회를 제공한다. 프로젝트는 단순히 행동하는 수업의 양식이 아니라 교사 자신 스스로를 발전시키는 기회이며, 협력과 반영이고, 스스로 책임을 감당하는 학교 자체의 발전을 위한 수단이기도 하다."

헨젤에게서 매우 특별한 것은 두 번째 목표인 '세상의 상승 발전'이다. 헨젤은 수앵 드 부트마르처럼 사회적, 실질적 문제와 경험을 주제로 보고 이런 문제와 주제를 검토하고 해결하고자 했다. 하지만 수앵 드 부트마르와는 달리 '조사 결과에 대한 실질적인 적용의 가능성'이나 '프로젝트를 통한 사회적 관계의 실질적 변화'에 대해서는 크게 가치를 두지 않았다.

헨젤은 사회적 문제를 프로젝트를 통해 해결할 수 있다는 것은 '위험한 환상'이라고 했다. 헨젤은 이와 관련해 듀이가 지나치게 긍정적이라고 했으며, 콜링스의 프로젝트에 대해서도 '의심스러운 프로젝트'라고 했다. 성인들도 자신들이 삶 속에서 풀 수 없는 문제, 실행하지 못하고 있는 과제들을 학생들이 프로젝트를 통해서 가능하게 할 수 있다는 것은 환상이라는 것이다. 프로젝트가 할 수 있는 것은 이론 안에서 '도구로서 사용될 수 있다는 것'뿐이라고 헨젤은 말했다.

프로젝트에 참여하는 교사나 학생들은 프로젝트 주제를 대할 때, 일반적인 수업이나 실제 상황에서 그 문제를 다루는 것보다 프로젝트 안에서 훨씬 더 잘할 수 있다는 마음가짐을 가지면 좋았다. 헨젤은 인간과 세상의 상승 발전 이외에도 "프로젝트 수업은 다른 어떤 수업들과 마찬가지로 하나의 특정된 객체이자 목표이며 특별한 방법적 형태일 뿐만 아니라 '변화', '수업을 통한 수업의 극복'으로 보아야 한다."고 설명했다.

이러한 시각을 좀 더 쉽게 설명하기 위해 헨젤은 볼프강 클라프키Wolfgang Klafki를 인용했다. 클라프키는 수업의 형태를 '학업 과정', '트레이닝', '주제', '프로젝트'로 나누었다. 그리고 헨젤은 '일반 양식'에 '수업 과정', '훈련', '주제'를 포함시키고, 프로젝트를 '제한된 형식'으로 추가했다. 프로젝트 수업은 일반 수업을 보충할 수 있지만 그 수업 자체를 파괴할 수도 있다. 학생들은 프로젝트에 대한 자신들의 자율성을 이용하며 일반 기존 수업 형태와 내용조차도 문제로 삼고 극복하고 변경하고자 할 수 있다. 그 결과로 프로젝트는 수업을 보충하는 것을 넘어서 수업 자체를 파괴할 수 있다. 그리고 목표를 향해가는 과정에서 문제를 극복하고자 하는 의지를 잃게 되거나 그 수업 자체를 수업으로 여기고 싶어 하지 않는다면 이는 수업의 존속에 큰 영향을 줄 수 있다.

헨젤은 프로젝트를 통한 학습 이론과 관련하여 열정이 매우 컸다. 프로젝트 수업은 인간과 세상을 변화시키는 노력이다. 학교와 사회는 유토피아를 원하고 있다. 실제는 어떠한가? 이것이 헨젤의 가장 큰 고민이었다.

헨젤의 프로젝트는 '내용적 범위'와 '방식적 범위'로 설명이 가능하다. 내용적 범위에서 그녀의 프로젝트는 출발점과 프로젝트의 가정 사항(기초)이 제시된다. 그리고 듀이의 프로젝트 설계를 이에 적용했다.

첫 번째는 '진짜' 문제의 선택이다. 두 번째는 공동 계획의 개발, 세 번째는 문제에 대한 토론, 네 번째는 발견한 해결법을 현실적 환경에서 검토하기이다.

학생의 '실질적 문제'가 프로젝트 수업의 연구 대상이 된다는 헨젤의 생각은 듀이의 것과 매우 유사하다. 이 실질적 문제는 경험적 방식으로 조사되며, 이 조사 활동은 더 나은 삶을 위한 유익한 실습이 된다.

연구를 진행할 때 연구 전반을 이끌고 지도하는 역할은 물론 교사의 몫이다. 이와 관련해서도 헨젤의 생각은 듀이의 생각과 같았다. 헨젤에게 교사는 프로젝트를 착수하고 발의하는 사람이다. '실제 문제'를 학생들과 풀어나가기 위해 교사는 학생들에게 동기를 부여할 수 있어야 하며 학생들이 도전할 수 있는 상황과 환경을 만들어줘야 한다. 또한 학생들이 작업 계획을 잘 따르고 준수하고 있는지에 대해 철저히 관리하여야 하며 학생들이 학습 목표를 달성할 수 있도록 긴장을 늦추어서는 안 된다.

학생들이 직접 착수와 계획을 하지 않았을지라도, 프로젝트의 내용은 학생들과 섬세하게 토의되어야 하고 함께 준비되어야 한다. 이로써 학생들이 프로젝트를 위한 활동을 수용하고 적극성을 갖게 되기 때문이다.

교사는 프로젝트를 설계하는 과정에서 부드럽고 융통성이 있어야 한다. 이를 통해 학생들이 그의 제안을 수용하고 좋아할 수 있도록 해야 한다. 헨젤은 콜링스와 킬패트릭이 주장했던 '극단적인' 어린이 중심 시스템을 거부했다. 교사는 프로젝트에서 그들의 본래 역할을 포기해서는 안 되며 학생들과 동등한 파트너가 아니라고 헨젤은 주장했다.

헨젤에게 교사의 역할은 프라이가 주장했던 것처럼 단순히 고문이나 지원자라기보다 듀이가 주장했던 지도자의 역할이어야 했으며, 교사는 일반 수업에서처럼 사회 통합적인 교육적 과제를 수행해야 한다. 내용적으로 볼 때 프로젝트는 '수업의 형식'이며 '교습학적 형태'라고 할 수 있고, 방식적으로 볼 때에는 실험으로서 '메타 교습법적 양식'의 형태라고 볼 수 있었다.

헨젤의 교육학적인 실제 실험의 핵심은 '교사가 프로젝트를 통해 계획된 시도를 실행'하고 '이를 통해 인간과 세상이 상승적으로 발전'하며 '수업과 학교가 교육학적 목표를 향해 나아가는 것'이다. 스스로 의도한 개인적인 변화, 사회적 변화가 가장 중요한 의미를 갖는다. 헨젤은 "교사는 프로젝트 과정을 통해 학생들과 교사들이 어떤 특정한 문제를 배우는지가 아니라 교사로서 프로젝트를 통해 어떻게 변화해나가고 발전할 수 있는가에 대해서 스스로 질문할 수 있어야 한다."고 했다.

이러한 목표를 구체화하기 위해 헨젤은 '메타 교습적 반영'이라고 불리는 프로그램을 만들었고, 이 양식 안에서 본질적이며 통합적인 프로젝트 수업을 구성했다. 물론 이러한 시도를 한 것은 헨젤이 처음이다.

'교수법적 반영'과 같이 '메타 교수법적 반영'은 '실험적 방식'의 단계를 따른다.

1. 실험의 가정 사항에 대해 상세하게 이야기를 나눈다.
2. 목표의 결정

3. 시도를 위한 가정 상황의 설정

4. 실험 결과의 검토

프로젝트를 계획하고 실행하고 복습하면서 헨젤은 교사들에게
다음의 내용을 필수적으로 기억하라고 했다. 진행하는 프로젝트가
특수적 교육철학과 일치하는지를 알아보는 데에도 다음 사항을 체
크할 필요가 있다.

1. 학습 계획, 시간 분배, 평가와 관련하여 학교제도에 적용할 수 있
는 여지가 있는가?

2. 새로운 학습과 새로운 작업에서 사전의 가정 내용들이 실제적으
로 어느 정도 실현되었는가?

3. 수업을 통하여 학생들의 시각과 사고, 행동 방식이 바뀌었는가?

4. 프로젝트 수업 후 연결되는 일반 수업에서 학생들의 지식의 정
도와 수업 태도, 수업 분위기가 어떻게 발전되고 개선되었는가?

헨젤은 위의 내용을 기초로 하는 결과가 실질적으로는 기대에
못 미친다는 것을 이미 알고 있었다. 헨젤은 그 같은 점을 이렇게
토로했다.

"그렇다고 해서 프로젝트를 통해 인간 중심 학교와 인간적인 사
회를 만든다는 유토피아적 사고를 포기할 필요는 없다. 우리가 상

상했던 유토피아 건설이 실패할지라도 그들은 그 실험 과정을 통해 새로운 시각을 가질 수 있는 기회를 얻었기 때문이다."

헨젤의 이론은 많은 교사들의 공감을 얻었다. 교사들은 헨젤의 교육학적 사고가 교사들의 입장을 진심으로 공감하고 있음을 잘 알았다. 교사들은 학생들의 개인적인, 사회적인 성장을 위해 자신들이 '중계자' 역할을 하고 있다는 것을 잘 이해하고 수용하고 있었다.

4 오늘날의 토론

프로젝트라는 정의는 독일어권에서 여러 방식으로 정의되었다. 위에서 다양한 프로젝트 콘셉트 대해서 언급했는데 이에 가장 중요한 질문은 물론 '프로젝트의 목표는 무엇인가?'이다. 카를 프라이는 프로젝트 목표를 '개인의 교육', 수앵 드 부트마르는 '사회적 관계의 변화'라고 했다. 헨젤은 이 두 가지 모두를 연관시켜 하나의 목표로 보았으며, 프로젝트를 통해 이루고자하는 마지막 목표는 '인간과 세상의 상승적 개발'임을 내세웠다.

프로젝트의 내용과 관련해 프라이는 모든 '삶의 현상'이 프로젝트 학습의 대상이 될 수 있다고 했다. 이 학습의 대상은 이론적, 실용적, 실질적, 자연적인 것일 수 있다. 수앵 드 부트마르와 헨젤은

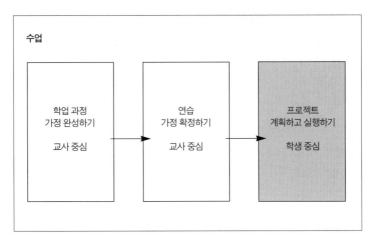

캘빈 우드워드 : 순차적 모델

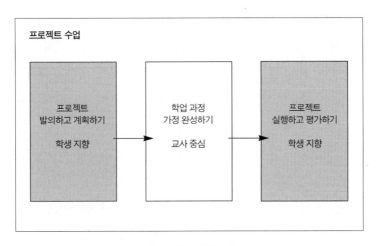

찰스 리처즈 : 통합 모델

모두 프로젝트는 언제나 '앎과 실행', '사고와 행동'을 포함한다고 했다. 이때 수앵 드 부트마르의 프로젝트 수업은 단지 사회적인 '행동 역량'뿐만이 아니라 '사회적인 행동 수행'을 중재할 수 있어야 한다고 했다.

학생 참여와 관련하여 프라이는 프로젝트 참가자들이 커리큘럼과 관련된 활동 안에서 모든 사항을 스스로 수행하고 그룹 리더인 교사는 진행자나 고문의 역할을 한다고 했다. 반면 헨젤은 프로젝트의 모든 과정이 선생님의 100퍼센트 책임하에 있고, 학생들의 아이디어나 제안은 융통성 있게 프로젝트 설계 과정에서 수용될 수 있다고 했다. 수앵 드 부트마르는 중개자를 두어 중간적 입장으로서, 교사와 학생의 '상호 간의 타협'과 의지의 균형을 잡아주어야 한다고 말했다.

이 세 학자는 이렇게 서로 다른 의견을 가지고 있었지만 공통된 부분도 있었다. 세 명 모두 '학생 중심적 관점' 또는 '행동 중심적 관점'에서 의견이 같았고 정치적인 시각 또는 '일반교육 학습적 시각'에서도 관점이 비슷했다. '생산성 중심의 관점'에서 본다면, 캘빈 우드워드Calvin M. Woodward, 리처즈, 듀이는 생산성과 관련이 매우 크지만, 이 세 명의 학자는 그렇지 않다.

80년대 중반에 상당히 많은 책들과 글들이 발표되었고, 여기에는 매우 흥미로운 생각과 비판적인 내용이나 구성적인 제안들이 많이 담겨 있다. 요하네스 바스티안Johannes Bastian과 귀종의 경우 매우 종합적인 입장을 대변했는데, 프로젝트 학습은 민주주의적 학습을 위한 도구, 학교 발전을 위한 도구라고 했다. 또한 이들은 듀이의 교육철학과 헨젤과 수앵 드 부트마르의 방식적, 정치적, 역사적인 관점에 대해서도 다양한 각도로 충분히 고려하고 수용했다.

게하르트 뵐Gerhard Wöll은 다른 학자와는 조금 다른 방법을 제시했다. 그는 듀이의 '경험 이론'만을 수용한 것이 아니라, 위르겐 하버마스Jürgen Habermas의 '의사소통 행동의 이론'을 참고했는데, 그 내용은 다음과 같다.

"프로젝트를 하나의 수업 형식으로 정의한다면, 가르치는 사람과 배우는 사람 사이의 '상호 이해하는 과정을 통한 성장'과, '수단적이며, 의사소통이 가능한 행동'이 모두 프로젝트에 포함된다. 그리고 '교육적인 경험'을 할 수 있도록 도와주는 '상황'이 프로젝트의 주제가 된다."

지금까지 프로젝트와 관련된 프로젝트 교육학자들의 연구에 대해서 살펴보았다. 독자들도 이미 짐작했듯이, 근대의 프로젝트 연구에서 비약적인 발전을 찾아보기는 어렵다. 아직도 프로젝트의 역사, 개념의 정의, 프로젝트의 구조와 관련된 연구에 대한 많은 과제가 남아 있다.

1. 프로젝트는 가장 고차원적인 수업 방식이다

수앵 드 부트마르와 그의 동료들은 이에 대해 약간의 의견 차이를 보여주고 있다. 몇 명의 학자는 우드워드와 리처즈와 생각을 같이하여, 프로젝트를 하나의 수업 방식, 즉 학업 과정, 연습, 주제, 문제 해결과 같은 '수업의 기본 형식'으로 보았다.

다른 한편으로는 프로젝트를 '수업의 기본 형식'으로 보아서는 안 된다고 주장하는 학자들도 있다. 이들은 프로젝트 수업을 일반 수업의 기본 형식보다 훨씬 고차원적인 수업이라고 본다. 킬패트릭의 생각처럼 프로젝트를 보편적인 교수법적 콘셉트, 모든 형식의 수업을 포함하는 것으로 보기도 한다. 프로젝트는 특정한 내용을 다루고 총체적인 수업을 조직하는 '일반적 원칙'이며 교육학적 관점, 정치적 관점에서 볼 때 매우 바람직한 수업 방식이라고 여겨졌다. 수앵 드 부트마르는 프로젝트를 설명할 때 '교수법적 이중성'을 언급하면서, 프로젝트야말로 모든 수업 형식의 '가장 상위적인 형식'이며 '최상위에 방식', '최상위의 원칙'이라고 표현했다.

교사들에게 프로젝트를 하나의 독립된 수업 양식으로 받아들이라고 강요할 수는 없다. 무엇보다 현재 교육 환경이 가지고 있는 제도상의 문제가 크기 때문이다. 또 시간적인 제한과 규정된 교수법 등을 이유로 전통적인 방식의 수업을 고수하고자 하는 교사들도 충분히 존재한다.

2. 프로젝트는 민주주의적 학교 혁신이며 사회 혁신이다

수앵 드 부트마르는 다양한 프로젝드 관련 힉자들의 수업 형식과 교육적 목표를 총정리한 사람이다. 그리고 이 목표들을 기초로 객관적으로 가치를 측정할 수 있는 방식을 만들었다. 프로젝트는 개인과 사회의 평등과 매우 밀접한 관계를 가지고 있다. 그래서 기존의 전통적 수업은 프로젝트에 비해 열등하다고 보였다. 수앵 드 부트마르와 헨젤은 교습 과정, 훈련, 문제해결과 같은 전통적인 학습 방식들을 그대로 유지한 상태에서 현대사회에 익숙한 정치적 시스템을 지속하면서 프로젝트를 사용할 수 있는 기반을 만들었다.

프로젝트 수업은 다른 수업과 비교했을 때 당연히 더 높은 가치를 증명하는 수업이라고 볼 수 있다. 사회적, 민주적 사회에 매우 적절하고 특별한, 진정성이 있는 학습 방식으로 볼 수 있다.

비록 프로젝트에 많은 비판이 존재할지라도, 프로젝트가 말하는 목표를 공격할 수는 없을 것이다. 이성적인 사람이라면 과연 프로젝트가 추구하는 자유, 공동의 결정, 정당성에 대해 반대하겠는가? 과연 어떤 교사가 학생들의 독립성을 키우는 데 반대할 것인가? 어떤 교사가 비민주적인 수업을 하고자 할 것인가? 어떤 교사가 규칙과 규정, 교육 계획과 교습 계획에 대해 책임감을 갖지 않고자 하겠는가?

교육 목표와 관련해서 많은 독일 프로젝트 학자들은 듀이보다는 킬패트릭의 사고에 더 공감했다. 킬패트릭의 프로젝트에서는 가장 중요한 학습 목표가 '민주주의를 향한 교육'이라는 것이 매우 분명했기 때문이다. 그 외에도 강의, 토론, 놀이와 같은 수업 방식을 비롯하여 프로젝트를 통해 배우는 비판적인 생각의 개발과 표현, 책임 있는 행동, 사회적인 관계, 정치적인 책임은 매우 유익한 것임은 분명하다.

3. 프로젝트는 전혀 실현될 수 없는 이상이기도 하다

프로젝트 수업은 가장 높은 목표와 기대와 연관되어 있다. 일반적인 수업이 갖고 있는 목표보다 훨씬 더 높다. 프로젝트는 더 적극적인 학생들과 교사의 참여를 요구하고, 교사의 재교육을 필수적으로 요구하며, 학습의 순환성, 사회 평등을 요구한다. 수앵 드 부트마르와 그의 동료들은 실질적으로 이러한 목표에 완벽하게 도달할 수 없다는 것을 알고 있었다. 그래서 이에 대해서 두 가지 전략을 가지고 있었다. 하나는 프로젝트 작업을 수업 일상으로 구성하는 방법으로 프로젝트 데이Project Day나 프로젝트 위크Project Week를 통해 비정기적으로 적용하는 것이다. 다른 방법은 프로젝트 양식을 가진 '프로젝트 중심 수업'을 제공하는 것이다. 이는 완벽한 프로젝트 수업은 아니나 프로젝트의 목표를 어느 정도는 충족시킬 수 있는 옵션이다.

이러한 방법들은 과도기에 적용될 수 있는 비교적 이상적인 방법으로 보인다. 하지만 게르하르트 침머Gerhard Zimmer, 고트프리트 페트리Gottfried Petri, 헤닝 귄터Henning Günther, 군델 쉬머Gundel Schümer는 프로젝트 수업이 축소된 형태로 제공될 경우에 그 의미와 목적을 그르칠 수 있다고 경고하기도 했다.

교육학자들은 프로젝트에 대한 열정적인 연구를 통해 이를 매우 훌륭한 방법이라고 칭송하지만, 학교에서 직접 교육을 담당하고 있는 교사들에게 프로젝트는 매우 부담스러운 과제가 될 수 있다. 프로젝트는 학생들에게 큰 활동의 여지를 주기 때문에 수업이 소란스러울 수 있다. 이로써 교사가 학생들을 관리하기가 쉽지 않을 수 있다. 교사들은 이러한 혼란스러운 분위기에서 학급에 대해 전체적인 파악을 하는 과정에서 어려움을 겪을 수 있고, 수업 준비와 수업 진행에 일반적 수업보다 훨씬 더 많은 시간을 소요해야 할 수 있다.

성취도가 낮은 학생들의 경우에는 그들의 동기를 유발하는 데 어려움이 있을 수 있고, 그 학생들이 수업을 따라올 수 있게 하기 위해 교사로서 훨씬 더 큰 노력을 투자해야 할 수도 있다. 어떤 학생들이 프로젝트 수업을 전혀 좋아하지 않을 수도 있는데, 이 또한 교사에겐 부담이고 어려움이다.

더욱이 교사들은 프로젝트 진행을 위한 충분한 내용적 지원을 받지 못하는 환경에서 더욱더 많은 어려움을 겪고 있다. 어느 정도의 자유를 누릴 수 있는 수업의 방식이지만, 훨씬 더 많은 시간과 에너지를 투입해야 한다. 양보와 설득이 필요하고 이를 위해 교사들은 각자 나름대로의 전략을 개발해야 한다.

달리 이야기를 하자면, 프로젝트 수업은 큰 기대감을 주는 혁신적인 수업 방식이지만 현재의 교육 환경에서 추진하기에는 어려움이 산재한 수업 방식인 셈이다. 하지만 다음 사항들을 고민해가면서 실질적인 방법을 찾아보는 것도 좋을 것이다.

장점과 단점을 비교하여 현재의 실정에 알맞게 결정하는 것도 좋은 방법이다. 어떤 대체적인 방식이 가장 큰 동기를 유발할 수 있는가? 어떤 결정이 가장 성인의 적법성을 요구할 수 있는가? 어떤 결정이 가장 행복한 결론을 위한 것인가? 어떤 결정이 가장 불편한 결과를 가져올까? 가장 안전한 방법은 '가장 흥미롭고, 가장 저항이 없는 방법'을 찾는 것이다.

4. 듀이의 교육철학을 프로젝트 이론의 기초로 보는 방법

매우 소수의 독일 학자들만이 존 듀이를 프로젝트 방식의 아버지라고 표현했다. 물론 그는 프로젝트 방식을 말할 때 가장 중요한 이론가로 불린다. 그의 경험 이론은 프로젝트와 관련된 모든 근거를 설명하고 있기 때문이다. 라인홀드 실묄러Reinhold Schilmöller는 "듀이는 역사상 최초로 교육에 새로운 품질을 제공한 프로젝트 아이디어와 토론이 가능한 근거를 제시했다."라고 했다. 하지만 나는 이에 대해 약간 다른 시각을 가지고 있다.

1. 우드워드와 리처즈와 같은 학자들이 이미 듀이 이전에 프로젝트

수업의 근간을 세웠다.

2. 듀이를 프로젝트 방식의 설립자라고 정의하기에는 부족한 부분이 있다. 듀이는 킬패트릭의 극단적인 프로젝트 형식의 이론에 대응하면서, 프로젝트 학습의 의미를 제한하고 교육학적 효력이 있도록 표준을 제시한 사람이다.

3. 우드워드의 경직된 학업 과정 시스템에 대항했지만 듀이는 순차적인 프로젝트 모델을 고수했다. 이는 훨씬 더 많은 실질적 이점을 제공한다.

4. 듀이의 경험 이론과 수업 이론은 매우 범위가 넓다. 프로젝트는 그 전체적 방식 중 하나일 뿐이다. 실제로 그는 프로젝트 방식을 주요한 방식으로 본 것은 아니다. 다른 위대한 교육학자들처럼 그의 천재성은 '행동을 통한 학습', '문제해결을 통한 학습'과 같은 창의적 해석에 있었다.

5. 순차적 모델을 경시함

수앵 드 부트마르는 수업을 하나의 방식으로 보았고, 정보 수업과 문제 수업을 분리했다. 이로써 우드워드의 프로젝트 의미처럼 고정적, 다단계적 모델로서 볼 수 있는 가능성을 보여주었다. 고정적인 모델에 따르면 학업 과정과 연습을 통하여 지식과 재능이 학생들에게 전달된다. 이렇게 전달된 지식과 재능을 학생들은 자신의 행동에 적용하여 교사의 도움 없이 실질적인 행동에 응용한다. 수앵 드 부트마르는 이러한 교수법적 가능성을 인식을 하기는 했지만 사용하지는 않았다. 많은 독일 교육학자들은 이를 리처즈의 구상처럼 실현되기 어려운 통합 모델로 보았다. 이 통합 모델에서는 학업 과정과 강의와 연습은 프로젝트 이전이 아닌, 프로젝트 수업 중에 이루어진다. 이 부분에서 수앵 드 부트마르와 헨젤의 콘셉트적 구상은 아쉬운 부분을 남긴다.

순차적 모델은 마치 전문 작업처럼, 실험처럼, 문제해결 과제처럼, 학생들이 프로젝트를 독립적으로 설계할 수 있게 해주고 실행할 수 있게 해주는 매우 훌륭한 과정이다. 이때 교사는 단지 학생들의 활동에 도움을 주는 사람이자 충고를 해주는 사람이지 지시자가 절대 아니다. 아이들에게 용기와 즐거움을 빼앗는 언급을 자제해야 한다. 교사는 학생들의 질문에 답변해주고 학생들에게 동기유발과 자극을 주는 역할을 맡는다.

6. 프로젝트 수업의 역사적 과정

수앵 드 부트마르, 바스티안, 귀종을 비롯한 다른 학자들은 프로젝트 아이디어는 미국의 '산업-정치의 이중적 혁명'으로 '정치적-역사적 환경'을 통해 발생했다고 본다. 흥미로운 내용이지만 이는 몇 가지 중요한 점을 간과하고 있다.

학습 방식은 일반적인 사회적 관계, 추상적인 정치적 상황을 통해서 성립되는 것이 아니다. 학습 방식은 사회적 관심과 특수한 교수법의 필요성과 관련되어 개발되는 것이다. 이에 정치적 토론, 사회심리학적 고심이 필요하다. 그리고 비로소 해당 방식이 수용되고 받아들여지는 것이다. 자연과학의 실험은 대학교에서 학교로 전달되었고 자연과학이 생물, 물리, 화학이 각각 독립된 수업 과목으로 바뀐 것처럼 프로젝트도 마찬가지이다.

프로젝트는 수공예, 또는 기술 수업과 함께 건축과 엔지니어링 수업에 특수한 방식으로서 적용되었다. 그리고 이렇게 함으로써 학생들이 큰 주제를 스스로 다루고 실질적으로 적용할 수 있게 되었다. 이는 이론적 학업 과정과 연습으로 이루어져 있다.

킬패트릭은 이민자로 이루어진 미국의 특성에 알맞게 '인간의 통합'을 추구했으며, 프레더릭 잭슨 터너Frederik Jackson Turner의 경우는 '경계가 존재하는 환경에서의 자유 평등의 삶을 추구했다. 그리고 알렉시 드 토크빌Alexis de Tocqueville은 미국의 특성이기도 한 '능동적 행동의 시민종교적 모티브'를 통해 프로젝트 수업과 관련한 미국적 뿌리를 찾기 위해서 고심했다. 반면, 수앵 드 부트마르는 관련된 역사적 서적을 연구하기보다는 자신의 추종자들과 함께 일반적 역사적 상황에 대해 고심한 것으로 보인다.

부록 | 미국의 프로젝트 방식 연대기

1596년 ──

로마의 산 루카 아카데미Accademia di San Luca에서 처음으로 '건축가 대회'가 열렸다. 이 대회는 100년 동안 그대로 유지되었고, 1702년까지 1년에 한 번씩 정기적으로 열렸다.

1763년 ──

로마에서 실시되었던 '건축가 대회'가 비슷한 형태로 파리에 도입되었다. 파리 왕립 건축 아카데미Académie Royale d'Architecture 재단의 프리 데뮐라시옹Prix d'Émulation에서 '프로제projet'라는 용어가 처음으로 사용되었다. 프로제는 학생들의 독립적인 구성 작업으로서 한 달에 한 번씩 모든 학생들이 참여해야 했고, 정규 수업 방식 중 하나였다.

1806년 ──

프로젝트 개념이 담긴 책으로서 역사적으로 가장 오래된 책이 발행되었다.《건축 프로젝트와 그 이외의 예술 작품Projets d'architecture et autres productions de cet art》(1806)이다.

1829년 ──

파리의 '에콜 상트랄 데자르 에 마뉘팍튀르École Centrale des Arts et Manufactures(중앙공과학교)'에서 공학 교육에 프로젝트가 적용되었다. 독일의 '카를스루에 그로헤르츠글리히 폴리테크닉 학교Großherzglich Polytechnischen Schule in Karlsruhe'(1831), 스위스의 '취리히 연방 공과대학교Eidgenossischen Technischen Hochschule in Zurich'(1854)에서도 프랑스의 영향을 받아 수업에 프로젝트를 적용하기 시작했다.

1864년 ——

유럽의 공과대학교에 적용된 현대적 의미의 프로젝트 콘셉트는 미국으로 건너 가게 된다. 윌리엄 로저스William B. Rogers와 그의 동료들은 보스턴 매사추세츠 공과대학MIT에 프로젝트 용어를 실질적으로 사용했고, 이로써 프로젝트가 미국 교육학에 도입되었다.

1871년 ——

1862년의 랜드 그랜트 법Land Grant Act을 통해, 모든 미국 연방주에 농업, 공업대학이 신설되었다. MIT의 프로젝트 모델은 각 주에 신설된 공과대학교의 공과대학교 수업과 건축학 수업에도 적용되었다. 이를 통해 학생들은 독립적인 설계와 독립적인 기획을 할 수 있게 된다.

1876년 ——

필라델피아에서 열린 세계 전시회를 통해 공업학과와 관련한 프로젝트와 교육에 대한 토론이 활발해졌다. 이때 존 런클John D. Runkle은 수공예 기술 개발과 재능 개발을 위해 매우 효율적인 교육 방식이었던 '러시안 시스템'을 접하게 된다.

1879년 ——

많은 기술고등학교들과 교육학자들은 기술공예와 관련된 프로젝트를 중고등학교에 적용하는 것에 대해 진지하게 고민하기 시작했다. 캘빈 우드워드Calvin M. Woodward는 최초의 수공예 훈련 학교를 세인트루이스에 설립했다. 수공예 학교에서는 학생들이 기술공예의 원칙과 기술을 배울 수 있었고, '러시안 시스템'이 적용되었다. 프로젝트에서 구체적인 과제가 제시되면, 학생들은 창의적인 활동을 할 수 있었다.

1888년 ——

프로젝트 수업은 교사 교육에도 적용되었다. 뉴욕에 새롭게 설립된 교사 훈련 학교New York College for the Training of Teachers에도 적용되었고, 교육대학과 연관된 실험학교와 시범학교에서 수공예 훈련과 관련해 실질적인 프로젝트가 실시되었다. (이 학교는 후에 컬럼비아 대학교의 교육대학Teachers College, Columbia University으로 명칭이 변경되었다.) 당시 구스타브 라르손Gustav Larsson은 슬뢰이드 훈련을 보스턴에 설립하여, 스웨덴 슬뢰이드 방식을 미국 초등학교 수공예 수업에 적용했다.

1890년 ——

프로젝트 개념과 관련된 토론이 미국 전역에 확대되었다. 우드워드가 이끌었던 전미 교육협회는《수공예 훈련의 분류법, 명명법, 실질적 세부 사항에 대한 보고서Report upon Classification, Nomenclature, and Practical Details of Manual Training》에서 프로젝트를 기술교육의 핵심으로서 다루어줄 것을 권장했다. 여러 교육위원회와 학교위원회도 이를 적극적으로 장려했다.

1891년 ——

찰스 리처즈Charles R. Richards는《수공예 훈련의 수단과 방식Means and Methods of Manual Training》이라는 책에서 미술과 기술을 서로 연관시키려는 노력을 했으며, 아서 체이스Arthur W. Chase는 이 내용을《형태 학습과 기술 설계와 수공예의 연관성The Relation of Form Study to Mechanical Drawing and Manual Training》에 포괄적으로 정리했다.

1894년 ——

비교육학적 대중들도 프로젝트 개념에 관심을 갖기 시작한 시기이다.《파퓰러 사이언스Popular Science》지에서 핸포드 헨더슨Hanford C. Henderson은 '프로젝트는 기술교육에서 새로운 트렌드'라고 언급했다. 우드워드의 실습 중심 교육이 리처즈를 통해서 프로젝트로 발전했다. 미국 교육위원회는 세인트 폴St. Paul의 수공예학교에서 남학생뿐만 아니라 여학생도 기술공예 수업에 참가한 다고 보고했다.

1896년 ——

존 듀이John Dewey가 설립한 시카고 대학교의 실험학교Laboratory School에 우드워드의 순차적 모델과 통합 교육이 적용되었다.

1898년 ——

청소년 범죄자들을 위해 사회 재적응 프로그램에 통합적인 프로젝트를 적용했다.

1898년 ——

찰스 베넷Charles A. Bennett이 수공예 훈련 학술지인《수공예 훈련 매거진 Manual Training Magazine》을 설립했다. 이 잡지는 프로젝트 방식을 장려하고 확대하기 위한 과제를 가지고 있었다.

1900년 ——

찰스 리처즈는《교육대학 보고서Teachers College Record》와 전미 교육협회의 회의에서 자신의 기술 수업의 콘셉트와 프로젝트 작업에 대해 자세히 소개했다. 요한 프리드리히 헤르바르트Johann Friedrich Herbart 사상의 영향과 듀이의 영향으로 그는 '다과목 통합 수업'과 '집중 수업'에 대한 아이디어를 획득할 수 있었다.

1903년 ——

프로젝트 학습이 처음으로 논문의 주제가 되었다. 리처즈의 박사과정 학생이었던 어니스트 켄트Ernest B. Kent는 '어린이의 자연스러운 태도에 대한 조사'를 실시했으며, 이 조사를 통해 프로젝트는 어린이들의 학습 동기를 향상시켜주고 기계공예 수업에서 '교육적으로' 충분히 적용 가능할 수 있는 방법이라는 결론을 내렸다. 우드워드는 프랭크 커슈맨Frank Cushman에게 교사의 지시나 준비 없이 어린이들에게 모든 것을 결정하게 하고, 독립적으로 작업을 하도록 하는 것에 대해 경고했다.

1904년 ——

찰스 리처즈는《수공예는 주제인가 교수법인가?Is Manual Training a Subject or a Method of Instruction?》를 통해서 기술 수업에서의 과제 영역을 새롭게 정의하고자 노력했다. 수공예 훈련의 과정인 '도구와 프로세스'에 '산업, 예술, 기술(산업 예술)'을 적용했다. 현대 산업의 중요한 이슈에 대한 직관을 얻을 수 있도록 '생산, 운반, 소통'이라는 주제를 다루도록 했다. 듀이의 실험학교에서 제안된 내용들이 전국의 학교에 매우 빠른 속도로 적용되었다.

1907년 ——

프로젝트 용어를 제목에 사용한 최초의 글이 발행되었다. 머리M. W. Murray의《개별 프로젝트The Individual Project》(1907)이다.

1908년 ——

에드워드 에머슨Edward C. Emerson은 프로젝트 방식을 교육학적 전문 개념으로 수용했다. 학생의 동기와 학습에 대한 노력이 교육적으로 가치 있는 수업으로 받아들여진 것이다.

1909년 ——

딘 제임스 러셀Dean James E. Russel은《학교와 산업의 삶The School and Industrial Life》에서 학생들이 실질적인 산업과 관련된 경험을 하지 못한다는 것에 대한 아쉬움을 피력했다. 그의 동료였던 프레더릭 본서Frederick G. Bonser는 《산업 교육의 기초 가치Fundamental Values in Industrial Education》에서 리처즈에게 얻은 아이디어인 산업 예술Industrial Arts의 가치를 확장하고 발전시켰다. 오슈코시Oshkosh에서 열린 세미나에서 교수들은 어린이들이 기술교육에서 작은 과제에서부터 큰 과제까지 자유롭게 선택이 가능할 수 있도록 하기 위한 계획을 제시했다. 프랭크 맥머리Frank M. McMurry는 《학습하는 방법How to Study》을 통해 '문제해결방식'을 홍보했다. 1년 후에 존 듀이는 《우리는 어떻게 생각하는가How We Think》에서 문제해결방식의 심리학적 근거를 제시했다.

1910년 ——

프로젝트는 수공예, 예술과 기술을 넘어서 농업 수업에도 적용되었다. 웨스턴 주립 사범학교Western State Normal School의 조슈아 메인Josiah Main은 루퍼스 스팀슨Rufus W. Stimson에 대한 보고서에서 노샘프턴의 학교 실험 프로젝트인 '홈 프로젝트'에 대해 언급했다. 홈 프로젝트는 학교에서 배운 것을, 부모의 농장에서 실질적으로 적용하는 프로젝트였다.

1911년 ——

스팀슨과 데이비드 스네든David S. Snedden의 노력으로 매사추세츠의 교육위원회에는 홈 프로젝트 계획Home-Project Plan을 연방법의 공식 농업교육 방식으로 승인했으며, 뉴욕주와 다른 주도 이를 따랐다.

1912년 ——

스팀슨은 프로젝트 방식에 대한 전국적인 홍보를 시작했다. 이러한 홍보 활동으로 인해 청소년들이 참여하는 농업 클럽이 생겨났으며, 전국적으로 프로젝트를 장려하는 분위기가 형성되었다. 최초로 일반 학과목에 프로젝트가 적용되었다. 찰스 베넷의 '매뉴얼 아트 프레스Manual Arts Press'를 통해 프로젝트라는 용어를 제목으로 한 책들이 발행되기 시작했다.

1913년 ──

본서가 주도하여 컬럼비아 교육대학의 스피어 스쿨Speyer School은 전국적으로 적용이 가능한 학업 계획을 발표했다.

'산업 예술'에 프로젝트가 적용되었고, 교육대학의 실험학교였던 호러스 맨 학교의 커리큘럼에 프로젝트 수업에 대한 필수 요소가 확정되었다. 이는 '학생 중심', '문제 중심', '생산 중심'이었다.

스팀슨의 동료인 윌리엄 오어William Orr는 《중고등교육의 재조직The Reorganization of Secondary Education》이라는 책을 통해 프로젝트는 자연과학에서도 유익할 것이라고 했다. 존 우드헐John F. Woodhull은 기초과학에 프로젝트를 적용할 것을 요구했다. 이때 우드헐이 언급한 프로젝트는 확대된 개념의 프로젝트로서 문제해결방식을 포함한다.

1914년 ──

윌리엄 배글리William Bagley는 《학교의 규율School Discipline》에서 자신의 개념을 확장하고 수학, 지리, 역사와 같은 다른 일반 학과목에도 프로젝트를 적용할 것을 제안했다.

워싱턴의 회의에서 농업 프로젝트인 홈 프로젝트 실행을 위한 50만 달러 지원 정책이었던 스미스 레버 빌Smith Lever Bill 실행이 중단되었다. 프랭크 맥머리는 초등학교 표준에서 수업을 평가할 수 있는 평가 기준 목록을 개발했다.

1915년 ──

프로젝트가 비판을 매우 많이 받았던 시기이다. 자연과학자들은 우드헐의 콘셉트를 거부했다. 스팀슨은 '농업 직업교육 주 지원정책State-Aided Vocational Agricultural Education'을 통해서 학생들이 프로젝트 수업을 포함한 모든 농업 수업에 최선을 다할 것이라는 약속을 하는 계약서 제도를 도입시켰다. 킬패트릭이 프로젝트와 관련한 스터디 그룹에서 맥머리를 최초로 만난 해이다.

1916년 ———

프로젝트가 수업의 표준 방식에 포함되었다. 이 당시 설문조사에 따르면 기술 수업은 80퍼센트, 농업 수업은 60퍼센트 정도가 프로젝트 방식을 도입해 적용한다는 결과가 나왔다.

프로젝트는 산업 관련 과목, 가정학 과목에서도 확고히 자리 잡았다. 헤리 윌슨Harry B. Wilson과 가이 윌슨Guy M. Wilson은 학생들에게 생생한 흥미를 자극하는 프로젝트를 권장했다.

1917년 ———

'프로젝트-문제해결방식'은 우드헐을 통해 확장된 프로젝트의 정의로서 발전해나갔다. 프로젝트 방식은 일반교육학 교과서의 기초가 되었다.

1917년 ———

루이스 래피어Louis W. Rapeer는 교사들에게 프로젝트의 실행을 위한 제안 목록을 만들어 교사들이 능동적으로 프로젝트를 실행할 수 있도록 지원하는 노력을 했다.

어빙 밀러Irving E. Miller는 《삶의 필요성을 위한 교육Education for the Needs of Life》에서 한 장(章) 전체를 소비해 프로젝트 방식에 대해 설명했다. 그는 프로젝트의 목표와 가능성 그리고 한계를 언급했다. 로, 피터슨 출판사Row, Peterson & Co는 프로젝트와 관련하여 《홈 프로젝트 시리즈Home Project Series》를 연속 발행했다.

교육대학의 테오도어 이튼Theodor H. Eaton은 자신의 박사논문에서 농업교육을 담당하는 교사들이 겪는 어려움에 대해 기술했다.

드와이트 로트Dwight W. Lott는 단기간 프로젝트를 권장했다.

라비니아 톨먼Lavinia Tallman은 프로젝트를 통해 민주주의적 삶의 방식을 장려했다.

조지 워크스George A. Works는 "듀이와 손다이크가 프로젝트는 '학습자가 이미 확고한 의도를 가지고 있을 때 행하는 행동'으로서 가정했다"는 사실을 언급했다.

킬패트릭이 쓴 최초의 프로젝트 관련 글이 발행되었다.

1918년 ──

당시 가장 유명한 잡지 중 하나였던 《월간 애틀랜틱Atlantic Monthly》에서 아서 모건Arthur E. Morgan은 프로젝트를 늘려 학생들이 동기와 학습 성과를 높여야 한다고 주장했다.

'중고등교육 조직위원회Commission on the Reorganization of Secondary Educa-tion'와 교육 발전을 위한 '카네기재단의 작업그룹 연구발전협회Carnegie Foun-dation for the Advancement of Teaching'는 프로젝트를 효과적인 학습을 위한 수단으로서 권장했다

《커리큘럼The Curriculum》에서 프랭클린 보빗Franklin Bobbitt은 교사들이 학생들에게 사고하는 활동을 빼앗아서는 안 되며, 학생들에게 "어떻게 프로젝트가 계획되고 실행되어야 하는지에 대해 일일이 상세하게 지시해서는 안 된다."고 경고했다.

힐드F. E. Heald는 실습이나 실험은 프로젝트에 비해 독립성과 책임감을 덜 요구한다고 했고, 프로젝트와 실험/실습을 혼돈해서는 안 된다고 했다.

킬패트릭은 프로젝트 홍보 클럽을 만들어 《교육대학 보고서》에 《프로젝트 방식The Project Method》을 발표했다.

1919년 ──

맨델 브래넘Mandel E. Branom과 앨리스 크라코비처Alice M. Krackowizer는 프로젝트 수업 이론과 실습에 대한 첫 번째 책을 발표했다. 그 책 이후에 지속적으로 다른 프로젝트 책들이 활발하게 집필되고 발표되었다.

수많은 책들이 쏟아져 나오면서 프로젝트 개념에 대한 혼돈이 발생했다. 조지 프리랜드George E. Freeland는 프로젝트를 일반 수업에 대한 대체 방식으로 보아서는 안 되며 프로젝트는 '보충 방식'으로서 사용되어야 한다고 했다.

1920년 ——

교육학 연구를 위한 전국 연합National Society for the Study of Education에서《새로운 강의 내용New Materials of Instruction》이라는 제목으로 프로젝트 수업에 관한 연감을 발행했다.

'중고등교육의 재조직Reorganization of Secondary Education'을 위한 자연과학위원회는 극단적인 프로젝트 적용에 반대했다.

찰스 맥머리Charles M. McMurry는《프로젝트를 통한 수업Teaching by Projects》에서 킬패트릭의 콘셉트와 반대되는 콘셉트를 개발했다.

엘스워스 콜링스Ellsworth Collings가 최초로 티푸스 프로젝트를 공개했다.

2년 뒤에 콜링스는 자신의 박사학위 논문을 통해 티푸스 프로젝트의 개정판을 공개했다.

엠마 그랜트Emma B. Grant는 '체제에 반항할 수 있는 최고의 수단'으로서 프로젝트를 꼽았다.

킬패트릭의 학생과 동료들은 자신의 확장된 프로젝트 개념과 관련해 대중의 인정을 받기 위해 총력을 기울였다.

어니스트 혼Ernest Horn은 "프로젝트는 무엇인가?"에 대한 설문을 실시했고, 킬패트릭의 프로젝트에 대해 많은 교육 관련자들이 동의하지 않고 있다는 결과를 발표했다.

1921년 ——

교육대학에서 킬패트릭의 주관으로 '프로젝트 방식의 위험성과 어려움'에 대한 심포지엄이 열렸다. 킬패트릭이 직접 설립한 프로젝트 홍보 클럽을 통해 교육 방식을 홍보하기 위한 전국학회National Conference for the Promotion of Educational Method가 설립되었다.

《교육방식 저널Journal of Educational Method》과《디트로이트 교육 저널Detroit Journal of Education》이 발행되기 시작했으며, 이 두 잡지를 통해서 킬패트릭 프로젝트와 관련된 내용들이 홍보되었다. 이를 통해 킬패트릭의 프로젝트 홍보가 가능했지만, 이와 함께 그에 대한 비판도 확대되었다. 차터스W. W. Charters, 어니스트 혼, 루퍼스 스팀슨, 가이 윌슨과 같은 프로젝트 교육학자들은 킬패트릭의 프로젝트 정의를 맹렬히 비판했다.

1922년 ——

프로젝트 방식의 효과에 대한 경험적 연구가 처음 발표되었다.

엘리너 가버Ellinor Garber는 프로젝트를 '지식의 적용'과 '문제의 해결'과 같은 방식을 통해 정규수업과 연관시켜서 적용하려고 시도했다. 이때 확인된 긍정적인 결과는 추가로 이루어진 다른 연구와 조사를 통해 나온 결과와는 큰 차이를 보인다.

1925년 ——

킬패트릭은 자신의 프로젝트 교육학적 대표작이었던《방식의 기초Foundations of Method》를 발표했다. 이 책에서 그는 학생의 사고방식과 동기가 프로젝트 방식의 핵심이라고 했다.

《킨더가르텐Kindergarten》과《퍼스트 그레이드 매거진First Grade Magazine》에 대학, 학교, 유치원에 실제적으로 적용된 프로젝트는 계획성이 없고 학습 효과가 적다는 익명의 기사가 올라왔다.

헤리 오버스트리트Harry Overstreet의《새로운 교육의 철학Die Philosophie der neuen Erziehung》은 독일 교육학에서 프로젝트와 관련된 최초의 문헌으로 언급되었다.

1926년 ——

킬패트릭의 프로젝트 개념에 대한 비판이 커졌다. 듀이의《개성과 경험Individuality and Experience》(1926), 보이드 보드Boyd H. Bode의《현대 교육 이론 Modern Educational Theories》, 헤럴드 앨버티Harold B. Alberty의《교육학에서의 프로젝트 방식에 대한 연구A Study of the Project Method in Education》에서 포괄적인 비판들이 쏟아져 나왔다. 킬패트릭은 이 위기 상황을 해결하기 위한 방법을 찾아야 했다.

1927년 ──

찰스 베넷은 《산업 교육에서의 몇 가지 사고Some Thoughts Concerning Industrial Education》에서 "프로젝트라는 용어는 학습 방식과 관련성을 가지며 미국에서는 1876년부터 사용되었고 필라델피아 전시회에서 러시아의 수공예 수업 방식을 통해 도입되었다."라고 설명했다.

카를 홍어Karl Hunger, 프리벨K. Friebel, 레오폴트 후버Leopold Huber와 오토 카르슈테트Otto Karstädt와 같은 독일 학자들을 통해 듀이의 '문제해결방식', 킬패트릭의 '프로젝트 개념'과 콜링스의 '티푸스 프로젝트'가 독일에 알려지기 시작했다.

1928년 ──

뉴욕의 월든 스쿨Walden School의 창립자인 마거릿 나움버그Margaret E. Naumburg는 많은 책들을 저술했는데, 그는 자신의 책을 통해 "단조로운 프로젝트 수업은 어린이들의 독립적인 개발에 도움이 되지 않는다."라고 했다.

《어린이 중심 학교The Child-Centered School》에서 헤럴드 러그Harold Rugg와 앤 슈메이커Ann Shumaker는 개인에 대한 지나친 개성 부여에 대해 반대했다. 킬패트릭은 '미국 교육학으로의 여행Pädagogischen Amerikafahrt'이라는 강연을 통해 자신의 프로젝트가 내포한 철학적 배경을 처음으로 독일 대중에게 소개했다.

1929년 ──

윌리엄 블레인William D. Blaine은 《프로젝트 방식의 현재 상태와 미래의 가능성The Present Status and Future Possibilities of the Project Method》에서 설문조사에 참가한 교사들의 90퍼센트가 프로젝트 수업을 '자주' 또는 '더러' 실시한다고 대답했다는 결과를 발표했다. 후에 이루어진 조사에서도 크게 차이가 없는 결과가 나왔다.

로이 빌렛Roy O. Billett은 《개인 차이를 위한 준비Provisions for Individual Differences》를 통해서 그리고 프랜시스 페터슨Francis E. Peterson은 《교육철학

Philosophies of Education》을 통해서 "학생, 교장, 학교위원회 등 학교 교육 관련
자들이 '다양한 수업 방식'과 '기초적 교육철학'과의 차이가 무엇인지 모르는
상태로, 프로젝트라는 교육학적 양식을 무조건적으로 수용하고 있다."는 사실
을 경고했다.

1934년 ——

〈교육학을 위한 전국협회National Society for Study of Education〉라는 연간 보고
서에 "교육학은 20세기 이전부터 시작된 위기와 작별했다."고 적혀 있다.
킬패트릭을 포함한 교육학자들은 독립적인 학생들의 작업을 이야기할 때 '프
로젝트'보다 '활동'이라는 표현을 썼다.
주니어스 메리엄Junius L. Meriam은 '1,000가지 활동에 대한 비판적인 설문조
사A Critical Survey of 1,000 Activities'를 통해 "미국의 초등학교 시스템은 현재
이원적 시스템으로 학습이 운영되고 있는데 읽기, 쓰기, 산수는 전통적인 방식
을 사용하고 있으며, 나머지 과목은 프로젝트 방식으로 진행하고 있다."며 이
를 비판했다.

1935년 ——

새무얼 파커Samuel C. Parker와 마틴 스톰잰드Martin J. Stormzand, 윌리엄 버턴
William H. Burton의 후계자인 넬슨 보싱Nelson L. Bossing은 《중고등학교의 진
보적 수업 방식Progressive Methods of Teaching in Secondary Schools》에서 프로
젝트(실질적인 문제를 해결하는 방법)와 문제해결방식(이론적으로 문제를
해결하는 방법)을 서로 분리시키고, 킬패트릭의 역사적 관점, 개념적 관점. 내
용적 관점은 실패작이라고 평가했다. 페터 페테르젠Peter Petersen은 《프로젝트
계획. 존 듀이와 윌리엄 킬패트릭의 기초와 활용Der Projekt-Plan. Grundlegung
und Praxis von John Dewey und William Heard Kilpatrick》을 발표했다.

1936년 ——

하워드 랭포드(또는 랑포드)Howard D. Langford는 프로젝트는 인간이 자본주

의와 인간 노동의 착취에서 해방되기 위한 매우 효과적인 방식이라고 했다.

1938년 ——

진보주의 교육 운동에서 '어린이 중심 교육'이 다시 비난과 공격의 대상이 되었다. 윌리엄 배글리와 이사크 레온 칸델Isaac Leon Kandel과 본질주의자들은 킬패트릭과 그와 뜻을 같이한 교육자들은 미국 교육의 실패에 대한 책임을 지어야 한다고 주장했다.

듀이는 《경험과 교육Experience and Education》에서, 보드는 《교차길에 선 진보교육Progressive Education at the Crossroad》에서 칸델과 배글리의 주장에 이의를 제기하면서도 동시에 킬패트릭의 교육 콘셉트와 프로젝트 콘셉트에 대해서는 반대했다.

1940년 ——

위네트카 계획Winnetka-Plans(1912년부터 시카고의 근교 위네트카에서 진행되었던 사회성과 학생 개성이 강조되었던 교육 프로그램)을 만든 칼턴 워슈번Carleton Washburne은 〈통합Integration〉과 〈기능적 학습Functional Learning〉이라는 제목의 글에서 프로젝트의 한계와 가능성에 대해 설명했다.

1942년

킬패트릭은 《프로젝트 방식과 학습의 심리학The Project Method and the Psychology of Learning》에서 확장된 프로젝트의 개념을 제시했으나 별로 성과는 없었다.

1989년 ——

60년이라는 시간이 지난 후 킬패트릭의 프로젝트 개념은 미국에서 새로운 르네상스를 맞이했다. 이는 영국의 초등학교 교육학자들에 의해 활용되었다가 미국으로 다시 전달된 것이다. 당시 영국이나 미국 혁신자들은 이 개념의 근거조차 파악을 하지 못한 상태였다.

맥신 그린Maxine Greene은 교사들에게 '프로젝트로서의 수업'을 이해할 수 있도록 설명하고 프로젝트의 '실존주의적 전통'을 기억시키기 위해 노력했다. "프로젝트는 실질적인, 구성적인 행동의 의미로서 자연과학, 농업, 기술공예에서 중요한 실습 방법이다."

하워드 가드너Howard Gardner는 "학생, 교사, 부모들을 통해 프로젝트가 이성적이고 쉬운 방법으로 평가된다면 그때 프로젝트는 수업 방식으로 인정된 것"이라고 했다.

언론가인 데이브 베리Dave Barry는 "집에서 실시하고 완성하는 프로젝트는 어린이들보다 성인에게 적절하며 제3자의 도움이 있을 때 더욱 성공적인 결과를 가져올 것"이라고 했다.

색인

- '존 듀이', '윌리엄 허드 킬패트릭'은 책 전체에 걸쳐 언급되므로 색인에서 제외함
- 문교부 고시 〈외래어 표기법〉을 따랐으며 해당 국가의 발음을 기준으로 함

ㅇ

「이 도서의 국립중앙도서관 출판예정도서목록(CIP)은
서지정보유통지원시스템 홈페이지(http://seoji.nl.go.kr)와
국가자료종합목록 구축시스템(http://kolis-net.nl.go.kr)에서 이용하실 수 있습니다.
(CIP제어번호 : CIP2019035761)」

프로젝트 수업을 말하다
듀이, 킬패트릭 그리고 진보교육

1쇄 발행 2019년 10월 2일

지은이 미하엘 크놀
옮긴이 윤미원

발행인 윤을식
책임편집 이연선

펴낸곳 도서출판 지식프레임
출판등록 2008년 1월 4일 제2016-000017호
주소 서울시 서초구 효령로26길 9-12, B1
전화 (02)521-3172 | **팩스** (02)6007-1835

이메일 editor@jisikframe.com
홈페이지 http://www.jisikframe.com

ISBN 978-89-94655-77-2 (03370)